SV

HANS MAYER
AUFKLÄRUNG HEUTE

Reden und Vorträge
1978–1984

Suhrkamp

Erste Auflage 1985

Hinweise am Schluß des Bandes
Druck: Wilhelm Röck, Weinsberg
Printed in Germany

AUFKLÄRUNG HEUTE

INHALT

Rückschau ist's immer wieder. Das Reden nach vorn hat selten recht behalten oder gar genützt. Selbst die Propheten der Juden beließen es in den meisten Fällen bei der Klage und Anklage. Wagten sie Voraussagen, weil die innere Stimme das zu verlangen schien, so konnten sie zum Gespött werden, wie der Prophet Jona. Bei Uwe Johnson gibt es ein Gespräch zwischen dem entmutigten Jona und seinem Herrn. Der Gottesmann beklagt sich: weil Gott niemals ausführe, was er sich vorgenommen habe.

Wer zurückschaut, kann sich in solcher Weise nicht irren. Wir kennen das Leben und Sterben der Leute, ihr Tun und ihr Werk: da ist gut urteilen. Vorausgesetzt freilich, daß wir uns selbst mit wachem Mißtrauen begegnen: beim Urteilen. Noch leben wir.

Auch alles Reden zur Aufklärung muß eingedenk sein dieser unvermeidbaren Konstellation. Aufgeklärtes Denken von einst – hat es sich bewährt, blamiert, erfüllt? Es gibt Fakten und geschichtliche Erfahrungen. Wie es den Lessing und Heine erging unter den Deutschen; wie Arthur Schopenhauer nach tiefer Unbekanntheit zur Mode wurde, und dann wieder unmodern, weil eine erfolgreiche deutsche Reichsgründung nicht mehr an »Pessimismus« zu glauben gedachte. Da es auch Konstellationen gibt der Völker und Nationen, ähnlich ablaufend wie im Leben der Individuen, lassen sich die Begriffe vom Aufstieg und Verfall, von Lebensfülle und Sterben auch auf die geschichtlichen Abläufe ganzer Menschengruppen anwenden. Dem Engel der Geschichte, dem Angelus Novus, wie ihn Walter Benjamin interpretiert, der zurückschaut auf die Trümmer aller bisherigen Historie, bot sich ein überreiches Arbeitsmaterial.

Das große Jahrhundert europäischer Aufklärung, das achtzehnte, wurde immer wieder aufgestört, im unbefangenen Denken, durch die unbestreitbaren Phänomene des Verschwindens großer Völker, Reiche und Kulturen. Der Franzose Charles de Montesquieu veröffentlichte seine Betrachtungen über die

„Ursachen der Größe und des Verfalls der Römer", also des römischen Weltreiches, im Jahre 1734. Sein Forschen galt dem Untergang des Imperium Romanum im Zeichen einer Wanderung der Völker. Als jedoch der Engländer Edward Gibbon ein halbes Jahrhundert später das Thema aufnahm unter dem Titel »Geschichte vom Aufstieg und Fall des römischen Imperiums«, setzte er die Zäsur viel später an: in noch stärkerer Verstörung des aufgeklärten Bewußtseins. Den Einschnitt machte er im Jahre 1453: beim Untergang auch des oströmischen Weltreiches und der Eroberung von Konstantinopel durch die Türken. Aufstieg und Untergang von Rom wie von Byzanz. Nun war sie ausgeschöpft und vergangen, die antike Kultur in ihrer »heidnischen« wie christlichen Erscheinungsform.
Freilich hatte sich, wie Gibbon genau wußte, seitdem ein Neues entwickelt: die bürgerliche Gesellschaft in ihrer aufgeklärten Bewußtseinsform. Allein es war bereits eine neue Zäsur fällig, wie Montesquieu und Gibbon vielleicht ahnen mochten. Gibbons sechs Bände der geschichtlichen Rückschau entstanden zwischen 1776 und 1788. Ein Jahr später fiel die feudale Bastion der Bastille. Seitdem sind die Jünger des Angels Novus immer wieder, und mit gutem Grund, befaßt mit dem Nachdenken über die Ursachen des Untergangs einer europäischen Feudalität und die Möglichkeiten eines Sterbens der bürgerlichen Gesellschaft.
Ein anderes Beispiel dafür, daß eine »Gestalt des Lebens alt zu werden vermag«, mit Hegel zu reden, alt wird also und stirbt, erlebten wir Zeitgenossen des Zwanzigsten Jahrhunderts beim gewaltsamen Ende der deutsch-jüdischen Lebensgemeinschaft in Deutschland. Auch hier ist die Rückschau möglich. Daß jene Symbiose in der Mitte des Achtzehnten Jahrhunderts begann, kann nachgewiesen werden, wenngleich die Anfangsdatierung schwanken mag. Das Todesdatum jedoch, der 30. Januar 1933, steht fest. In den Reden und Vorträgen des vorliegenden Bandes kehrt man stets wieder dahin zurück. Die vier Texte, die ausdrücklich damit befaßt sind, ergänzen einander; auch wenn bisweilen, was unvermeidbar war, einige Gedanken und Bilder wiederholt werden mußten: bei der jeweils neuen Konstellation für den Redner. Zuerst die Vorgeschichte des Endes im Nach-

denken über die »Verbrannte Synagoge«. Dann das Phänomen der Bücherverbrennung als Nachdenken über die Möglichkeiten der Literatur in einer Endzeit. Historie vom Aufstieg und Fall der jüdisch-deutschen Literaturgemeinschaft als Auftakt einer Zusammenarbeit der deutschen und israelischen Forscher in Jerusalem, der Stadt des weisen Nathan. Schließlich eine Rückschau auf den Untergang und seine Folgen. Als der Krieg zu Ende war.

Stärker als in dem Band »Nach Jahr und Tag«, der Reden und Vorträge zwischen 1945 und 1977 zusammenfaßte, steht die deutsche Literatur des Zwanzigsten Jahrhunderts diesmal im Mittelpunkt. Schauplatz des ersten Bandes waren die Umwelten des Exils, der Heimkehr in eine deutsche Fremde, das »östliche« Berlin oder Leipzig und Weimar, der bundesrepublikanische Alltag und Festtag. Diesmal war größere Seßhaftigkeit errungen worden. Vielleicht ohne Widerruf. Weshalb die kulturellen und insbesondere die literarischen Phänomene der Bundesrepublik Deutschland häufig den Anlaß abgaben. Gelegenheitsliteratur in allen Fällen. Das war kein Fehler: wie die Erfahrung aller neueren Literaturgeschichte bestätigt.

Allein Reden über und zur Aufklärung blieb es nach wie vor. Weil von Autoren wie Brecht und Anna Seghers gesprochen werden mußte, von Peter Weiss und Grass oder Frisch, von Peter Huchels späten Gedichten und den bösen Komödien Friedrich Dürrenmatts. In dessen Neubearbeitung seines frühen Schauspiels von den Wiedertäufern zu Münster, die Dürrenmatt im Jahre 1967 in Zürich aufführen ließ, sinniert am Schluß der uralte Bischof von Münster, als er zusehen muß, wie Ruhe und Ordnung retabliert werden durch Mord und Brand und Folter. Das letzte Wort des Bischofs lautet: »Diese unmenschliche Welt muß menschlicher werden / Aber wie? Aber wie?«

Das ist die Grundfrage aller Aufklärung. Allein das Bildnisverbot gilt heute stärker als in den fortschrittsfrohen Epochen vor der unsrigen. Die großen Utopien wurden fahl. Auch das Prinzip Hoffnung, in »Spuren« nach wie vor sichtbar, wie Ernst Bloch zu zeigen wußte, weist Altersspuren auf. Aufklärung muß heute mit der Negierung beginnen, statt mit einem »bezaubernd schönen« Bildnis der Welt von morgen. Herbert Marcuse hat nach wie vor recht: »Was der Mensch dem Menschen und der Natur angetan hat, muß aufhören, radikal aufhören – dann erst und dann allein können die Freiheit und die Gerechtigkeit anfangen.«

Tübingen, 1. Juli 1985 Hans Mayer

I. BRECHT MIT ACHTZIG JAHREN
ZUR ERÖFFNUNG DES BERTOLT-BRECHT-KOLLOQUIUMS IN FRANKFURT AM MAIN

(1978)

BRECHT MIT ZWANZIG JAHREN:
das ist ein junger Mensch im vierten Kriegsjahr, schlecht genährt und unruhig, vorerst bei der ärztlichen Untersuchung vom Militärdienst zurückgestellt, doch muß er fürchten, bei irgendeinem späten und letzten Aufgebot eingezogen und verheizt zu werden. In solcher Stimmung entstand die »Legende vom toten Soldaten«, den man wieder ausgräbt, obwohl er bereits gestorben war.

Der Krieg war aber noch nicht gar
Drum tat es dem Kaiser leid
Daß sein Soldat gestorben war:
Es schien ihm noch vor der Zeit.

Am 1. Oktober 1918 wird Brecht eingezogen, zuerst kaserniert, kommt dann als Sanitätssoldat in ein Augsburger Reservelazarett, wo Seuchen- und Geschlechtskranke behandelt werden. Dort trägt er seine Gedichte zur Klampfe vor. Auch die Legende vom toten Soldaten, denn nun ist der Krieg »bald gar«, in ein paar Wochen ist er zu Ende, und der Kaiser ist in Holland.
Geschrieben hatte Brecht schon früh. Mit sechzehn Jahren einen Einakter mit dem ebenso schlichten wie monumentalen Titel »Die Bibel«. Der Titel ist natürlich tückisch und irreführend. Es handelt sich um ein historisches Stück, das, wie der Autor mitteilt, »in den Niederlanden spielt, in einer von den Katholiken belagerten protestantischen Stadt«. Übrigens ein guter Text: er steht in den Gesammelten Werken.
Brecht mit zwanzig Jahren: das bedeutet ein untrennbares Ineinander von Lyrik und Dramatik. Die spätere scharfe Trennung zwischen äußerster Objektivierung der Theaterarbeit und Reduzierung, doch mit Maßen, des Subjektiven auf den Bereich

des Lyrischen ist noch nicht vollzogen. Um die Zeit seines zwanzigsten Geburtstags schreibt Brecht ein Gedicht mit dem Titel »Vom François Villon«. Es ist die Keimzelle zu dem Stück »Baal«. Ausgangspunkt ist ein im bürgerlichen Sinne »verkommener« Lyriker, der die Provokation gleichzeitig liebt, erleidet und als Gestaltungsmittel braucht.

Brecht hat später behauptet, im Grunde habe er damals in Augsburg und bei den vielen Besuchen in München, vor allem bei Frank Wedekind, der aber schon am 9. März 1918 in München stirbt, nichts von aller Kunst gekannt als eben Frank Wedekind und Karl Valentin. Natürlich stimmt das nicht. Denn bereits der »Baal« ist unter anderem ein Gegenentwurf zu einem expressionistischen Drama: zu dem Grabbe-Schauspiel »Der Einsame« von Hanns Johst. Die Selbst-Stilisierung des jungen Brecht als Provinzler und Fanatiker der plebejischen Vergnügungen glückt nicht so ganz. Trotzdem war etwas daran. Brecht mit zwanzig Jahren: das war ein erster Entwurf zu einer plebejischen Gegenkultur. Der Neunzehnjährige schrieb an seinen Schulfreund, den späteren Bühnenbildner Caspar Neher: »Mit der Kunst ist nicht viel los. Ich bin für die Schließung der Theater – aus künstlerischen Gründen.«

Brecht mit dreissig Jahren:
das ist bereits eine Hoffnung der damals jungen deutschen Literatur. Man versteht ihn als Gegenbild zu den offiziellen Repräsentanten einer Bürgerwelt in der Weimarer Republik: fünf Jahre vor dem Ende dieses politischen Gebildes. Gegenfigur zu Thomas Mann wie zu Stefan George. Den vier Jahre vorher erschienenen »Zauberberg« von Thomas Mann deutet und mißdeutet der damalige Brecht als bürgerliche Apologetik. Das habe einer geschrieben, so heißt es in einer Zusatzstrophe zu einem Song aus jener »Dreigroschenoper«, die 1928 entsteht, der als Schriftsteller nach dem Motto produziere: »Nur wer im Wohlstand lebt, lebt angenehm.«

Der vierundzwanzigjährige Brecht war im Staat von Weimar anerkannt, fand leidenschaftliche Verehrer, nicht minder leidenschaftlich erbitterte Widersacher. Begonnen hatte die Laufbahn des Dramatikers einfach dadurch, daß der junge, struppige

Brecht – als »struppig« ist er immer wieder von den Zeitgenossen bezeichnet worden, wobei nicht allein die Haartracht gemeint war – im Büro der Münchener Kammerspiele beim Dramaturgen Dr. Lion Feuchtwanger erschien. Er bringt ein Theaterstück mit dem erschröcklichen Titel »Spartakus«. Feuchtwanger liest und nimmt das Stück sogleich an. Es wird erfolgreich aufgeführt, darf aber die ursprüngliche Überschrift nicht behalten, damit keiner in München, wo man die Räterepublik mit Kolbenschlägen und Standgerichten liquidierte, auf schlechte Gedanken kommt. Wir kennen es heute unter dem Titel »Trommeln in der Nacht«. Brecht selbst hat es später ungern angeschaut. Bereits bei der Begegnung mit Feuchtwanger gab er vertraulich zu verstehen: ein früheres Theaterstück sei viel besser. Das war der »Baal«. Herbert Ihering gab bei Verleihung des Kleistpreises an Brecht im Jahre 1922 die folgende Begründung: »Diese Sprache ist bildhaft ohne poetische Absicht, symbolisch ohne literarisierende Bedeutung. Brecht ist Dramatiker, weil seine Sprache zugleich körperlich und räumlich empfunden ist. Brecht gestaltet den Menschen in der Wirkung auf den anderen Menschen ...« Man kann es nicht besser sagen.

Im Jahre 1928 gab es für diesen Stückeschreiber ziemlich viel Aufführungen, aber meist waren das Achtungserfolge vor Freunden und jungen Verächtern der Offizialkultur. Am 5. Januar 1928 spielt man das Stück »Mann ist Mann« mit Heinrich George und Helene Weigel im Preußischen Staatstheater am Berliner Gendarmenmarkt. Regie führt Erich Engel. Das Bühnenbild hat Caspar Neher entworfen. Sieht man von Heinrich George ab, so findet sich hier bereits die Mannschaft des »Berliner Ensembles«, die zwanzig Jahre später, zur Weihnachtspremiere des Jahres 1948, im Deutschen Theater Berlin eine Modellaufführung der dramatischen Chronik von »Mutter Courage und ihren Kindern« darbieten sollte. Mit Helene Weigel in der Titelrolle, Brecht und Engel am Regiepult, mit der berühmten Courage-Bühne von Caspar Neher. Begonnen hatte 1928 die Zusammenarbeit mit dem Komponisten Kurt Weill, einem Schüler des in Bayreuther Zucht herangewachsenen Komponisten Engelbert Humperdinck.

Brecht mit dreißig Jahren: das meint den Welterfolg der »Dreigroschenoper«. Die Uraufführung fand am 31. August im Theater am Schiffbauerdamm statt. Es begann der internationale Erfolg dieses Stückeschreibers: mit allen Mißverständnissen und Ärgernissen. Der späte Brecht hat geseufzt: »Ich werde in die Literaturgeschichte eingehen als der Mann, der den Satz geschrieben hat: ›Erst kommt das Fressen, dann kommt die Moral‹.« Sein Theater am Schiffbauerdamm hat Brecht geliebt. Da gab es viel Plüsch und Stuckverkleidungen. Es ist überliefert, daß er im amerikanischen Exil dezidiert erklärte: »Ich werde an dieses Theater zurückkehren und dort einen neuen Bühnenstil begründen.« Das war mitten im Bombenkrieg. Auf den naheliegenden Hinweis, dies Theater könne zerstört werden, habe Brecht verärgert repliziert: »Das wird nicht zerstört werden!« Es ist nicht zerstört worden. Hier hat er bis zu seinem Tode gearbeitet. Es beherbergt das »Berliner Ensemble« und liegt am Bertolt-Brecht-Platz.

Brecht mit vierzig Jahren:
das ist Exil und das »Strohdach des Nordens« im dänischen Svendborg. Freilich muß man sich das Haus des Emigranten, das er billig mit Einkünften aus dem »Dreigroschenroman« erwerben konnte, nicht als ärmliche Hütte gleich jener vorstellen, die Grusche im »Kaukasischen Kreidekreis« mit allzu vielen Verwandten des ungeliebten Mannes teilen muß. Es ist ein schönes klassizistisches Haus mit großem Garten, unmittelbar am Meer. Hier hat Brecht – vielleicht – seine glücklichste Zeit erlebt: mit der Familie und den beiden Frauen Margarete Steffin und Ruth Berlau. Dort hat er die großen theoretischen Gespräche geführt mit Walter Benjamin und Karl Korsch. Hier entstand das bereits weit gediehene Konzept zu einem Roman »Die Geschäfte des Herrn Julius Cäsar«. Die wichtigsten Theaterarbeiten des Stükkeschreibers aus der späteren Zeit wurden hier entworfen. Allein es war ein Lehren ohne Schüler. Damals schrieb der vierzigjährige Brecht am 7. Mai 1938 die »Legende von der Entstehung des Buches Taoteking auf dem Weg des Laotse in die Emigration«. Ein Erzählgedicht über die Wichtigkeit und Bedeutung eines Lehrers, der gehört und beachtet wird. Mehr noch: dem man die Lehre abverlangt.

Brecht mit fünfzig Jahren:
das ist ein Mann, der fortgemußt hatte aus vielen Wohnungen und Zufluchtsländern. Als Flüchtling verließ er das dänische Strohdach des Nordens, dann das schwedische Exilland, dann das finnische Transitland, wo die Geschichte vom Herrn Puntila und seinem Knecht Matti konzipiert wurde. Und wo im verwahrlosten Bahnhofsrestaurant von Helsinki, das auch heute kaum gastlicher anmutet, die beiden Flüchtlinge aus Hitlerdeutschland zusammensitzen und in der Sklavensprache miteinander reden. Der Intellektuelle Dr. Ziffel und der antifaschistische Arbeiter Kalle. Sie führen »Flüchtlingsgespräche«. Dann reiste die kleine Flüchtlingsfamilie durch die Sowjetunion und landete in den Vereinigten Staaten von Amerika. Brecht hat in Los Angeles gelebt, im Vorort Santa Monica. In einem der elegischen Gedichte über Hollywood erinnert er daran, daß Shelley, der poetische Freund und Vetter aus dem frühen 19. Jahrhundert, behauptet habe: die Hölle befinde sich in London. Brecht korrigierte nachsichtig und meinte: sie gehöre wohl eher nach Hollywood. Die Vorladung vor das Tribunal des Senators Joseph McCarthy aus dem Staate Wisconsin: einen Ausschuß zur Bekämpfung von »unamerikanischen Umtrieben«. Unmittelbar nach dem Hearing, wo man ihn vorerst wieder laufenläßt, besteigt Brecht ein Flugzeug nach Zürich. Mit allen Regeln der Vorsicht waren die Flugkarten für Brecht und Helene Weigel gebucht worden. Brecht hatte stets Freunde, und er war stets ein praktischer Schriftsteller.

Brecht mit fünfzig Jahren: das ist immer noch Exil. Er lebt in Zürich mit nicht sehr gültigen, doch offiziell honorierten Ausweispapieren. Arbeitserlaubnis hat er eigentlich nicht, darf sich aber trotzdem, drei Jahre nach Ende eines Zweiten Weltkriegs, an der Theaterarbeit beteiligen. Er inszeniert die Uraufführung des »Puntila« am Züricher Schauspielhaus, sein Name jedoch darf auf dem Zettel nur als Verfassername erscheinen. Vorbereitet wird, durchaus nicht in Zürich oder Basel oder Bern, sondern in Chur in Graubünden, eine epische Modellaufführung der Brechtschen Bearbeitung von Hölderlins »Antigone«. Das wird ein Erfolg bei den anwesenden Brechtianern. Ein schweizerischer Journalist fragt den Spielleiter, ob dies nun die künftige Art des Theaterspielens gewesen sei. Brecht hat später stolz zitiert, was er damals antwortete: »Die ganze künftige Art des Theaterspielens wohl nicht, aber ein paar hundert Jahre wird sie schon maßgebend sein.«

Seinen fünfzigsten Geburtstag feiert Brecht in Zürich. In Deutschland war er damals kaum mehr als ein Gerücht. Da die Brecht-Philologie inzwischen, in den letzten dreißig Jahren also, fleißig gearbeitet hat, kann man feststellen, daß eine einzige Zeitung in den drei westdeutschen Zonen, denn die Bundesrepublik Deutschland gab es noch nicht, an den fünfzigsten Geburtstag von Brecht erinnerte. Es war die »Frankfurter Rundschau«.

Unter Mühseligkeiten, Paß-Schwierigkeiten und neuen Ärgernissen kamen die Brechts über Prag nach Ost-Berlin. Ein Visum für die amerikanische Zone hatten sie nicht erhalten. Am 22. Oktober ist Brecht wieder in Berlin. Abends wird im Kulturbund unter Vorsitz von Johannes R. Becher und in Anwesenheit der sowjetischen Kulturoffiziere ein Empfang für den gleichfalls nach Berlin zurückgekehrten Arnold Zweig veranstaltet. Am nächsten Tag, also am 23. Oktober, findet eine feierliche Begrüßung im Kulturbund für Brecht und Helene Weigel statt. Herbert Ihering spricht, der Preisrichter vom Jahre 1922, und Wolfgang Langhoff, der aus eigenem Erleben im Konzentrationslager das Buch »Die Moorsoldaten« geschrieben hatte, jetzt Hausherr im Deutschen Theater Max Reinhardts. Brecht selbst, der öffentliche Reden nicht ausstehen kann, freut sich über die Feier und die Rückkehr, aber das Wort nimmt er nicht. Die Gründung des »Berliner Ensembles«, Start der Brechtschen eigentlichen Theaterarbeit.

Den sechzigsten Geburtstag

hat er nicht mehr erlebt. Er starb am 14. August 1956 in Ost-Berlin, mit achtundfünfzig Jahren. Krank war er seit der Jugend. Schon zu Anfang der Zwanziger Jahre entstand ein Gedicht mit dem Titel »Vom armen Bidi«. Es gehörte zum Komplex der »Taschenpostille«, woraus später die »Hauspostille« werden sollte. Das Gedicht vom armen Bidi wurde damals gestrichen. Es endete so:

Unsereiner weiß: es ist keiner zu beneiden
jeder hat sein Kreuz, wie er immer war.
Ich selber habe ein Nierenleiden
Ich darf nichts trinken seit Tag und Jahr.

Seinen letzten Geburtstag am 10. Februar 1956 hatte Brecht in Mailand verbracht und sich über die Premiere der »Dreigroschenoper« im Piccolo Teatro gefreut. Dann erkrankte er an einer Virusgrippe, die ihn schwächte. Er begann mit den Proben zur Modellinszenierung des »Galilei« am Schiffbauerdamm. Am 10. August erschien er zum letzten Mal auf einer Probe. Am 14. August starb er. Ein Herzinfarkt war offenbar zu spät erkannt und deshalb unzureichend behandelt worden.

Im Augenblick seines Todes war Brecht, im Bewußtsein einer literarischen Öffentlichkeit, durchaus nicht als ein Autor anerkannt, dessen Werk zur Weltliteratur gehört. Das konnte man – je nachdem verärgert oder belustigt – im Frühsommer 1954 beobachten, als Brecht mit einer Delegation aus der DDR beim Internationalen Kongreß des PEN-Clubs in Amsterdam erschien. Im Rijksmuseum gab die niederländische Regierung einen Empfang für die Schriftsteller aus aller Welt. Darunter waren die sehr Geehrten, die im Wortsinne ins Scheinwerferlicht gerieten und von den Honoratioren ins Gespräch gezogen wurden. Der Autor Brecht, Bertolt gehörte nicht zu ihnen. Ihm war es recht, daß man ihn mit törichten Fragen in Ruhe ließ. Ein Berichterstatter aus der Bundesrepublik schrieb damals, die Delegation aus der DDR sei literarisch nicht sehr bemerkenswert gewesen. Über solche Begriffe läßt sich streiten. Immerhin gehörten zu dieser Delegation Leute wie Arnold Zweig, Brecht, Erwin Strittmatter und Peter Huchel. Man soll keine Gegenrechnung aufmachen und berichten, wer damals das literarische Leben der Bundesrepublik Deutschland repräsentiert hat.

Allmählich begannen, in dieser letzten Lebenszeit, die Übersetzungen der wichtigsten Stücke, gefolgt von Aufführungen in Paris, in Mailand, in der angelsächsischen Welt. Langsam wurde Brecht entdeckt. Den neuen, zweiten Welterfolg nach der ersten Episode der »Dreigroschenoper« hat der Stückeschreiber nicht mehr erlebt. Er wußte aber, was sich ereignen würde.

Brecht mit sechzig Jahren: das waren weitgehend Nekrologe und posthume Würdigungen.

Brecht mit siebzig Jahren:
dieser Geburtstag fiel ins Jahr 1968. Inzwischen war die Theaterwirksamkeit der Stücke seit Beginn der Sechziger Jahre allenthalben erprobt worden. Es hatte auch – ausgehend von der offiziellen Kulturpolitik der DDR, dann ausgedehnt weit hinein in die Bereiche sowjetischer Kulturpolitik – eine Art von Entsäkularisierung stattgefunden. Nun wurde Brecht zum Vorbild, gleichsam theologisiert: in den Dissertationen offiziös vom bisherigen Status eines lediglich »kritischen Realisten« zum Klassiker des »sozialistischen Realismus« befördert. Brecht und Ulbricht: es war kein Geheimnis, daß sie einander nicht mochten und einander mißtrauten. Die Gedenkrede, die Ulbricht als amtierender Ministerpräsident der DDR bei der Trauerfeier am 18. August im »Berliner Ensemble« zu halten hatte, zeichnete sich nicht durch Gefühlstiefe aus. Das Gastspiel des Berliner Ensembles in Moskau war kaum mehr gewesen als ein Achtungserfolg: Mit irgendeiner Orthodoxie der Stanislawski-Nachfolge war diese Art von Theaterarbeit nicht zu vereinbaren. Brecht hatte verstanden und machte sich nichts vor.
Nach dem Tode erfolgte die Konsekration. Mit ihr jedoch begann sogleich auch eine politische Allergie in Prag und Budapest oder Warschau gegen diesen neuen und offensichtlich oktroyierten sozialistischen Klassiker, den man nunmehr manipulierte, um junge und ungebärdige Künstler in seinem Namen zu zähmen. Auch das muß Brecht, nicht ohne Bitterkeit, vorausgesehen haben in der Zeit seiner letzten Krankheit und der mühsamen Versuche um die letzte große Komödie von Turandot und vom Kongreß der Weißwäscher. Immer wieder entworfen, immer wieder von offiziösen Besserwissern kritisiert. Ganz so wie die Oper »Das Verhör des Lukullus« von Brecht und Paul Dessau in der Stalin-Ära zu Beginn der fünfziger Jahre zum Ärgernis geworden war, weil es da Aussagen gab auf der Opernbühne, die im Widerspruch standen zu richtungweisenden Direktiven irgendeiner Instanz.
Das Jahr 1968 muß als Höhepunkt der kritischen Abwendung

von Brecht verstanden werden. Auf der einen Seite jener Widerstand gegen den neuen Heiligen einer säkularisierten Orthodoxie. Daneben lief weiter bei den folgerichtigen Kulturpolitikern, für die es nur Fortschritt geben konnte oder Dekadenz, der nunmehr bloß noch halblaut geäußerte Verdacht: eigentlich gehöre das epische Theater Brechts weit weniger zum sozialistischen Realismus als zu einem dekadenten und spätbürgerlichen »Formalismus«.

Da sich andererseits die Auseinandersetzungen des Jahres 1968, zu schweigen vom Einmarsch in Prag im August dieses Jahres, als scharfe Antithese verstanden sowohl zur bürgerlichen Restauration wie zu den offiziellen kommunistischen Systemen und Dogmen, mußte der neuernannte sozialistische Klassiker Brecht in eine solche Auseinandersetzung mit Notwendigkeit hineingezogen werden. Man kennt die Pariser Episoden vom Mai 1968, als Schriftsteller wie Sartre oder Aragon im okkupierten Odéon-Theater zu den jungen Künstlern und Studenten sprechen sollten. Es wurde jedesmal ein Mißerfolg. Ein Dialog fand nicht statt. Müßig zu fragen, wie sich Brecht verhalten hätte im Frühjahr und Frühsommer von 1968.

Brecht mit achtzig Jahren:
das geht einher mit üppiger Produktion von Primärliteratur aller Art. Das gesammelte Werk in erlesener oder auch in wohlfeiler Ausstattung. Arbeitsbücher und Tagebücher, Anthologien, Gespräche, Briefe. Die Sekundärliteratur in allen Sprachen der Welt ist kaum mehr zu überblicken. Bibliographen brauchen um ihren Broterwerb nicht zu bangen. In der Spielzeit 1977/78 standen wochenlang allein in Paris vier Werke von Brecht an vier verschiedenen Theatern gleichzeitig auf dem Spielplan. Die Statistik bestätigt die führende Rolle dieses Stückeschreibers im Repertoire unseres Theaters.

Wäre es also zutreffend, was Max Frisch vor genau vierzehn Jahren hier in Frankfurt zum ersten Mal formulierte, als er in einem Vortrag über »Der Autor und das Theater« auf Brecht und seine Wirkungen zu sprechen kam? Da hieß es: »Ich erinnere mich an nicht allzu ferne Zeiten, als Literaturhistoriker, die jetzt über Brecht schreiben, eine Verblendung darin sahen, wenn man diesen Agitator für einen Dichter hielt; heute ist er das Genie, wir wissen es, und hat die durchschlagende Wirkungslosigkeit eines Klassikers.«

Die hübsche Formel ist seitdem immer wieder repetiert worden. Stimmt sie denn? Das auszumachen, wird Aufgabe unserer Debatten sein in den nächsten beiden Tagen. Brecht mit achtzig Jahren: Bei einem solchen Anlaß und Thema können nicht Fahnen emporgehoben oder gesenkt werden mit der Inschrift »Denn er war unser«. Ebensowenig nützt das modische Gerede von einer Tendenzwende. Da hat man sich einen Terminus von der Wirtschaftswissenschaft entlehnt, der auch in seinem eigentlichsten Bereich die bloße Heuchelei bedeutet. Tendenzwende meint in jenem Zusammenhang, daß die Konjunktur ausbleibt und die Krise ins Haus steht. Das Wort Krise wird nicht verwendet. Sogar Rezession ist offensichtlich irritierend. Einfach Tendenzwende. Angewandt auf die Literatur und damit auf die Auseinandersetzung heutiger Schriftsteller und Wissenschaftler mit den Werken der Vergangenheit, demonstriert das Modewort den baren Zynismus. Dann wird alles, was von einer »Tendenzwende« betroffen und demgemäß als nicht mehr modisch abgetan wird, zur leicht verderblichen Ware in einer Wegwerfgesellschaft. Sieht es so aus bei uns mit diesem Bertolt Brecht, der 1898 in Augsburg zur Welt kam und am 17. August 1956 auf dem Dorotheenstädtischen Friedhof in Ost-Berlin zu Grabe getragen wurde? Wobei keine Reden gehalten werden durften. Auch das hatte der umsichtige Mann festgelegt.

Vor uns liegen zwei Arbeitstage, die Brecht gewidmet sind. Diesem Brecht mit achtzig Jahren. Brecht im Jahre 1978. Mit wenigen Sätzen soll hier, da es sich niemals darum handeln konnte, die Tagung mit irgendeiner »Festrede« gleich welcher Art zu eröffnen, vom Programmaufbau gesprochen werden. Es konnte keine Gegenveranstaltung zu den großen Brecht-Feiern der DDR beabsichtigt sein. Sowohl im Februar dieses Jahres wie bereits vor zehn Jahren hatten die Brecht-Veranstaltungen in Ost-Berlin die internationalen Aspekte des Werkes von Brecht in der heutigen Gesellschaft herausgearbeitet. Nicht zuletzt auch in der sogenannten Dritten Welt. Es wäre wenig sinnvoll gewesen, unsere Tagung in ähnlicher Weise anzureichern mit Betrachtun-

gen über Brecht in Italien, in Japan, in Skandinavien, wo immer. Statt dessen schwebte uns eine Arbeitstagung vor, die Brecht-Forscher – um zunächst vom wissenschaftlichen Teil der Konferenz zu sprechen – in gemeinsamer Arbeit und Auseinandersetzung, im Konsens und im Dissens zeigt zu bestimmten zentralen Themen des Œuvres, das Brecht hinterließ. Die Auseinandersetzung mit Brechts Konzept der Lehrstücke erschien vordringlich. Es gibt viele neue und aufschlußreiche Publikationen; nach wie vor schwelt die niemals ausgetragene, doch nicht zu unterdrükkende Auseinandersetzung über das Stück »Die Maßnahme«. Die Erben Brechts wünschen keine Aufführung dieses dramatischen Textes. Sie können sich dabei auf Ansichten des späten Brecht berufen. Allein hier ist ein wichtiges Werk ganz offenbar den ursprünglichen geschichtlichen Konstellationen entwachsen. Wer die »Maßnahme« heute spielt, was ich für wünschenswert halte, ist konfrontiert mit schierer Gegenwart.
Wichtig erschien Brecht das Tradieren einer praktikablen Dramaturgie. Er war angetreten gegen die Naturalisten und die Expressionisten. Seinen Freund Walter Benjamin suchte er immun zu machen gegen den Virus einer »Linken Melancholie«. Auch davon müssen wir bei unserer Tagung sprechen.
Als Brecht das späte Gedicht schrieb mit der Anfangszeile »Ich benötige keinen Grabstein«, brachte er sein eigenes Wirken auf die Formel:

> Er hat Vorschläge gemacht. Wir
> Haben sie angenommen.
> Durch eine solche Inschrift wären
> Wir alle geehrt.

Das kurze Poem hat einen berühmten Vorgänger in der Lyrik von Brecht. Es handelt sich um den Text: »Die Teppichweber von Kujan-Bulak ehren Lenin«. Was Brecht als Ehrung Lenins verstand, nämlich die praktische Anwendung Leninscher Vorschläge, verlangte er auch, gleichsam letztwillig, für sich selbst und seine eigenen Vorschläge. Brecht war in der Tat, jedenfalls in jenen Zwanziger Jahren, wie Ernst Bloch über ihn damals formulierte, ein »Leninist der Schaubühne«.

Der späte Brecht war skeptischer. Sechs lyrische Zeilen schrieb er über den Begriff einer literarischen Ewigkeit. Über den Satz des Horaz nämlich, worin der römische Dichter seine Verse als aere perennius gepriesen hatte: dauernder als Erz. Brecht antwortete:

Beim Lesen des Horaz
Selbst die Sintflut
Dauerte nicht ewig.
Einmal verrannen
Die schwarzen Gewässer.
Freilich, wie wenige
Dauerten länger!

II. DIE VERBRANNTE SYNAGOGE

(Bonn und Aachen, 1978)

Vor einiger Zeit entwarf der Bildhauer Rolf Szymanski in Berlin eine Bronzeplastik: »Die Synagoge«. Kein Bildwerk natürlich, dem man mit irgendeiner Identitätsvorstellung beikommen könnte. Eine menschliche Gestalt ist angedeutet, ob männlich oder weiblich, das muß der Betrachter jeweils für sich ergänzen. Auch der Übergang zwischen Persönlichkeit und Dinglichkeit bleibt ungenau: wie zwischen den Geschlechtern. Entscheidend ist, wie immer bei wichtigen Bildwerken zeitgenössischer Künstler, die Gebärde, die Geste. Sie ist aufrecht, kein aufrechter Gang freilich, doch ein Geradestehen: trotz allem. Etwas reckt sich empor und beweist sich just in solcher Gebärde. Etwas greift in den Raum. Ist es ein Arm, der sich schützt, der umarmen möchte?

Die Gestalt ist zweigeteilt, vertikal. Eine Hälfte wirkt bekleidet, die andere entblößt. Die bekleidete Hälfte läßt sich als Bauwerk deuten, die andere als Nacktheit. Eine verbrannte Synagoge. Da wurde ein Gebäude in Flammen gesetzt, doch nicht dem Erdboden gleichgemacht. Solo aequare nannten es die Römer. In Cäsars Kommentaren ist oft davon die Rede. Viel wurde damals schon dem Erdboden gleichgemacht. Doch Rolf Szymanskis Synagoge steht weiter aufrecht: als Trümmerbau. Ein geschändetes Bauwerk, doch ein Bauwerk. Der Bronzeguß ruht solide auf dünnem Sockel. Beim Betrachten scheint es mir, als solle man die Gedanken des Bildners nachvollziehen, wenn reflektiert werden muß über die Ereignisse im November 1938, in der sogenannten »Kristallnacht«. Was sich damals vollzog, war eine Schändung. Menschen wurden geschändet und Sachen, das Gotteshaus, denn niemand durfte vergessen, daß es die tiefe theologische und historische Verstrickung gibt zwischen dem Alten und dem Neuen Testament. In der mittelalterlichen Welt des Corpus Christianum standen sie, wie am Straßburger Münster, einander gegenüber: die Synagoge und die Kirche. Die Synagoge mit den verbundenen Augen, was auf Verblendung und Torheit hinweisen sollte. Am Hauptportal des Münsters wiederholte sich die Antithese mit den Gruppen der törichten und der klugen Jungfrauen. Allein man täuscht sich nicht, wenn man die größere Anmut und Würde bei der Synagoge entdeckt, vielleicht auch bei der Gruppe der törichten Jungfrauen, die nicht eifrig genug waren in Erwartung des Messias. Die siegreiche Kirche aber in Straßburg ist eine Ecclesia militans, eine Kirche, die kämpfen will; allein es ist eine Kirche.

Es war *keine* Ecclesia militans, die am 9. November 1938 befahl, die Gebetsstätten der Juden einzuäschern, die wenigen noch erlaubten Geschäftsbetriebe zu zerstören, Wohnungen zu plündern und das Volk der Untermenschen zu mißhandeln. Man war im Begriff, zu marschieren und weiterzumarschieren. Das splitternde Glas kündigte andere Trümmer an. Die verbrannte Synagoge muß heute als Vorschein weiterer Rauchwolken und Brände gedeutet werden.

Trotzdem: Ist es immer noch sinnvoll, an jene Ereignisse zu erinnern, ihrer gleichsam jubiläumsmäßig und nach einem Ablauf, den das Dezimalsystem zu verantworten hat, zu »gedenken«? Manches spricht dagegen. Nach einem neueren und abscheulichen Sprachgebrauch ist an jenem Tag und in jener Nacht des November bloß und im wesentlichen eine »Gewalt gegen Sachen« verübt worden. Menschen wurden geschlagen, auch wohl ein bißchen gequält, so wurde amtlich behauptet, doch gab es nur wenige Menschenopfer. Alles lief erst an. Wozu immer noch davon reden?

Andererseits war jener 9. November 1938 bereits nach dem Datum in aller Form als *Ritual* zelebriert worden. Was immer der spezielle und bis heute nicht eigentlich geklärte Anlaß gewesen sein mochte, von Berlin aus für das gesamte Reich den organisierten Volkszorn zu befehlen: man wußte schon bei den Fachleuten für Volksaufklärung und Propaganda, warum es just der 9. November 1938 sein mußte.

In Paris hatte ein jüdischer Emigrant den Sekretär der Deutschen Botschaft niedergeschossen. Es ist später außerhalb von Deutschland in der Presse immer wieder behauptet worden, das sei eine Tötung aus sehr privaten und persönlichen Motiven gewesen. Mörder und Ermordeter seien nicht erst im Augenblick der Tat miteinander konfrontiert worden. Dem wurde widersprochen, und es ist durchaus möglich, daß Gegenpropaganda auf eine unmäßige Propaganda geantwortet hatte. Wie dem auch sein mochte: nun mußte Rache genommen werden für die Tat eines Einzelnen.

An wem aber? An einer Glaubensgemeinschaft? Nicht alle, die hier verfolgt, mißhandelt, ausgeplündert wurden, gehörten der jüdischen Religionsgemeinschaft an. An einer nationalen Minderheit? Die war nur schwer und mit Hilfe unwirklicher Fiktionen zu konstruieren. Nach wie vor gab es unter den immer noch in Deutschland lebenden Juden, von denen manche erst an jenem Novemberabend 1938 begriffen, daß es Zeit sei, eine Heimat zu verlassen, die es für sie von nun an nicht mehr sein sollte, nur allzu viele, die sich, nach der Formel ihres Vereins, als »deutsche Staatsbürger jüdischen Glaubens« empfanden, nicht als Angehörige einer jüdischen Nation. Noch das geschmähte, entehrte, ins Getto zurückgetriebene deutsche Judentum blieb zerrissen zwischen Zionisten und Antizionisten.

Viele deutsche Staatsbürger jüdischen Glaubens, oder auch glaubenslos, haben damals ihr Vertrauen in die deutsche Kultur mit dem Leben bezahlt. Die Viehwagen mit dem Reiseziel Auschwitz und Treblinka rollten hinweg über eine säkulare Geschichte deutsch-jüdischer Symbiose: mit Lessing und Moses Mendelssohn; mit Felix Mendelssohn als Dirigenten und Neuentdecker der Matthäuspassion; mit Heine und Kafka; mit Paul Ehrlich, der die Syphilis zu heilen verstand; mit Gustav Mahler und Albert Einstein, wie vielen noch. Dies alles ist damals, um es mit dem adäquaten Ausdruck zu bezeichnen, »liquidiert« worden. Es war Schuld, die nicht gesühnt werden konnte und niemals gesühnt wurde. Die verbrannte Synagoge bedeutet seitdem eine schreckliche Auszehrung der deutschen bürgerlichen Kultur, und eine andere als diese bürgerliche Kultur hat es nicht gegeben, was immer heute ideologisch in Leipzig oder Weimar oder Potsdam postuliert werden mag.

Warum just dieser 9. November? Er war und bedeutete eine »Zurücknahme«. So war es gewollt und so wurde es – mit Genauigkeit – durchorganisiert. Es gab das Datum des 9. November 1918. Abdankung des Deutschen Kaisers und der

deutschen Fürsten; Ausrufung einer Deutschen Republik durch Karl Liebknecht im Berliner Schloß und durch Philipp Scheidemann am Fenster des Berliner Reichstagsgebäudes. In seinem großen Erzählwerk »November 1918« hat Alfred Döblin spöttisch den Vorgang kommentiert: »Zweimal war diese Republik ausgerufen; es konnte ihr an nichts fehlen.« Wir wissen, daß es ihr an allem gefehlt hat. Sie bedeutete den Anfang einer deutschen Revolution, die keine gewesen ist.
Am 9. November 1923, fünf Jahre später auf den Tag, sollte sie zum ersten Mal »zurückgenommen« werden. Es ist das Datum des sogenannten Putsches im Münchener Bürgerbräu. Der General Ludendorff und der Gefreite und spätere »Führer« beim Marsch auf die Feldherrnhalle. Eine Gegenrevolution, die ebenfalls keine war. Dann kamen Jahre der Inkubation. Am 30. Januar 1933 wurde eine Konstellation geschaffen – man weiß heute durch wen und mit welchen Mitteln –, die eine erste große Zurücknahme möglich machte: die Kristallnacht von 1938.
Es gibt einen merkwürdigen, oft zitierten Ausspruch in Thomas Manns spätem Roman »Doktor Faustus«, der auch ein Roman über das Dritte Reich und seine geistigen Ingredienzien werden sollte. Die Geschichte eines deutschen Tonsetzers Adrian Leverkühn, des illuminierten Künstlers, der nur noch schaffen kann mit Teufels Hilfe und dank dem Teufelspakt. Die Schöpferkraft bleibt ihm erhalten, allein sie dient nur noch als Ausdruck für Leid und Verluste, denn alles wird ihm genommen. Als er es erkennt, sagt er im Gespräch zu seinem Freund und Biographen: »Ich habe gefunden ... es soll nicht sein.« Der andere versteht nicht, worauf der moderne deutsche Doktor Faustus antwortet: »Das Gute und Edle, was man das Menschliche nennt, obwohl es gut ist und edel. Um was die Menschen gekämpft, wofür sie Zwingburgen gestürmt, und was die Erfüllten jubelnd verkündigt haben, das soll nicht sein. Es wird zurückgenommen. Ich will es zurücknehmen.« Der andere hat immer noch nicht begriffen und fragt, was denn Gegenstand sein solle dieser großen Zurücknahme. »›Die Neunte Symphonie‹«, erwiderte er. »Und dann kam nichts mehr ... wie ich auch wartete.«
Am 9. November 1938, als die Synagogen verbrannt wurden, ist auch in Deutschland die Neunte Symphonie zurückgenommen

worden. Schiller und Beethoven. Das Lied an die Freude. Die Brüderlichkeit der Menschen. Das irdische Elysium. Lessing und Kant. Nathan der Weise und der Judenjunge Felix Mendelssohn, der Goethe in Weimar die Fünfte Symphonie von Beethoven vorspielte. Zurückgenommen wurde an jenem Tag die deutsch-jüdische Symbiose. Allein da war noch mehr. Nicht bloß ein Endpunkt, sondern ein Anfang. Im November 1938 wurde es recht eigentlich erkennbar, vielleicht zum ersten Mal: daß unsere Welt, nicht bloß die deutsche, ins *Zeitalter der großen Zurücknahme* eingetreten war.

Davon muß heute gesprochen werden, denn das Ritual unseres Gedenktages meint unsere Gegenwart. Wir versuchen, für uns zu deuten nicht nur, was an jenem 9. November 1938 *zu Ende ging*, sondern auch: was damals begann. Damals hat vieles begonnen. Überall, nicht nur unter den Deutschen.

Wir haben uns in Deutschland seit langem daran gewöhnt, ohne es zu bedenken oder auffallend zu finden, daß unsere Gedenktage vor allem als ein *Gedenken an Unglückstage* gedeutet werden müssen. Das war nicht immer so. In meiner Jugend wurde vieles noch scheinbar glückhaft erinnert: die Völkerschlacht bei Leipzig und Blüchers Rheinübergang bei Kaub in der Neujahrsnacht 1814, der Sedanstag und der 18. Januar als Tag der Reichsgründung, und Kaisers Geburtstag.

Was erinnern wir seit dem 9. November 1918? Eben diese kleinmütige Revolution; den Tag, da Karl und Rosa ermordet wurden; den Kapp-Putsch und den Bürgerbräu-Putsch; den scheinbar glücklichen Tag des 30. Januar 1933, der plötzlich Deutschland und die Deutschen »zur Kenntlichkeit veränderte«; den 30. Juni 1934, als der Führer und Reichskanzler befahl, daß Mord an seinen Feinden »rechtens« sei; die Kristallnacht 1938; den 20. Juli 1944. In einem Vortrag im Sommer 1975 meditierte *Arnold Gehlen* über »Das entflohene Glück. Deutung der Nostalgie«. Er untersuchte die modische Strömung einer Sehnsucht nach der Vergangenheit in Deutschland und fragte nach dem Verhältnis der Deutschen zum Glück. Glück aber finde sich, wie August Wilhelm Schlegel im Jahre 1809 erkannte, und weshalb er von Hegel zitiert wird, für die Deutschen bloß »auf dem weltlicher Macht unzugänglichen geistigen Gebiet des

Denkens und Dichtens«. Dort allein fühlten »die vielfach getrennten Deutschen ihre Einheit«. Arnold Gehlen schließt seine Betrachtung mit folgendem Satz: »Es ist die Stimme glückloser Nationen, die aus der großen Geschichte ausschieden und ihre Rolle in der kleinen hoffentlich einmal finden.« Darum wohl sind unsere Gedenktage seit langem nur noch Erinnerung an Glücklosigkeit und an das bare Unglück. Daran hat sich auch in der Bundesrepublik Deutschland nichts geändert. Die Weimarer Republik feierte noch (halbherzig und mutlos) den Tag, da im Nationaltheater zu Weimar die Verfassung verabschiedet wurde. Wir kennen keinen Feiertag für unser Grundgesetz. Wir feiern den Unglückstag des 17. Juni 1953.

Natürlich gehört die Kristallnacht zu solchen Gedenktagen eines geschichtlichen Unglücks. Dennoch wäre es verfehlt, die geschichtliche Konstellation als ein spezifisch *deutsches* Verhängnis zu bezeichnen. Wir wissen heute: jene gutgemeinte, doch nicht ebenso gut formulierte Geschichtsphilosophie einer zweiten Nachkriegszeit, die gern vom »Irrweg einer Nation« zu sprechen pflegte, hat nicht eben viel bewirkt an wissenschaftlicher Erhellung. Der Versuch mußte scheitern, die Phänomene des Dritten Reiches, besonders seine spezifischen und abgefeimt entwickelten Rituale, als Erzeugnis irgendeines sonderbaren Nationalcharakters zu deuten. Das Entsetzen außerhalb deutscher Grenzen über die Brandstiftung in der Synagoge, mitsamt allem sonstigen spektakulären Treiben der Erniedrigung und Schändung, war spontan und echt. Man schien im Ausland deshalb geneigt, an eine nationale Eigentümlichkeit des deutschen Volkes zu glauben, vielleicht gar an ein halb ethisches, halb sozialpsychologisches Moment sogenannter »moral insanity«.

Inzwischen hat die Geschichte der letzten Jahrzehnte allenthalben in der Welt demonstriert, daß solche Ereignisse jederzeit, in allen Erdteilen und Nationalkulturen möglich sind. Als der amerikanische Erzähler und Nobelpreisträger Sinclair Lewis im Jahre 1935 versuchte, die Ereignisse aus der Frühzeit des Dritten Reiches auf das zeitgenössische Amerika zu übertragen, und seiner höchst konkreten Utopie den Titel damaligen amerikanischen Kopfschüttelns über Hitlerdeutschland gab: »It can't happen here«, bewies er im Ablauf der Erzählung, daß Ereig-

nisse gleich jenen deutschen Unsinnigkeiten auch im Amerika des Präsidenten Franklin D. Roosevelt durchaus möglich seien. Weshalb es sich empfiehlt, den Versuch unserer Retrospektive und Deutung der Ereignisse von 1938 als ein eigentümliches, doch nicht untypisches Phänomen heutiger Zivilisationsentwicklung zu interpretieren. Als ein Phänomen also, das zum ersten Mal und weithin sichtbar in Deutschland auftrat, ohne deshalb bloß eine spezifisch deutsche Krankheit zu verkörpern.
Sucht man in der Frühgeschichte des Dritten Reiches nach Ritualen, die noch vor jener Kristallnacht darauf hindeuteten, was vorging und allmählich ausbrechen werde, so wird man die *Bücherverbrennung* vom 10. Mai 1933 und die *Massaker des 30. Juni 1934* erinnern müssen. Dann schien das Reich, nach Meinung des Auslands, mit seinem wunderlichen, etwas lächerlichen, doch auch wieder erschreckenden Reichskanzler ins gewohnte Ritual europäischer Gesittung zurückzukehren. In Thomas Manns Tagebüchern aus den Jahren 1935 und 1936 erfährt man die unmittelbaren Reaktionen eines erbitterten deutschen Bürgers und Schriftstellers im Exil über die Entschlossenheit vor allem der Regierungen in London und Paris, möglichst nichts an deutscher und neuer Absurdität wahrnehmen zu wollen, was nicht unmittelbar politische Gefahr zu bedeuten schien. Daß die neue deutsche Manierlichkeit nach dem 30. Juni 1934 international honoriert wurde, ist bekannt. So konnte das Propagandaspektakel der Berliner Olympiade als schönes Fest ablaufen. Kunstfreunde bewunderten ein glanzvolles Staatstheater in der Reichshauptstadt. Das böse Wort des Emigranten Brecht: Man solle einmal fragen, *worauf* da der Glanz falle, wurde als unerquickliche Querele abgetan. Als die Olympiade abgelaufen war, kein Protest von Wirksamkeit erfolgte gegen die vertragswidrige deutsche Aufrüstung und die Rheinlandbesetzung, durfte man die guten Manieren des Wolfes vor dem naiven französisch-englischen Rotkäppchen wieder fallenlassen. Einmarsch in Wien, Besetzung des Sudetenlandes, Abkommen von München, dann war es so weit. Nun konnte man anknüpfen bei der Bücherverbrennung und beim 30. Juni. Jetzt durfte sie stattfinden: die deutsche Kristallnacht.
Über die Bücherverbrennung vom 10. Mai 1933 ist viel geschrie-

ben worden. Das war ein Schauspiel; unverkennbar daran ein geheimer Mangel an Ernsthaftigkeit. Es war ein Jux, wie Studenten der Germanistik in brauner Uniform die Bücher von Heinrich Mann und Ludwig Renn, von Erich Kästner und Erich Maria Remarque, von Marx und Freud hinaufreichten zu einer Empore, wo ein Dozent der deutschen Sprache und Literatur stand, um eine offenbar undeutsche und entartete Literatur unter markigen Sprüchen ins Feuer zu werfen. Es war ein Spektakel und ein Jux, denn es war ein Autodafé ohne praktische Folgen. Noch verbrannte man nur die Bücher, nicht die Autoren. Erich Kästner hat später berichtet, wie er zusehen durfte, als Erich Kästner öffentlich verbrannt wurde. Er blieb am Leben. Ein paar Exemplare aus Universitätsbüchereien wurden damals zu Asche, doch große Auflagen derselben Bücher standen während der Dauer des Dritten Reiches, sorgsam gehütet und ängstlich versteckt, in den Bücherschränken im Lande.

Die Schriftsteller aber, deren man habhaft werden konnte und die man als Geiseln besaß, wie Carl von Ossietzky und Erich Mühsam oder Kurt Hiller, folterte man zunächst noch unter Ausschluß der Öffentlichkeit.

Dennoch gehören sie eng zusammen, die beiden Ereignisse: Bücherverbrennung und Kristallnacht. Dazwischen lag der Tag des amtlichen Mordens am 30. Juni 1934. Ein großes Aufräumen war beabsichtigt; die Subskriptionslisten mit den Namen derer, die sterben sollten, lagen seit langem bereit. Am Tag der Exekution gab es nur kleine Verwechslungen. In Berlin erschoß man einen Musikkritiker namens Schmidt, weil er, einschließlich des Vornamens, der Namensvetter war eines gesuchten und rechtswidrig verurteilten SA-Führers. Sonst aber? Man liquidierte rasch und bisweilen unter den Augen des obersten Exekutors die scheinbar aufsässigen Chargen der SA ebenso wie den deutschnationalen Sekretär des Vizekanzlers von Papen, Dissidenten des Nationalsozialismus und den Ministerialrat Klausener von der Katholischen Aktion. Die Rechtsgrundlage? Wer wollte danach fragen? Der Ordinarius für Staats- und Verfassungsrecht an der Berliner Universität, nunmehr Staatsrat Hermann Görings, also der Professor Carl Schmitt, schrieb anschließend einen Artikel, worin er dekretierte, denn beweisen ließ sich das nicht, alle diese Mordtaten seien »rechtens« gewesen. Aus dem Recht entsprungen, das der Führer repräsentiere. Der Führer, nicht bloß der Reichskanzler. Was wohl heißen sollte: die Inkarnation eines deutschen Erlösers, den man nicht verwechseln dürfe mit dem namens- und wesensgleichen Inhaber einer staatsrechtlichen Funktion in der Berliner Reichskanzlei.

Am Tage der Bücherverbrennung erfolgte die *erste* Zurücknahme. Man trennte sich mit komödiantischem Ritual vom Grundprinzip aller bürgerlichen Aufklärung seit Erasmus von Rotterdam und seinem Freund Thomas Morus: daß geistige Auseinandersetzung nach den Spielregeln des geistigen Disputs, einer Auseinandersetzung der Argumente, stattfinden müsse. Das Prinzip der mittelalterlichen Disputation, zunächst beschränkt auf den theologischen Bereich, hatte sich im Laufe der Jahrhunderte säkularisiert. Übriggeblieben war die weitgehend akzeptierte und auch praktizierte Lebensregel, daß man auf Argumente nur antworten könne mit Argumenten. Auf Schriften mit Gegenschriften. Reste dieser Gesittung haben immer noch in unserem Leben Geltung: nicht allein in unserem Strafgesetz. Das deutsche Sprichwort sagt: »Wer brüllt, hat unrecht.« Um wieviel mehr jener, der zuschlägt, weil die Entgegnung mit Worten und Gedanken schwerfiel.

Die Bücherverbrennung aber vom 10. Mai 1933 war eine Absage an Disputation und Diskurs. Damit natürlich auch an das Prinzip aller *Demokratie.* Die nämlich ist undenkbar ohne die Rede und Gegenrede. Auch diese Zurücknahme war geistig bereits vorgebildet in der Spätzeit der Weimarer Republik. Gegenüber allen bis dahin geltenden Konzepten der politischen Philosophie, die notwendigerweise einen Wertrelativismus voraussetzten, weil keine Instanz sichtbar war in der politischen Sphäre, die sich im Besitz des Absoluten wissen konnte, hatte – abermals – der Professor Carl Schmitt die seither viel zitierte und (leider) auch praktizierte These verkündet, das Wesen des Politischen bestehe *nicht* im Argument und Diskurs, sondern in einer Entscheidung oder Dezision, die reinen Tisch mache zwischen *Freunden und Feinden.* So war in der politischen Theorie der Dezisionismus begründet worden, mit dem auch heute noch viele Juristen der Bundesrepublik, die ihre Ausbildung im Dritten Reich erhielten, zu kokettieren pflegen. Bei der Bücherverbrennung wurde Dezisionismus praktiziert. Nicht minder am 30. Juni 1934. Carl Schmitt durfte sich – rechtens – am Abend dieses Tages zu dieser Praxis seiner Theorie bekennen.

Auch die Kristallnacht hatte mit dem Dezisionismus zu tun. Diesmal wurde offen und weithin sichtbar praktiziert, was durch die Nürnberger Gesetze legalisiert worden war: die Scheidung im Volk zwischen Freunden und Feinden, Menschen und Unmenschen, lebenswertem und lebensunwürdigem Leben. Jene deutschen Juden, die immer noch glauben mochten, man habe es mit einer bösartigen Regierung zu tun, die irgendwann einmal in ordentlicher Form abgelöst werden könnte durch eine freundlichere, die folglich nicht begriffen im Feuerschein der Synagogen, daß es um das Leben ging, waren damit und damals bereits verurteilt zum Viehtransport.

Vorerst freilich ging es, als der Brandrauch verging und die Glassplitter fortgekehrt werden konnten, scheinbar nur um Geld. *Um sehr viel Geld.* Der Delinquent hatte die Kosten der Plünderung und Mißhandlung zu bezahlen. Eine Milliarde Goldmark wurde den deutschen Juden zur Zahlung auferlegt. Damals mußte manches Erbstück mit vielen Erinnerungen, manches Kunstwerk und Wertstück rasch veräußert werden, denn es war streng bürokratisch festgelegt worden, wie hoch der Anteil einer jeden jüdischen Familie in Deutschland an dieser Milliarde zu beziffern sei. Geschäftige Zwischenhändler der Arisierung mit einwandfreiem Stammbaum und geschäftstüchtigem Gewissen verlebten damals schöne Tage.

Auch dieser finanzielle Aspekt des Spektakels ist wichtig und gehört zur Diagnose. Gerade weil er in der heutigen Erinnerung und Berichterstattung neben der eindrucksvollen Szenerie der Brände, der klirrenden Scheiben und der Plünderungen vergessen zu werden pflegt. Allein erst die staatliche Brandschatzung der Opfer machte diese spezifische Zurücknahme in der Kristallnacht zum gleichsam idealtypischen Fall eines nunmehr von neuem auftretenden Phänomens inmitten sogenannt abendländischer Zivilisation. *Diese Kristallnacht war ein Pogrom.* Man kannte dergleichen in Deutschland aus den Geschichtsbüchern.

Allein es lag außerhalb des deutschen Raumes und außerhalb gegenwärtiger Zeit. Mittelalterliche Pogrome und Plünderungen im Zeichen der Kreuzfahrer; Judenpogrome im späten Mittelalter, wenn die Pest umging, der Schwarze Tod, und man Schuldige brauchte, besonders wenn die fürstlichen Kassen wieder einmal leer waren. Als Folge solcher Pogrome wanderten ganze Judengemeinden nach Osten, nach Polen oder Ungarn oder Rumänien oder in die Ukraine. Die von deutschen Staatsbürgern jüdischen Glaubens so verachteten Ostjuden waren einstmals Deutsche gewesen. Ihre Muttersprache, das Jiddische, ist heute für den Linguisten eine Fundgrube der gesprochenen und damit lebendigen mittelhochdeutschen Sprache. Allein auch in Galizien, in der Bukowina, auf der Krim hatte es immer wieder Pogrome gegeben. Die Wehrlosen, die so nützlich waren und so begütert, ließen sich mühelos brandschatzen, wobei es an Argumenten nicht fehlte. Bestenfalls berief man sich auf eine pervertierte Theologie; besser taugten Fälschungen wie die sogenannten »Protokolle der Weisen von Zion«. Zur Not genügten die Kosaken.
Das mittlere und westliche Europa pflegte sich, wenn solche Nachrichten kamen aus Odessa oder Kiew oder Czernowitz, in Leitartikeln und Parlamentsreden zu entrüsten. Damit hatte man nichts zu tun. Das war Barbarei des Feudalismus und Zarismus; noch unzulängliche Aufklärung; der Übergang vom Feudalismus zum Kapitalismus hatte sich immer noch nicht hinreichend ausgewirkt. Das Pogrom inkarnierte die Barbarei, daran war nicht zu zweifeln. Allein das war bei uns nicht möglich. It can't happen here. Am Tage, da die Synagogen brannten und die Kostenrechnung präsentiert wurde, war das Pogrom möglich geworden. Erst wenn wir diese Zusammenhänge genauer reflektieren, *indem wir das durchschnittliche Gesittungsschema von 1938 mit dem durchschnittlichen Gesittungsschema unseres Jahres 1978 vergleichen,* nehmen wir unseren Betrachtungen über die Kristallnacht alle Sentimentalität. Dann erst können wir die Retrospektive vollenden und die heutige Konstellation genauer bestimmen.
Um es zu wiederholen: die Entwicklungskurve in der Frühgeschichte des Dritten Reiches: Bücherverbrennung, rechtswidri-

ges Morden, staatlich organisiertes Pogrom, stellte sich als eine Praxis dar, deren Theorie seit langem bereitlag. Bücherverbrennung, Massaker, Brandstiftung und Brandschatzung waren *bewußte Praxis einer Gegenaufklärung*. Setzt man die Entwicklung der Aufklärung im wesentlichen gleich mit der Emanzipation bürgerlicher Gesellschaft seit der Renaissance, wie es zum Beispiel Thomas Mann im »Doktor Faustus« getan hat, dann beruhte alles bürgerliche Denken, sicherlich als Überbau konkreter gesellschaftlicher Velleitäten, auf dem Postulat menschlicher Gleichheit und dem nicht minder wichtigen Postulat einer Unantastbarkeit der menschlichen Person und ihrer Würde. Eine diskriminierende Bewertung menschlicher Rassen, jegliche Einteilung also nach Herrenmenschen und Untermenschen, widersprach der aufklärerischen Vernunft. Das mitteleuropäische Denken und die Kunst der Deutschen haben diesen Postulaten eine nach wie vor rührende und zugleich erschreckende Gültigkeit verliehen. Immanuel Kants Versuch einer Geschichte in weltbürgerlicher Absicht, seine Untersuchung über die Menschenrassen, die fast verächtlich den Gedanken irgendeiner Diskriminierung ablehnt; »Nathan der Weise« und die »Zauberflöte«, »Don Carlos« und »Fidelio«. Die große Synthese aus Schiller und Beethoven in der Neunten Symphonie. Der deutsche Tonsetzer Adrian Leverkühn bei Thomas Mann wußte genau, was er meinte, als er die »Zurücknahme« der Neunten Symphonie beschloß.

Am 30. Januar 1933 begann die Herrschaft der Gegenaufklärung im Lande Kants und Lessings, Hölderlins und Beethovens. *Seitdem* gibt es keine Grundmaxime der Aufklärung, die nicht preisgegeben, verletzt, mißachtet worden wäre. Gewiß, nach dem Ende des Zweiten Weltkriegs wurde der Versuch unternommen, jedenfalls das staatliche und gesellschaftliche Leben der Bundesrepublik Deutschland wieder in Übereinstimmung zu bringen mit den Überlieferungen des wissenschaftlichen Denkens, einer rational überprüfbaren, nicht-magischen Anthropologie. Allein es bleibt nicht zu verkennen, daß die schrecklichen »Errungenschaften« einer so umfassend praktizierten Gegenaufklärung mehr und mehr zur gängigen Praxis geworden sind auf unserem Planeten. Eines der Grundprinzipien der Aufklärung,

verkündet von dem Jesuiten Friedrich von Spee ebenso wie auch von Friedrich II., damals König in Preußen, und später von Kant, forderte die *Abschaffung der Folter.* Das war in jahrhundertelanger Denkarbeit, stets unterbrochen durch Rückfälle, verwirklicht worden. Folter und Integrität der menschlichen Person: ein absoluter Denkgegensatz. Ganz wie das Autodafé, die gesetzlose Inhaftierung, die Tötung oder Mißhandlung von Kriegsgefangenen, die Sklaverei. Es ist die große Leistung einer bürgerlichen Gesellschaft, die im Grunde zu Ende war am 1. August 1914, bei Ausbruch des Ersten Weltkriegs: daß sie Sklaverei und Folter, Pogrom und Autodafé, seelischen und körperlichen Terror nicht bloß gesetzlich verbot und unter Strafe stellte, sondern daß sie diese Phänomene einer Voraufklärung gleichzeitig als *intellektuellen Skandal* denunzierte.
Diesem Skandal jedoch ist die heutige Zivilisation seit langem erlegen. Wie zu Beginn unserer Reflexionen angedeutet wurde: er trat damals in Deutschland und in jenen Dreißiger Jahren zum ersten Mal hervor, veränderte sich, mit Ernst Bloch zu reden, zur »Kenntlichkeit«. Seitdem lesen wir täglich darüber in unseren Blättern und Blättchen. Es wird abermals gefoltert in unserer heutigen Welt. Pogrome sind an der Tagesordnung, und die Opfer müssen nicht unbedingt Juden sein. Jeder kann für einen anderen zum Juden werden. Das hat *Jean-Paul Sartre* gleich nach Ende des Zweiten Weltkriegs in seinen »Réflexions sur la question juive« von 1947 konstatiert. Er hat recht behalten. Die Erörterungen von Helsinki, alle zeitgenössischen Auseinandersetzungen über Fragen der Menschenrechte sind nötig geworden, *weil* die praktizierte und in vielen Teilen der Welt auch theoretisch postulierte Gegenaufklärung mächtiger zu werden droht als jene Gesellschaftsformen, die sich *noch* zur Tradition des großen 18. Jahrhunderts in Europa bekennen.
Es wäre sinnlos, hier von Schuld zu sprechen. Schuld der Einzelnen muß nachgewiesen werden. Das ist gleichfalls ein Postulat der Aufklärung und des Menschenrechts. Völker und Nationen oder Rassen können nicht mit den Methoden des Gerichtsverfahrens und den Fiktionen einer Kollektivschuld »zivilisiert« werden. Wer das versucht, handelt als Gegenaufklärer, nicht als Aufklärer. Darum war der absurde Versuch, in

Deutschland die kollektive »Entnazifizierung« zu bewerkstelligen, ein Widerspruch zur Tradition des europäischen Rationalismus, worüber man sich damals freilich kaum Gedanken machte. Ebensowenig kann geleugnet werden, daß früh schon bemerkenswerte Gegentendenzen zur bürgerlichen Emanzipation in der europäischen Neuzeit, auch im Denken, aufgetreten sind. Bedeutende Philosophen wie Hobbes in England, Rousseau in Frankreich, Hegel in Deutschland haben wenig Interesse gezeigt an der Integrität des menschlichen Subjektes. Wenn wir heute eine politische Praxis verabscheuen, die politischen Gegnern eines Regimes mit Hilfe korrupter Psychiater beikommen möchte, so müssen wir versuchen, jene Theorie zu interpretieren, die hinter solchem Mißbrauch der Ärzte und der Medizin sichtbar wird. Die Faustregel lautet dann offensichtlich: Wer mit unseren herrlichen Zeiten nicht einverstanden ist, kann nur ein Schurke sein oder ein Verrückter. Reflektieren wir aber das Denkprinzip hinter dieser Faustregel, *so wird plötzlich der Philosoph Hegel sichtbar.* Wenn alle Wirklichkeit notwendigerweise als vernünftig bezeichnet werden muß, weil eine andere Entwicklung in der Geschichte nicht erfolgen kann, dann wird Widerspruch gegenüber der Wirklichkeit gleichgesetzt mit der Unvernunft. Die Pädagogen und Ideologen der DDR und der Sowjetunion wissen schon, warum sie den Begriff der Freiheit interpretieren als »Einsicht in die Notwendigkeit«.

Es war der *frühe* Hegel, der seine »Phänomenologie des Geistes« zu Ende schrieb, während in Jena, wo Hegel damals lehrte, die Entscheidungsschlacht zwischen Napoleon und Preußen stattfand. In dieser »Phänomenologie des Geistes« wird die Auseinandersetzung mit Rousseau und seiner Theorie vom Allgemeinwillen zugunsten des Einzelnen entschieden. Er sei mehr als ein bloßes Hilfsmittel bei Durchsetzung eines Willens, der mit Notwendigkeit das geplante demokratische Prinzip pervertiere zur Herrschaft eines Einzelnen, oder eines Triumvirats, oder auch, wie man heute sagen könnte, eines Zentralkomitees. Hegels Kritik an Rousseau und an der rousseauistischen Praxis der Jakobiner, deren Mittel der Terror war, ist ebenso klar wie schneidend: »Denn der allgemeine Wille ist nur in einem Selbst, das Eines ist, wirklicher Wille. Dadurch aber sind alle anderen

Einzelnen von dem Ganzen dieser Tat ausgeschlossen und haben nur einen beschränkten Anteil an ihr... Kein positives Werk noch Tat kann also die allgemeine Freiheit hervorbringen; es bleibt immer nur das negative Tun; sie ist nur die Furie des Verschwindens.«

Man hat diese Formel von der »Furie des Verschwindens« in neuerer Zeit häufig zitiert, manchmal ein bißchen belächelt. Doch hat man die Metapher wirklich verstanden? Für Hegel und seine Zeitgenossen war unverkennbar, was gemeint war. Jeder wußte, wie das Fallbeil gearbeitet hatte. Weshalb jene weiteren Sätze Hegels von uns Heutigen nicht mit Spott, sondern mit Nachdenklichkeit gelesen werden sollten: »Das einzige Werk und Tat der allgemeinen Freiheit ist daher der *Tod,* und zwar ein Tod, der keinen inneren Umfang und Erfüllung hat; denn was negiert wird, ist der unerfüllte Punkt des absolut freien Subjektes; er ist also der kälteste, platteste Tod, ohne mehr Bedeutung als das Durchhauen eines Kohlhaupts oder ein Schluck Wassers.«

Wer sich als Mensch oder Menschengruppe, als Führer oder militärischer Diktator, als Generalsekretär oder auch als Boß einer verschworenen Gemeinschaft verhält wie der angemaßte Exekutor eines Absoluten, begründet angeblich auf höherer und besserer Kenntnis des Weltgeistes, auf dem Charisma des vermeintlichen Genius, vielleicht auch bloß auf Panzer und Bajonette, der praktiziert die Zurücknahme der Aufklärung im weitesten Verstande. Dem scheint alles erlaubt: der Völkermord und die massenhafte Deportation; die geplante Opferung von Kaufhausbesuchern beim Schlußverkauf, denen ein Tod in den Flammen, in einem »Fanal«, zugedacht wird; oder die sogenannte »Hinrichtung« von Feinden und von Geiseln. Es hat, mit Hegel zu sprechen, nicht mehr Bedeutung als das Durchschlagen eines Kohlhaupts oder das Austrinken eines Wasserglases.

Noch beim Ablauf eines Zweiten Weltkriegs schien alles klar und einsehbar zu sein. Es gab den Faschismus und den Antifaschismus, die Aufklärung und die Gegenaufklärung, die Reaktion und den Fortschritt. Das hatte die Hybris des Deutschen Führers und Reichskanzlers möglich gemacht. So war die Allianz zustande gekommen zwischen Stalin und Roosevelt, Churchill und Charles de Gaulle. Damit ist es seit langem vorbei. Die Brüchigkeit der bürgerlichen Aufklärung in der westlichen Wohlstandsgesellschaft, zu schweigen von der Dritten Welt, ist evident. Die Ungültigkeit des sowjetischen Postulats nicht minder, wonach im heute praktizierten Marxismus und Leninismus eine höhere Form des Humanismus, als Überwindung bürgerlicher Aufklärung, erstanden sei. Diese Phraseologie ist durch die Praxis widerlegt. Der Augenzeuge Ernst Fischer hat berichtet, wie unter den kommunistischen Emigranten um 1937 in Moskau das Phänomen der Schauprozesse diskutiert wurde, mit deren Hilfe Stalin seine Widersacher »liquidieren« ließ. Damals habe Walter Ulbricht – wer sonst? – apologetisch von Notwendigkeiten des Humanismus gesprochen, worauf der italienische Kommunist Palmiro Togliatti zornentbrannt erwiderte: dies Wort möchte er in diesem Zusammenhang nicht hören. Man hat seit Chruschtschow den Versuch gemacht, das Phänomen Stalin, das man zum Sonderphänomen eines bloßen »Personenkults« degradierte, vom Leninismus zu trennen, dann den Leninismus vom Marxismus; auch eine Zurückführung von Marx zu Hegel, von der materialistischen zur idealistischen Dialektik ist erwogen worden.

Daß von Hegels Philosophie ein unmittelbarer Weg geführt hat zu Gedankengängen des italienischen Faschismus in den Zwanziger Jahren, ist heute nahezu vergessen, weil man immer noch nicht eine wissenschaftlich schlüssige Interpretation des Phänomens Faschismus erreichen konnte. *Der italienische Philosoph Giovanni Gentile,* der eine Woche vor Thomas Mann im Frühjahr 1875 zur Welt kam und als hoher Funktionär Mussolinis am 15. April 1944 in Florenz ermordet wurde, wo er im Pantheon der Kirche von Santa Croce begraben liegt, sah – durchaus im Sinne des späten Hegel – alle Wirklichkeit als Schöpfung eines absoluten Geistes, dem man sich nicht widersetzen dürfe. Es war ein System des »aktualen Idealismus«. Gar nicht so weit entfernt von der heutigen Praxis sowohl des Terrorismus wie des Systems Gulag.

Wären sie mithin im Recht, die sogenannt »neuen Philosophen« in Frankreich, die sich lustigmachen über die »maîtres-penseurs«, die Meisterdenker unserer neueren Geistesgeschichte:

allen voran Hegel und Marx? Vermutlich wird man die von ihnen ausgelöste Debatte vor allem als Kennzeichnung einer heutigen Konstellation in der Gesellschaft verstehen müssen. Die Grenzen sind vernebelt zwischen Aufklärung und Gegenaufklärung. Der bürgerliche Humanismus des 18. und auch noch des 19. Jahrhunderts wurde nicht durch eine neue, nicht mehr bürgerliche Synthese übergipfelt: weder in der Praxis noch in der Theorie. Wenn der Schriftsteller Stephan Hermlin in Ostberlin, zur Verwunderung und Mißbilligung seiner Zuhörer, vor kurzem auf dem Schriftstellerkongreß der DDR erklärte: »Ich bin ein spätbürgerlicher Schriftsteller, was sonst könnte ich sein?«, so bekannte er sich dadurch zu den Tatsachen unseres gegenwärtigen Lebens.

Es gibt viele Symptome, die verstehen lassen, daß im Augenblick, nach vielen Enttäuschungen, Revolutionen und Revolten, Absagen und Zurücknahmen, die alle nichts bewirkten, ein Erwachen stattfindet, das von Kopfschmerz begleitet ist. Wenn der Maler Paul Wunderlich jüngst als Antwort auf eine Umfrage kurz erklärte: der am meisten überschätzte Schriftsteller sei Karl Marx, der am meisten unterschätzte hingegen Arthur Schopenhauer, so kann darüber nur witzeln, wer nicht begreift, daß diese These aus schmerzhafter Lebenserfahrung entsprungen ist. Dazu paßt es durchaus, daß der Begründer der »Frankfurter Schule«, also *Max Horkheimer,* gegen Ende seines Lebens alles Interesse verloren hatte an »kritischer Theorie«: er mochte bloß noch von Schopenhauer sprechen. Schopenhauer aber verstand sich selbst als Fortsetzer des Immanuel Kant und als Gegenspieler zu einem verachteten Scharlatan namens Georg Wilhelm Friedrich Hegel. Freilich sei er real, nur allzu wirklich, dieser Weltwille. Weshalb die Aufgabe sein müsse, ihn für sich selbst und in jedem einzelnen Falle zu negieren. »Geh an der Welt vorüber, es ist nichts.« Das war indische Botschaft, und Schopenhauer bekannte sich dazu.

Das klingt uns heute vertraut. Beim eifrigen Bemühen der Medien, die stets verkünden möchten, was die Stunde der geistigen Mode jeweils geschlagen hat, wodurch alles Denken und auch alle Kunst behandelt wird wie leicht verderbliche Ware in einer Wegwerfgesellschaft, hatte man rasch die nötige Terminologie erfunden. Man sprach eilfertig vom *»neuen Irrationalismus«*. Der innere Widerspruch ist offenkundig: *mit Hilfe einer funktionalen Vernunft wird die Irratio angepriesen.* Aus Verzweiflung. Das ist nicht neu. Der gescheiterte Revolutionär Georg Büchner schrieb 1836 aus dem Straßburger Exil an den liberalen Sozialreformer und Schriftsteller Karl Gutzkow: »Ich habe mich überzeugt, die gebildete und wohlhabende Minorität, so viel Konzessionen sie auch von der Gewalt für sich begehrt, wird nie ihr spitzes Verhältnis zur großen Klasse aufgeben wollen. Und die große Klasse selbst? Für sie gibt es nur zwei Hebel: materielles Elend und religiöser Fanatismus. Jede Partei, welche diese Hebel anzusetzen versteht, wird siegen. Unsere Zeit braucht Eisen und Brot – und dann ein Kreuz oder sonst was.«

Haben wir uns sehr weit entfernt aus dem Bereich der verbrannten Synagoge? Das glaube ich nicht. Wenn in der Tat, wie hier behauptet wurde, die Frühgeschichte des Dritten Reiches, zu schweigen natürlich von der späteren mit dem Völkermord, den Hinrichtungen am Fleischerhaken oder mit dem Handbeil, dem totalen Krieg und der totalen Lüge, eine bewußte und gewollte Zurücknahme von Aufklärung und Humanismus bedeutet hat, so war es notwendig, den weiteren Prozeß darzustellen. *Es mußte zu Ende gebracht werden.* Vom 9. November 1938 zum 9. November 1978. Natürlich war das, um eine bekannte Formel des ungarischen Marxisten Georg Lukács zu verwenden, ein Prozeß, den man als *»Zerstörung der Vernunft«* bezeichnen könnte. Allein der Formel wäre zu mißtrauen, setzt sie doch, wie mir scheint, eine kaum mehr wirklich zu nennende Auffassung vom Menschen voraus und von seiner Vernunft. Weshalb auch der angeblich neue Irrationalismus nach wie vor im Denkschema von Rationalität und Irrationalität befangen bleibt. Darum ist es eine unbefriedigende Behauptung, wenn die Geschichte, besonders auch die Frühgeschichte des Dritten Reiches ausschließlich als irrationales, folglich nur begrenzt deutbares Phänomen bezeichnet wird. *Umgekehrt* ist gerade der *rationale Einsatz* von Mitteln der Berauschung, einer Ausschaltung der Vernunft, also nicht ihrer Zerstörung, bemerkenswert gewesen. Am Phänomen des Adolf Eichmann, des »Schreibtischmörders«, wie man das

seitdem zutreffend formuliert hat, hat Hannah Arendt diese dialektische Verstrickung einleuchtend analysiert.
Weshalb es nicht angeht, im Gedenken an die Kristallnacht und die verbrannte Synagoge, einfach die Rückkehr zu Kant und zu Schiller, wohl auch zu Schopenhauer zu empfehlen. Gegenüber solchen Thesen behält Hegel als Geschichtsdenker unzweifelhaft recht. Er hat gezeigt und bewiesen, daß alle Geschichte notwendigerweise irreversibel bleibt. Es gibt kein Zurück zu irgend etwas.
In seiner letzten, unvergeßlichen Rede im Mai 1955, wenige Wochen vor seinem Tode, sprach Thomas Mann in Stuttgart und in Weimar zum 150. Geburtstag Friedrich Schillers. Er, der Achtzigjährige, schloß mit einer Mahnung an die Zeitgenossen und die Nachgeborenen, sich in Schillers Zeichen zu bekennen »...zum Schönen, Wahren und Guten, zur Gesittung, zur inneren Freiheit, zur Kunst, zur Liebe, zum Frieden, zu rettender Ehrfurcht des Menschen vor sich selbst«.
Das aber kann nur als eine Rückkehr verstanden werden, die nicht möglich ist. Die Gegenthese ist, wie bekannt, bereits wenige Jahre nach Schillers Tod formuliert worden: in Heinrich von Kleists tiefsinnigem Aufsatz »Über das Marionettentheater«. Hier wird Geschichte ernst genommen, so daß nur noch ein Weitergehen, als ein Hindurchgehen, denkbar wäre. Keine Zerstörung der Vernunft, sondern eine neue Anthropologie. »›Mithin‹, sagte ich ein wenig zerstreut, ›müßten wir wieder von dem Baum der Erkenntnis essen, um in den Zustand der Unschuld zurückzufallen?‹ ›Allerdings‹, antwortete er, ›das ist das letzte Kapitel von der Geschichte der Welt.‹«

III. WALTER BENJAMIN UND FRANZ KAFKA BERICHT ÜBER EINE KONSTELLATION

(Klosterneuburg, 1979)

Für Gershom Scholem

Der Begriff der »Konstellation« ist in dreifacher Weise zu verstehen, wenn versucht werden soll, die Bedeutung der Auseinandersetzung mit Franz Kafka für Benjamins Leben und Denken zu erörtern. Da ist *zunächst* die äußere Konstellation des Jahres 1934, die den Emigranten Benjamin in Paris, der früher bereits ein paarmal über Kafka geschrieben und im Rundfunk geredet hatte, immer dringlicher dazu treibt, die Kafka-Interpretation als zweites Hauptgeschäft neben der sogenannten Passagen-Arbeit in den Willen aufzunehmen. Die *zweite* Konstellation hängt unmittelbar damit zusammen: Die Kafka-Analyse wird von Benjamin, gleichfalls programmatisch, als Teil einer umfassenden Standortbestimmung der damals gegenwärtigen deutschen Zivilisation verstanden. Das Exil verlangt auch für Walter Benjamin nach einer Bilanzierung. Die *dritte* Konstellation schließlich wird ausgelöst durch Benjamins großen Kafka-Essay von 1934, der, nach vielem Hin und Her, in der von Robert Weltsch herausgegebenen »Jüdischen Rundschau« zu Berlin, mitten im Dritten Reich, nur in einer um die Hälfte gekürzten Fassung publiziert wird. Man druckt den ersten und dritten Teil mit den Überschriften »Potemkin« und »Das bucklicht Männlein«. Weggelassen werden im Druck der zweite Abschnitt »Ein Kinderbild« und der für Benjamin, wie seine brieflichen Reaktionen zeigen, vor allem bedeutsame Schlußteil über »Sancho Pansa«.

Trotzdem kommt die Konstellation einer intensiven Auseinandersetzung über das Kafka-Bild Walter Benjamins zustande. Seine Freunde nämlich, durch freiwillige Auswanderung und erzwungene Emigration in alle Welt verstreut, hatten den vollständigen Text, den Benjamin – um einen äußeren Anlaß zu haben – zum zehnten Todestag Franz Kafkas schrieb, durch Abschriften des Manuskripts kennengelernt. Daraus entsteht nun die dritte Konstellation: als ein in Briefen und gelegentlichen Gesprächen durchgeführtes Kafka-Symposium mit den Teilnehmern Theodor W. Adorno, Walter Benjamin, Bertolt Brecht, Werner Kraft und Gershom Scholem.

Wie es dazu kam, und was in diesem Kontext erörtert wurde, das soll hier dargestellt werden. Die eigentliche Kafka-Analyse Benjamins erhält freilich bei solcher Art des Vorgehens gleichsam nur eine sekundäre Bedeutung. Das jedoch ist nicht ungerecht gegenüber diesem wichtigen und für das Verständnis Walter Benjamins bedeutsamen Text, denn es läßt sich nachweisen, daß der Autor selbst seine Kafka-Analyse als provisorisch empfand. Vier Jahre später (1938) hat er sie in einem programmatisch gehaltenen Kafka-Brief an Scholem ausdrücklich zurückgenommen. Es war deshalb folgerichtig, wenn Hannah Arendt in ihrer Auswahl von Benjamin-Texten für eine amerikanische Edition der »Illuminationen« sowohl den Essay von 1934 wie auch den Gegenentwurf in Briefform von 1938 in die Auswahl aufnehmen und übersetzen ließ.

In der Tat kann erst das Spannungsverhältnis zwischen diesen *beiden* Versuchen Benjamins, den Menschen und Schriftsteller Franz Kafka zu verstehen, erkennen machen, was die Auseinandersetzung mit Kafka für Benjamin, für seinen Individuationsprozeß des letzten Lebensjahrzehnts bedeutet hat. Die vorzügliche philologisch-historische Arbeit Rolf Tiedemanns und seiner Mitarbeiter, die im dritten Teil des II. Bandes der Gesammelten Schriften Walter Benjamins ein Wunderwerk der Informationen und Belege zusammengestellt hat, macht es heute möglich, die Konfrontation Benjamin und Franz Kafka sowohl als Lebensproblematik Benjamins wie als stellvertretende Auseinandersetzung innerhalb der deutschen Exilierten-Literatur zu analysieren. Man erkennt erst jetzt, wie mir scheint, daß neben der viel erörterten sogenannten Expressionismus-Debatte der Dreißiger Jahre – zwischen Lukács und Bloch und Brecht und vielen anderen – die auf einen viel kleineren Kreis beschränkte, daher jedoch viel konzentriertere Auseinandersetzung über Kafka und Benjamin einen zweiten Höhepunkt darstellt.

Wer Kafka war, das hat Benjamin sehr früh gewußt. In einem Brief an Scholem vom 21. Juni 1925 erwähnt er die Geschichte *Vor dem Gesetz* und meint darüber, sie gelte ihm »heute wie vor zehn Jahren für eine der besten, die es im Deutschen gibt«. Als ein Jahr später *Das Schloß* von Brod herausgegeben wird, entwirft Benjamin einen durchaus »kafkaesken« kleinen Text mit dem Titel *Idee eines Mysteriums.* In der »Literarischen Welt« vom 25. Oktober 1929, herausgegeben von Willy Haas, wo Benjamin häufig publiziert, verteidigt er die Kafka-Editionen Max Brods unter dem Titel *Kavaliersmoral* gegen den Schriftsteller Ehm Welk, der Brod vorgeworfen hatte, die Treue- und Freundespflicht verletzt zu haben, als er Kafkas Manuskripte nicht verbrannte, sondern herausgab. Benjamin interpretiert das Verhalten von Brod in einem Gedankengang, der bereits eine große Nähe zu Kafka ahnen läßt: »Die Scheu des Autors vor der Publizierung seines Werks entsprang der Überzeugung, es sei unvollendet, und nicht der Absicht, es geheim zu halten... Er hat nicht nur gewußt: Ich habe selbst zugunsten des in mir noch Ungewordenen, das, was geworden ist, zurückzustellen, er wußte auch: der andere wird es retten und mich von der Gewissenslast befreien, dem Werk das Imprimatur selber geben oder es vernichten zu müssen.« Zwei Jahre später hält Benjamin am 3. Juli 1931 im Frankfurter Rundfunk einen Vortrag mit dem Titel: *»Franz Kafka: Beim Bau der chinesischen Mauer.«* Hier sind bereits wesentliche Elemente des Kafka-Essays von 1934 verarbeitet: Kafkas Tiere, die Gehilfen, das bucklicht Männlein, Sancho Pansa.

Die Dringlichkeit, nicht bloß in Form von Gelegenheitstexten, sondern mit den Methoden der Arbeit an einem Hauptgeschäft die Auseinandersetzung mit Kafka vorzubereiten, muß kurz nach dem Frankfurter Rundfunkvortrag bewußt geworden sein. In diesem Sommer 1931 trifft sich Benjamin in Le Lavandou mit Brecht und ist, wie er schreibt, über dessen »überaus positive Stellung zu Kafkas Werk« erfreut. Obwohl er, sicherlich mit Recht, die bewußt simplizierte Übertreibung Brechts bloß aufnotiert, daß man in Kafka »den einzig wahrhaften bolschewistischen Schriftsteller« zu erkennen habe.

Dieses Jahr 1931 aber macht jene *neue geistige Konstellation* entstehen, die bestimmend wird für das große Spätwerk dieses Denkers und Schriftstellers. Ohne tiefe Erleidnisse geht das nicht ab; im Jahre 1932 denkt Benjamin, wie Scholem berichtet hat, nachdem er ein Testament redigierte, ein erstes Mal an den Selbstmord. Er wird vierzig Jahre alt und versteht sich als einen Gescheiterten im umfassenden Sinne. Aus dieser Erfahrung erwächst zugleich, abermals in Form einer Identifikation, das Kafka-Bild Walter Benjamins, das geprägt ist vom Konzept des Scheiterns.

Zugleich bedeutet dies Jahr 1931 eine immer entschiedenere *Hinwendung Benjamins zum Marxismus und zu Brecht.* Einen Brief an den befreundeten schweizerischen Kritiker Max Rychner vom 7. März 1931, geschrieben in Berlin-Wilmersdorf, hält Benjamin selbst für derart programmatisch, daß er eine Abschrift an Scholem schickt. Noch drei Jahre später, als es im Zusammenhang mit Brecht und Kafka zu einer Verstimmung zwischen den Freunden Scholem und Benjamin kommt, bedingt durch die Distanz zwischen Jerusalem und Paris, kommt Benjamin ausdrücklich auf jenen Brief an Rychner zurück. Max Rychner hatte in der von ihm damals redigierten »Neuen Schweizer Rundschau« die soeben erschienene programmatische Schrift *Kapitalismus und Schöne Literatur* von Bernard von Brentano zerrissen. Brentano gehörte damals zum Freundeskreis von Brecht, wie Rychner wußte. Daß auch Benjamin mit Brecht – und Brentano – regen Umgang hielt, war Rychner gleichfalls nicht entgangen. Deshalb schickt er Benjamin ein Exemplar seiner negativen Rezension, und fragt mit einer handschriftlichen Note: »Dic, cur hic?« Was man frei nach Goethes Gretchen übersetzen könnte:

Es tut mir lang schon weh,
Daß ich dich in der Gesellschaft seh!

Darauf antwortet Benjamin mit einem langen Brief, der auf die Frage nach dem Cur hic? eingeht. Warum er sich zu den Brecht und Brentano gesellt habe? »Nicht weil ich ›Bekenner‹ der materialistischen ›Weltanschauung‹ wäre, sondern weil ich bestrebt bin, die Richtung meines Denkens auf diejenigen Gegenstände zu lenken, in denen jeweils die Wahrheit am

dichtesten vorkommt.« Das sei jedoch, aktuell gesprochen, immer noch eher Franz Mehring als Martin Heidegger. Sogleich aber wird auch diese scheinbar materialistisch-dialektische Position von Benjamin wieder erschüttert durch die Art einer Amalgamierung, welche einem Marxisten, ganz gewiß einem Brecht, als völlig unangemessen erscheinen muß. Benjamin schreibt nämlich an Rychner: »Und wenn ich es denn in einem Worte aussprechen soll: Ich habe nie anders forschen und denken können als in einem, wenn ich so sagen darf, theologischen Sinn, nämlich in Gemäßheit der talmudischen Lehre von den neunundvierzig Sinnstufen jeder Thorastelle.«
Dies ist bereits die neue geistige Konstellation, die zum Kafka-Essay von 1934 führt. Sie bewirkt sogleich auch eine jähe Umschichtung innerhalb der Gemeinschaften, denen der Schriftsteller Benjamin bis dahin angehört hatte. Genauer ausgedrückt: Sie bedeutete einmal Benjamins Abschied von Hofmannsthal; zum andern mußte sie unvermeidlicherweise eine Entfremdung zu Scholem bewirken. Der spürt, weil er sich auskennt bei dem engen Freund, die drohende Gefährdung nicht bloß einer Freundschaft, sondern der von ihm geliebten und bewunderten Produktivität des Denkers. Weshalb er, als er die Abschrift des Briefes an Rychner gelesen hat, am 30. März 1931, von Jericho aus, sehr schroff antwortet: »Seitdem ich mehr oder weniger umfangreiche Proben jener Betrachtung von Angelegenheiten der Literatur im Geist des dialektischen Materialismus aus deiner Feder kenne, befestigt sich in mir auf eine klare und bestimmte Weise die Ansicht, daß du in dieser Produktion in einer selten intensiven Art Selbstbetrug begehst, ...«
Eine Antwort Rychners auf jenen Brief ist nicht bekannt geworden. Rychner war befreundet mit Hugo von Hofmannsthal und vor allem mit Carl J. Burckhardt. Seine frühe Bewunderung für Benjamin galt dem Autor der von Hofmannsthal edierten Studie über Goethes *Wahlverwandtschaften,* dem großen Barockbuch über den *Ursprung des deutschen Trauerspiels,* dem fast apologetischen Interpreten von Hofmannsthals spätem Trauerspiel *Der Turm.* Folglich bemüht sich Benjamin in jenem Schreiben an Rychner, eine Kontinuität dort zu behaupten, wo Rychner wie Scholem eine Absage und Zurücknahme zu erblicken glaubten.

Zwar möchte Rychner, der selbst gute Beziehungen zu Karl Kraus unterhält, den kurz nach jenem Brief von Benjamin in der »Frankfurter Zeitung« (10., 17. und 18. März 1931) publizierten Essay über Karl Kraus als Konsequenz zu früheren Positionen Benjamins akzeptieren. Scholem ließ sich nicht irremachen. Er sah hier einen Übergang von Hofmannsthal zu Brecht ebenso wie die, zwar vermittelte und diskrete, dennoch spürbare Entscheidung Benjamins gegen den Zionismus und für den Marxismus.

Das war es, und das war es auch wieder nicht. Abermals kam Benjamin der Denk- und Handlungsweise Kafkas sehr nahe. Er wußte, warum er früher imstande gewesen war, Kafkas Anweisungen an Max Brod, den Nachlaß zu vernichten, in dem geheimen Wunsch, es werde nicht geschehen, so beredt zu deuten. Es lag eine Absage vor an Hofmannsthal, und damit auch an das eigene bisherige Œuvre. Freilich sollte Kafka mit Brecht verbunden werden: der historische Materialismus mit der Haggada; Marxismus mit einer subtilen und bekenntnismäßig nicht fixierten Theologie. Dies war eine neue Konstellation, die sich Benjamin, inmitten der üblichen Niederlagen und kleinen Hoffnungen auf Erfolge, Zeitschriften, Arbeitsaufträge, aus denen dann meistens nichts wurde, zunächst noch in verinnerlichter Form etabliert hatte. Nun ging er daran, dieser innerlichen Konstellation auch eine äußere, geschichtlich-gesellschaftliche Formation zu entwerfen: Ohne Sorge darum, ob auch diese Konstellation aus Lebenden und Toten, miteinander Befreundeten oder Verfeindeten, imstande sei, als Gruppe und gesellschaftliche Kraft aufzutreten.

Dies ist nämlich der Sinn eines Unterfangens, dem sich Walter Benjamin, drei Jahre nach jenem programmatischen Brief an Rychner und den ersten Kafka-Gesprächen mit Brecht, im März 1934 in der Pariser Emigration, widmete: abermals ohne Erfolg, wie es sich versteht.

Was er damals plante, um sich, wie er schreibt, einige Mittel zu beschaffen, hat Benjamin in einem Brief an Brecht vom 5. März 1934 mitgeteilt: »Ich kündige in den mir zugänglichen und einigen anderen französischen Kreisen eine Vortragsfolge

›L'avantgarde allemande‹ an. Ein Zyklus von fünf Vorträgen – die Karten müssen für die ganze Folge subscribiert werden. Aus den verschiedenen Arbeitsgebieten greife ich nur je eine Figur heraus, in der sich die gegenwärtige Situation maßgebend ausprägt.« Natürlich sollte der Zyklus in französischer Sprache vorgetragen werden, weshalb der Briefschreiber sogleich die französischen Überschriften seiner geplanten fünf Conférences mitteilt. Ein einleitender Bericht über »Le public allemand«. Dann sollten nacheinander die fünf wichtigsten Protagonisten des deutschen Romans, Essays, des Theaters und des deutschen Journalismus genauer interpretiert und in Frankreich vorgestellt werden. Betrachtet man diese Zusammenstellung »im Lichte heutiger Erfahrung«, so verblüfft wieder einmal die Genauigkeit des literarischen Urteils. Die deutsche Avantgarde des Romans sollte an Franz Kafka demonstriert werden, diejenige des Theaters an Bertolt Brecht; als wichtigster Zeuge für eine neue deutsche Essayistik war Ernst Bloch vorgesehen, als Avantgardist des Journalismus – ausgerechnet Karl Kraus.
Benjamin scheint große Freude gehabt zu haben an seinem Projekt. In einem anderen Brief aus jenen Tagen gibt er noch weitere Einzelheiten: man werde ihm »einen – ganz kleinen – Kunstsalon für einige Vorträge zur Verfügung stellen«. Alle Verbindungen in Paris hoffe er für dies Projekt zu »mobilisieren«. Natürlich war aber sogleich wieder das bucklicht Männlein zur Stelle, und so ist abermals nichts daraus geworden. Rolf Tiedemann notiert in seiner Erörterung zu Benjamins Kafka-Essay, wo er natürlich auch auf das Pariser Projekt eingeht, es sei keiner dieser Vorträge geschrieben worden.
Das ist nur bedingt richtig, denn der Essay über Karl Kraus von 1931 hätte vermutlich die Grundlage auch bei dieser Pariser Kraus-Interpretation abgegeben. Wie sehr Benjamin nach wie vor zu seiner Analyse stand, geht aus mehreren Äußerungen im Zusammenhang mit dem Kafka-Projekt hervor. Allenthalben glaubte der Analytiker einer deutschen literarischen Avantgarde, die inneren Wechselbeziehungen und Wahlverwandtschaften zu erkennen, die den abgeschlossenen Essay über Kraus, gleichsam als Vorstufe, mit der projektierten großen Studie über Franz Kafka verknüpfen. Auch für den Vortrag über Brecht und sein

Theater gab es bei Benjamin genügend frühere Arbeitsmaterialien. Einen ersten Text *Was ist das epische Theater?* hatte er schon 1929 verfaßt und an die »Frankfurter Zeitung« geschickt. Er wurde auch gesetzt, allein in der Redaktion protestierte der zuständige Theaterkritiker Bernhard Diebold, ein Anwalt der von Brecht verlachten Expressionisten, worauf der Artikel abgelehnt wurde. Benjamin erhielt die von ihm korrigierten Fahnen zurückgeschickt. Er ließ sich natürlich nicht beirren, sondern arbeitete weiter an diesem immer stärker faszinierenden Arbeitsprojekt. In veränderter Fassung konnte die Studie über das epische Theater dann doch noch kurz vor dem Kriegsausbruch 1939 in der von Thomas Mann in Zürich herausgegebenen Zeitschrift »Maß und Wert« gedruckt werden. Außerdem kennen wir heute die Kommentare Benjamins zu Gedichten von Brecht ebenso wie die um 1935 entstandene, doch erst aus diesem Nachlaß gedruckte große Analyse des *Dreigroschenromans*.
Der in französischer Sprache nicht geschriebene Vortrag über Brecht und sein Theater läßt sich also durchaus rekonstruieren. Es kommt hinzu, daß Benjamin zur gleichen Zeit, da er sich um den Vortragszyklus im kleinen Kunstsalon mühte, seine sehr bekannte und durchaus Brecht-nahe Studie über *Der Autor als Produzent* verfaßte.
Die Gedankengänge Benjamins zu den geplanten monographischen Darstellungen von Kafka, Brecht und Karl Kraus sind mithin nachvollziehbar. Benjamins Studie über Ernst Bloch blieb in der Tat ungeschrieben. Man wird auch nicht, soweit das bis heute überschaubar ist, mit adäquaten Vorarbeiten rechnen können. Ebensowenig hatte Benjamin damals das Einführungsreferat über das »Deutsche Publikum« entworfen.
Dennoch ist es möglich, von diesem Emigrationsprojekt eines mittellosen deutschen Schriftstellers her, die Bedeutung *Franz Kafkas* innerhalb dieser geplanten Konstellation näher zu bestimmen. Kafka wird zunächst von Benjamin verstanden als Teil einer neuen begrüßenswerten Wendung innerhalb der Literaturentwicklung deutscher Sprache. Indem er mit Brecht und Bloch und Karl Kraus zusammengeführt wird, ist gleichzeitig *eine umfangreiche Negation* vollzogen. Diese Vier stehen *gegen* alle anderen im jeweiligen Bereich des Romans, des Theaters, des

Essays wie des Feuilletons. Kafka und nicht Thomas Mann. Brecht verstanden als Zurücknahme sowohl des ekstatischen Theaters der Expressionisten wie der neu-sachlichen Theatralik etwa Carl Zuckmayers. Der Hinweis auf Karl Kraus war als Negierung nahezu des gesamten einstigen deutschen und österreichischen Pressewesens zu deuten: freilich konnte ein Leser des großen Essays über Karl Kraus auch tiefe Widerstände gegen seinen »Helden« ahnen. Die heute bekannten Arbeitsmaterialien verraten, daß Benjamin weitaus kritischer zu Karl Kraus stand, als jener Essay von 1931 vermuten ließ. Kraus selbst muß es gespürt haben. Seine Reaktion auf diese bis dahin wichtigste und eindringlichste Interpretation der »Fackel« und ihres Herausgebers war abwehrend und verlegen zugleich. Er habe den Text nicht verstanden: damit wehrte er, wohl auch vor sich selbst, eine genauere Einlassung ab.

Die Wahl Ernst Blochs schließlich als des stellvertretenden Begründers einer Essayistik neuen Typs müßte von jedem, der Benjamins Entwicklung kannte, auch wenn er wußte, daß es zwischen Benjamin und Bloch gleichzeitig enge *und* distanzierte Beziehungen gab, als ein Gemisch aus freundschaftlicher Bewunderung und mißtrauischer Aversion als *posthume Absage an den Essayisten Hugo von Hofmannsthal* verstanden werden.

Dieser Fünferbund (wenn man Walter Benjamin selbst, wie billig, hinzurechnet) besaß also weitgehende Kohäsion. Da gab es Wechselbeziehungen der Gemeinschaft zwischen Benjamin und Brecht vor allem; in geringerem Maße auch zwischen Brecht und Bloch. Karl Kraus hatte sich, nicht zuletzt freilich bestimmt durch seine Fehden und Prozesse mit Alfred Kerr, dem professionellen Verreißer des Brecht-Theaters, immer wieder nachdrücklich für diesen jungen Schriftsteller aus Augsburg eingesetzt. Brecht hatte es durchgesetzt, daß man Kraus zu Vorträgen nach Berlin holte, seine Stücke aufführte unter Beteiligung von Schauspielern, die Brecht nahestanden, daß man ihn am Berliner Rundfunk vortragen ließ, wo Freunde und Schüler von Brecht mitzureden hatten. Brecht also und Kraus, Walter Benjamin und Ernst Bloch. Wie aber war Franz Kafka in diesen geistigen Kontext, erst recht in diese von Benjamin innerlich und für sich selbst konstituierte literarische Gemeinschaft geraten? Ohne

Frage hatten die Gespräche mit Brecht stimulierend gewirkt. Benjamin mochte erwartet haben, daß der in Ablehnung sehr eifrige und entschiedene Brecht, stolz auf den neu gelernten Marxismus, auch den Autor der »Verwandlung« und der »Strafkolonie« ebenso bereitwillig als Abschaum spätbürgerlicher Dekadenz qualifizieren mochte wie den Autor des *Zauberberg*. Durchaus denkbar, daß der damalige Brecht, bei allen Vorbehalten gegen Georg Lukács als halboffiziellen Literaturhistoriker des damaligen Kommunismus, zwar widerspenstig bleiben würde bei der Verehrung von Lukács für Thomas Mann, daß er jedoch die fast unbegreifliche Ablehnung Kafkas durch Lukács bestätigen konnte.
Dem war nicht so, wie Benjamin, wohl mit Erleichterung, feststellen durfte. Bertolt Brechts große künstlerische Sensibilität, sein Qualitätsgefühl in Fragen der Schriftstellerei hatten sich aller törichten Pseudo-Ideologie in Sachen Franz Kafka widersetzt. Dennoch war Benjamin zu genau befaßt mit Kafka, als daß er die Redensart vom »wahrhaft bolschewistischen Schriftsteller« hätte billigen wollen. Da er schon in den frühen Studien seine Interpretation abstellt auf *Kafkas Scheitern als Schriftsteller*, hätte er, falls Brecht zustimmte, den literarischen »Bolschewismus« Kafkas als mißraten und mißlungen deuten müssen: was auf eine Negation des Bolschewismus hinauslaufen mochte. Nun wäre diese Auslegung durchaus in Einklang zu bringen mit Benjamins späteren Gedanken zur Philosophie der Geschichte und über den Angelus Novus, welcher der Zukunft den Rücken kehrt und den Blick ausgerichtet hält auf das Ruinenfeld aller bisherigen Historie.

Wichtiger war für Benjamin die immer klarer verstandene *Ambivalenz seines eigenen Verhaltens zwischen den beiden Polen Gerhard Scholem und Bertolt Brecht*. Zu verstehen als ein heikles Wandeln zwischen den Bereichen der Haggada und des Marxismus. So hatte er es seit Anbeginn gemeint. Der Brief an Rychner warb, richtig verstanden, für die Möglichkeit eines theologisierten Marxismus. Vermutlich gingen auch die Ursprünge der Freundschaft zwischen Bloch und Benjamin auf diese gemeinsame oder auch wieder separate Anstrengung zurück, die säkularisierte Theologie mit einer proletarisierten bürgerlichen Aufklärung zu verschmelzen. Franz Kafka wird damit für Benjamin in jenen ersten Exiljahren zur – vielleicht – absoluten Identifikationsgestalt. *Er sucht an Kafkas Scheitern die Notwendigkeit seines eigenen Scheiterns zu demonstrieren* und wohl auch zu rechtfertigen. Das bucklicht Männlein hatte immer für Benjamin eine autobiographische Bedeutung. Hannah Arendt tat recht daran, in ihrem großen, in vielem anfechtbaren Essay über Benjamin das bucklicht Männlein ebenso in einer Kapitelüberschrift zu zitieren, wie es Benjamin selbst tat in der dritten Überschrift seiner Kafka-Interpretation von 1934.

Die großen Arbeiten von Karl Kraus, Marcel Proust, Julien Green oder Brecht waren angelegt auf Deutung und Bewertung einer fremden Welt. Nur einmal hatte Benjamin früher von einem Anderen, einem Toten, gesprochen, um gleichzeitig ein Psychogramm des eigenen Selbst zu liefern: in dem Essay über die »Wahlverwandtschaften«, dessen partielle Dunkelheiten als Verdunkelung innerhalb einer Autobiographie verstanden werden müssen.

Der *zweite Versuch einer Selbstdeutung durch Interpretation* eines nur scheinbar Fremden wird mit Hilfe Franz Kafkas unternommen. Benjamin wartet, wie er mehrfach schreibt, auf zwei äußere Anlässe, um das wirklich auszuführen, was ihn bedrängt. Er braucht, wie oft in früheren Fällen, den produktiven Ärger über mißlungene Arbeiten anderer Leute. Dazu hatte ihm, damals bei den »Wahlverwandtschaften«, das Goethe-Buch von Friedrich Gundolf verholfen. Auch jetzt gab es genug Anlaß zur Polemik. Da waren die Bemühungen der Psychoanalytiker, und da gab es Max Brod. In dem Kafka-Essay wird im Zeichen des bucklichten Männleins sehr schroff dekretiert: »Zwei Wege gibt es, Kafkas Schriften grundsätzlich zu verfehlen. Die natürliche Auslegung ist der eine, die übernatürliche ist der andere; am Wesentlichen gehen beide – die psychoanalytische wie die theologische – in gleicher Weise vorbei.« Die von Brod vertretene theologische Deutung, gipfelnd in einer Aufteilung des Œuvres von Kafka in Werke über den Bereich der Gnade und des Gerichtes, wird von Benjamin abgetan mit der schneidenden Feststellung: »Bequem ist diese Deutung; daß sie unhaltbar ist, erscheint, je weiter sie sich vorwagt, desto klarer.« Diese Theologie falle »weit hinter die Rechtfertigungslehre Anselms von Canterbury in barbarische Spekulationen zurück, die im übrigen nicht einmal dem Wortlaut des Kafkaschen Textes vereinbar erscheinen«. Benjamin repliziert, indem er zwar die Fragestellungen jener Interpreten nicht leugnet, ihren Harmonisierungsversuchen jedoch schroff widerspricht. Gericht und Gnade? Benjamin erwiderte: »Und wer will sagen, unter welchem Namen sie Kafka selbst erschienen sind. Fest steht nur dies: er hat sich in ihnen nicht zurechtgefunden. Er hat sie nicht erkannt. Er hat nur in dem Spiegel, den die Vorwelt ihm in Gestalt der Schuld entgegenhielt, die Zukunft in Gestalt des Gerichtes erscheinen sehen.«

Das ist das eine. Das andere ist Benjamins Bemühung um eine eigene Kennzeichnung dessen, was er zugleich als Kafkas Bemühung um Vertagung, also um Aufschub, interpretiert, und was er auch für sich als Vertagung und Aufschub in einer möglichen Entscheidung zwischen Scholem und Brecht beanspruchen möchte. Wieder muß das bucklicht Männlein die Bitte um Aufschub transportieren. Das Volkslied wird zitiert in dem Kafka-Essay mit der Schlußbitte, auch für das bucklicht Männlein mitzubeten. Dann heißt es weiter: »So endet das Volkslied. In seiner Tiefe berührt Kafka den Grund, den weder das ›mythische Ahnungswissen‹ noch die ›existenzielle Theologie‹ ihm gibt. Es ist der Grund des deutschen Volkstums so gut wie des jüdischen.«

Veröffentlicht hat Benjamin seinen Essay, ein Jahr nach dem Ausbruch des Dritten Reiches, in der »Jüdischen Rundschau«, also in einer zionistischen Zeitschrift. Gleichzeitig mit dem traurig-ungeschickten Versuch, jene Pariser Vorträge zu organisieren, läuft sein Drängen, mit Hilfe Scholems und des Kafka-Verlages Schocken in Jerusalem den offiziellen Auftrag für ein Kafka-Buch zu erhalten. Das scheitert vor allem an der kritischen Haltung Benjamins gegenüber Max Brod. Dennoch muß man den Kafka-Essay von 1934 nicht allein als Polemik gegen die, wie Benjamin spöttisch formuliert hat, natürlichen und übernatürlichen Interpreten deuten. Der weitgehend autobiographische Identifikationsvorgang muß auch als *Auseinanderset-*

zung mit dem Kafka-Bild Gerhard Scholems verstanden werden. Sie war unvermeidbar geworden.

Die Einbeziehung Scholems und seiner Reflexionen zu Kafka ist unumgänglich. Wenn der umfangreiche Briefwechsel der beiden Freunde, der sich erhalten hat, als ein geistiges Dokument ohnegleichen, in seiner Totalität überblickt werden kann, dürfte sich bestätigen, was bereits der fragmentarische erste Versuch einer Publikation von Benjamin-Briefen vermuten ließ: daß Scholem, in der Aussprache mit dem Freund, wichtige Denkelemente geliefert hat, die man seither, etwas oberflächlich, als »typisch für Benjamin« zu deuten pflegte.
Das läßt sich sogleich an ein paar Formulierungen Benjamins belegen. Um auf jenen programmatischen Brief von Max Rychner zurückzukommen, so hatte Benjamin dort seine künftige Arbeit, auch als Marxist, interpretiert als in »Gemäßheit der talmudischen Lehre von den neunundvierzig Sinnstufen jeder Thorastelle«. Das war ein Grundgedanke, den Scholem seiner Bemühung um die Deutung der kabbalistischen jüdischen Texte abgewann. In Scholems Text über *Religiöse Autorität und Mystik* wird die Unmöglichkeit einer aufschlüsselnden Exegese der biblischen Texte, die zu reich sind und daher unendliche Deutungsmöglichkeiten zulassen, ausdrücklich mit der entsprechenden Unmöglichkeit, die Texte Kafkas ähnlich entschlüsseln zu wollen. Scholem erläutert: »Das ist nicht nur die Situation, in der die Schriften die mystischen Antriebe, gleichsam auf dem Nullpunkt angelangt, und noch im Nullpunkt, auf dem sie zu verschwinden scheinen, so unendlich wirksam zeigen. Das ist schon die Situation der talmudischen Mystiker des Judentums...«
Diese Grundbeziehung zwischen Kafka und der jüdischen Mystik hat Scholem dem Freunde genau zu jener Zeit auseinandergesetzt, da Benjamin am Kreuzweg angelangt war zwischen jüdischer Mystik und Marxismus. Benjamin erbat sich, in jener geistigen Krise von 1931, vom Freunde eine Zusammenfassung von dessen »Separatgedanken« über Kafka: so wie sieben Jahre später wiederum Benjamin selbst, im Bemühen, seine Kafka-Exegese von 1934 zurückzunehmen, auch seinerseits mit ent-

sprechenden »Separatgedanken« zu Kafka aufzuwarten weiß. Scholem antwortete mit einem Brief vom 1. August 1931 auf die Freundesbitte, die kurz nach Benjamins Rundfunkvortrag über den Nachlaßband *Beim Bau der chinesischen Mauer* nach Jerusalem gelangt war. Scholem hatte sich schon 1927, aus Anlaß einer Studie über den neuhebräischen Dichter Samuel Agnon, den späteren Nobelpreisträger, mit Kafka eingelassen und behauptet, »daß bei Agnon die Revision des kafkaschen Prozesses verhandelt werde«. Was gemeint war, erläutert der Brief an Benjamin. Scholem rät: »Ich werde auch dir raten, jede Untersuchung über Kafka vom Buche Hiob aus zu beginnen oder zum mindesten von einer Erörterung über die Möglichkeit des Gottesurteils, welches ich als den ersten Gegenstand der Kafkaschen Produktion ansehe...« Und weiter: »Wie du es als Kritiker anstellen wolltest, ohne die Lehre, bei Kafka Gesetz genannt, ins Zentrum zu stellen, etwas über die Welt dieses Mannes zu sagen, wäre mir ein Rätsel... Hier ist einmal die Welt zur Sprache gebracht, in der Erlösung nicht vorweggenommen werden kann – geh hin und mach das den Gojim klar!«

Da wird eine doppelte Gleichsetzung vollzogen. In seiner eindringlichen Studie über Scholem und Kafka, deren Arbeitsergebnisse hier übernommen werden, formuliert Stéphane Moses: »Einerseits benutzt Scholem Begriffe der jüdischen Mystik zur Entzifferung von Kafkas Welt, andererseits ist es gerade die Lektüre von Kafkas Schriften, die dem heutigen Menschen den Zugang zur Symbolwelt der Kabbala am besten erschließen kann.«

Als Benjamin, bereits im Exil, an seiner Kafka-Analyse arbeitet, unternimmt Scholem ein Äußerstes, um den Freund vor der angestrebten theologisch-marxistischen Symbiose zu bewahren. Er schreibt ein bedeutendes Lehrgedicht, das er von Jerusalem nach Dänemark schickt, wo Benjamin mit Brecht berät. Der Titel des Gedichtes lautet, klassischer Form sich annähernd: *Mit einem Exemplar von Kafkas »Prozeß«*. Da Benjamin, wie Scholem natürlich wußte, von Franz Rosenzweigs Buch *Der Stern der Erlösung* stark bewegt worden war, heißt es in Scholems Gedicht:

Keinem kann Erlösung frommen,
Dieser Stern ist viel zu hoch,
Wärst auch du dort angekommen,
Stündest du selbst im Weg dir noch.

Von hier ist es möglich, *die Affinitäten wie die Divergenzen in den Kafka-Deutungen Scholems und Benjamins* genauer zu verstehen. Gemeinsam ist ihnen eine tiefe Irritation gegenüber Max Brod, und offensichtlich auch gegen Martin Buber. Eine theologische Harmonisierung Kafkas mit Hilfe von Begriffen wie Gericht und Gnade, auch mit Einbeziehung von Kierkegaard-Motiven, wird schroff abgelehnt. Benjamin weist mit Recht darauf hin, daß alle Versuche, die Welt des *Schlosses* als göttlich anzupreisen, mit dem Text kollidieren müssen, der viele negative Aussagen über das Schloß und seine Bewohner aufzuweisen hat.

Andererseits widersetzt sich Benjamin einer Gleichsetzung des Gesetzes mit der jüdischen Lehre: und zwar sowohl in Form der Halacha, als der eigentlichen Dogmatik, wie der Haggada als der mystisch-poetischen Erscheinungsform des »Gesetzes«. In einem Brief an Werner Kraft vom 12. November 1934 unterstreicht er, ohne Scholem zu nennen, die Gegensätze: »In der Tat glaube ich, daß jede Interpretation, die – im Gegensatz zu Kafkas eigenem, in diesem Falle unbestechlichem und lauterem, Gefühl – von der Ausnahme eines durch ihn realisierten mystischen Schrifttums ausging, statt von eben jenem Gefühl des Autors selbst, seiner Richtigkeit und den Gründen des notwendigen Scheiterns – den geschichtlichen Knotenpunkt des ganzen Werkes verfehlen würde.«

Den geschichtlichen Knotenpunkt. Im gleichen Brief an Kraft wird die selbstkritische Distanz zur eigenen Kafka-Deutung evident. »In der Tat kann man die Form meiner Arbeit als problematisch empfinden. Aber eine andere gab es für mich in diesem Fall nicht; denn ich wollte mir freie Hand lassen; ich wollte nichts abschließen.« Wahrscheinlich hängt diese Entscheidung des Interpreten in der Tat mit einer *geschichtlichen Konstellation* zusammen, die Benjamin *sowohl für sich selbst wie bereits für Kafka* anzunehmen schien. Kafkas Scheitern

erzwänge danach auch das Scheitern der Kafka-Interpreten. Mehr als ein »pragmatisches«, wie Benjamin schreibt, Provisorium durfte nicht erwartet werden. Weshalb er in seinem Text mit großer Sympathie von den redlichen und philologischen Textanalysen Werner Krafts spricht, mit tiefer Abneigung von Brod und seinen Gewißheiten. Das sollte sich noch steigern bei dem Neuansatz von 1938.
Andererseits bedeutet die reale Absage an Scholem, irgendeine Lehre als Grundlage des Gesetzes bei Kafka zu subsumieren, insgeheim auch wieder Übereinstimmung zwischen den Freunden. Gerade Scholem nämlich hatte in seinem Kafka-Brief ebenso wie in seinen eigenen Arbeiten zur jüdischen Theologie stets insistiert, daß nach klassischer Vorstellung des Judentums das menschliche Leben interpretiert werden müsse als ein einziger, dauernder Gerichtsprozeß, der aber, wegen der unendlichen Interpretierbarkeit allen Tuns, von Tag zu Tag hinausgeschoben, im wörtlichen Sinne also »vertagt« werden müsse.
Diese Gedanken über die zentrale Rolle des »Aufschubs« bei Kafka sind in Benjamins Text von 1934 eingegangen. Die Trennung von Scholem ist nicht vollzogen: auch hier waltet das Gesetz der Vertagung.
Es wäre denkbar, daß Benjamins Unentschiedenheit zwischen Kafka-Deutung und Autobiographik, Darstellung der historischen Situation Kafkas und Abwehr irgendeiner Theologisierung, die der Interpret vor sich selbst als pragmatisch verstehen wollte, jenes Gefühl eines tiefen Unbefriedigtseins erklärt, das ein Leser vor diesem so sorgfältig recherchierten und reflektierten Benjamin-Text verspürt. Das ist kein gut komponierter Versuch, vergleichbar den Arbeiten dieses großen Essayisten über Proust, Kraus oder Brecht. Die vier »Aufhänger« der vier Abschnitte reichen nicht aus und werden folglich mitten in der Analyse wieder vergessen oder durch neue, und bessere symbolhafte Geschichtchen ersetzt. Von der Potemkin-Story zu Kafkas Gehilfen führt im Grunde kein Weg: die Geschichte verweigert die geplanten Konklusionen. Die Hamsun-Anekdote ist in sich belanglos: sie wird auch bald wieder vergessen. Da muß dann in der Tat das bucklicht Männlein in Person aushelfen. Vom Kinderbild Kafkas gelangt man nur mühsam zu Benjamins

Thesen von Kafkas Welttheater. Der bedeutendste Teil der Analyse, der vierte und letzte nämlich, der bei der Publikation von 1934 gestrichen worden war, beginnt mit einer chassidischen Legende, die Benjamin übrigens bei dem tief abgelehnten Buber gefunden hatte. Weshalb es in der Anlage *zunächst* auch bei Benjamin messianisch in Scholems Sinne zugeht. Da heißt es: »Niemand sagt ja, die Entstellungen, die der Messias zurechtzurücken einst erscheinen werde, seien nur solche unseres Raums. Sie sind auch gewiß solche unserer Zeit. Bestimmt hat Kafka das gedacht.«

Bestimmt? Gedacht hat das Gershom Scholem, wenn er, an historischen Kontexten, die Möglichkeit aller vorweggenommenen Erlösung schroff ablehnte, nicht allein also des christlichen Messianismus, sondern auch die häretische Außenseiterposition eines »nihilistischen Messianismus« skizzierte: die sich gleichfalls in Kafkas Texten finden lasse.

Benjamins Pragmatismus weicht auch hier aus. Der Schluß des Essays, wegsteuernd von der chassidischen Geschichte, um bei Kafkas Sancho Pansa anlangen zu können, macht plötzlich ernst mit der historischen Situierung des Phänomens Kafka. Er sei das Gegenstück zum braven Soldaten Schwejk: »den einen wundert alles, den andern nichts.« Der Einfluß Brechts ist unverkennbar: »Im Zeitalter der aufs Höchste gesteigerten Entfremdung der Menschen voneinander, der unabsehbar vermittelten Beziehungen, die ihre einzigen wurden, sind Film und Grammophon erfunden worden. Im Film erkennt der Mensch den eigenen Gang nicht, im Grammophon nicht die eigene Stimme ... Die Lage der Versuchsperson in diesen Experimenten ist Kafkas Lage.«

Bereits hier wird die Theorie vom Kunstwerk im Zeitalter der Reproduktion skizziert. Kafkas Parabel vom Verhältnis der Don Quijote und Sancho Pansa soll dem Brückenschlag dienen zu Brecht, zur neuen Sinngebung neuer Kunst mit Kafkas Hilfe. Eben hier aber bricht Benjamins Versuch über Kafka jäh ab.

Was Benjamin für Pragmatismus ausgab, war eher als Synkretismus zu bezeichnen. Kafkas Scheitern sollte das Scheitern des Essayisten ideologisch legitimieren. Der Autor des Kafka-Essays machte sich nichts vor. In dem Brief an Scholem vom

12. Juni 1938 steht ein böser Satz über die Kafka-Studie von 1934: »Was mich heute gegen diese am meisten einnimmt, ist der apologetische Grundzug, der ihr innewohnte.«

Um die seltsame Formel zu verstehen, muß man die *ideologische Konstellation* genauer betrachten, die durch Benjamins Arbeit entstand: in Form eines Aufstands gegen diese Art der Kafka-Deutung. Walter Benjamin hatte sich ein umfangreiches Archiv angelegt, worin alle Zuschriften oder Gesprächsnotizen aufbewahrt wurden, die als Reaktion auf den Essay zu verstehen waren. Es sollte sich, nach Benjamins Formel, um eine geplante »Revision« handeln. Was sowohl ironisch wie sehr ernsthaft gemeint war. Antrag auf Revision der negativen Urteile zunächst; Parodie eines »Prozesses« im Sinne Kafkas sodann; Revision schließlich und vor allem der eigenen ersten Fixierung einer Kafka-Interpretation.
Betrachtet man die von Tiedemann ausführlich abgedruckten und kommentierten Stellungnahmen, so beeindruckt ein großer Brief Werner Krafts an Benjamin vom 16. September 1934. Werner Kraft, dessen Autorität in Sachen Franz Kafka von Benjamin respektiert wurde, wie auch seine handschriftlichen Anmerkungen auf dem Kraft-Brief beweisen, hält sich redlicherweise an die Elemente einer realen Kafka-Interpretation bei Benjamin: unter Negierung der autobiographischen Momente. Der Vorwurf der Esoterik wird nicht ausgespart. Werner Kraft wünscht es sich, »den Aufsatz noch einmal als nüchternen Lehrvortrag zu lesen«. Er glaubt auch die Gleichnisse wie Potemkin usw. entbehren zu können, weist außerdem scharfsinnigerweise darauf hin, daß Benjamin in der Tat mit seiner Parabel als Kafka-Interpret nicht weiterkommt. Der Haupteinwand Krafts gilt aber der interpretatorischen Methode Walter Benjamins: »Darüber habe ich allerdings keinen Zweifel, daß für Sie das Kafka'sche Werk identisch ist mit einer gleichsam phänomenalen Oberschicht und daß Sie nur, indem Sie sich's streng versagen, eine tiefere Sinnschicht anzuerkennen, Ihren eigenen Standpunkt zu halten vermögen.« Hier wird gerade das als falsch und unzulänglich empfunden, was Benjamin vor allem wichtig gewesen war: das Provisorische, Unfertige der Interpretation,

abermals wieder das Scheitern. Womit Kraft, vielleicht ohne es zu wissen, den Identifikationszusammenhang zwischen Kafkas Scheitern und Benjamins Scheitern vor Kafka wieder entzerren möchte.
Bemerkenswert ist außerdem Werner Krafts briefliche Vermutung, daß weder Scholem noch Brecht mit dieser Art der Interpretation einverstanden sein können.
In einem wichtigen Brief Benjamins an Kraft (12. November 1934) wird das ausdrücklich bestätigt. Der Briefschreiber ist hier, dem klugen und redlichen Partner gegenüber, der aber zu seinem Leid bloß diese Rolle zu spielen hat, nicht aber diejenige eines Freundes oder gar Über-Ichs, ungewöhnlich aufrichtig: »An erster Stelle die Erfahrung, daß diese Studie mich an einen carrefour meiner Gedanken und Überlegungen gebracht hat und gerade die ihr gewidmeten weiteren Betrachtungen für mich den Wert zu haben versprechen, auf weglosem Gelände eine Ausrichtung im Kompaß hat.« Daß Scholem den Essay ablehnen müsse, wird aufrichtigerweise sowohl von Kraft wie von Benjamin einkalkuliert. In diesem Brief an Kraft steht die bereits zitierte These, daß Kafka verfehlt wird, wenn man hinter seinem Werk ein »durch ihn realisiertes mystisches Schrifttum« postulierte. Der Brief fährt dann fort: »Immerhin hat Scholem die Grenzen, über die schon die gegenwärtige Niederschrift sich nicht zu bewegen gewillt ist, sehr deutlich empfunden, wenn er mir zum Vorwurf macht, an Kafkas Begriff der ›Gesetze‹ vorüberzugehen.«
Hier gedenkt Benjamin, wie der Brief weiter andeutet, in der Entfernung von Scholem noch weiter zu gehen. Er möchte später einmal in einer revidierten Kafka-Studie nachweisen, daß »der Begriff der ›Gesetze‹ bei Kafka einen überwiegend scheinhaften Charakter hat und eigentlich eine Attrappe ist«.
Auch habe Werner Kraft »treffsicher die Opposition erraten ..., die von Brechts Seite gegen diese Studie zu erwarten war, wenn Sie auch von deren zeitweiliger Heftigkeit kaum eine Vorstellung haben«. Über die Debatten mit Brecht in Svendborg hat Benjamin, wie bekannt, ausführlich Tagebuch geführt. Brecht schwieg sich wochenlang aus gegenüber seinem Gast, dann erbat sich der Autor sein Manuskript zurück, und nun brach es los: »Auch ich

sei nicht ganz freizusprechen vom Vorwurf einer tagbuchartigen Schriftstellerei im Stil Nietzsches. Mein Kafka-Aufsatz zum Beispiel – er beschäftigte sich mit Kafka lediglich von der phänomenalen Seite – nehme das Werk als etwas für sich Gewachsenes – den Mann auch – löse es aus allen Zusammenhängen – ja sogar aus dem mit dem Verfasser. Es sei eben immer wieder die Frage nach dem *Wesen*, auf die es bei mir hinauskomme.«

Im Grunde decken sich hier die Einwände Brechts mit denen von Werner Kraft. Beiden mißfällt Benjamins phänomenale Arbeitsweise. Brecht erblickt in alledem eine Art »Wesenschau« im Sinne Edmund Husserls und seiner Schüler. Mit historischem Materialismus hat das nichts zu tun. Gerade die von Benjamin angeblich angestrebte historische Situierung war in der Tat nicht geleistet worden.

Brecht scheint in der Auseinandersetzung noch weiter gegangen zu sein. Bereits die Methode von Benjamins Essay über Karl Kraus hatte ihm mißfallen. Benjamin scheint den Einwand akzeptiert zu haben: »In der Tat sei die Auseinandersetzung in dem Grenzraum, den Kraus und den auf andere Weise Kafka bezeichnet, mit angelegen.« Freilich sei die Studie über Kafka weniger gelungen als jene über Karl Kraus.

Höchst merkwürdig, daß Brecht, vielleicht ohne von Benjamins Plan der Pariser Vorlesungen genauer gewußt zu haben, eben das ablehnt, was Benjamin mit jener Konstellation im Sinne hatte. Brecht empfindet sich selbst ausdrücklich *nicht* als zugehörig zu einer Avantgarde: zusammen mit Karl Kraus und Franz Kafka. Bei einem weiteren Svendborger Gespräch (vom 29. August 1934) transformiert sich die Auseinandersetzung zur politischen Polemik. Benjamin notiert: »Eine lange und erregte Debatte über meinen Kafka. Im Fundament: die Anschuldigung, daß er dem jüdischen Faschismus Vorschub leiste. Er vermehre und breite das Dunkel um diese Figur aus statt es zu zerteilen. Demgegenüber komme alles darauf an, Kafka zu lichten, das heißt, die praktikablen Vorschläge zu formulieren, welche sich seinen Geschichten entnehmen ließen ...«

Scholem lehnte einen Kafka ab, dessen Gesetze und Lehren nur scheinhaft seien. Brecht wies die Apologie des Scheiterns zurück. Ein prophetischer Schriftsteller wie Kafka müsse in seiner Lehre sichtbar gemacht, nicht aber in seinem Dunkel noch weiter verdunkelt werden. Das autobiographische Element einer Identifikation Benjamins mit Kafka scheint Scholem wie Brecht wie Kraft in gleicher Weise verstört zu haben.

Der ausführliche, fast traktatmäßige Brief Theodor Wiesengrund-Adornos vom 16. Dezember 1934 wäre in dieser Kontroverse etwa dahin zu charakterisieren, daß Adorno die beiden schüchternen und ambivalenten Positionen Benjamins in der Kafka-Interpretation, die theologisch-mystische und die historisch-materialistische, als *doppelte Negation* verstehen möchte. Er freut sich über Benjamins Polemik gegen Brod und dessen Herumspielen mit Kierkegaard und gar mit Pascal, weist auch auf analoge eigene Arbeiten hin. Dagegen sieht er in Benjamins Analyse »dichte Beziehungen ... zu Hegel«, die man übrigens, bei genauem Lesen, als wenig schlüssig und hervorgeholt bezeichnen muß. Dann aber heißt es bei Adorno sehr entschieden: Ist »Kafka kein Religionsstifter – und wie Recht haben Sie! Wie wenig ist er es! – so ist er gewiß auch und in keinem Sinn, nicht ein Dichter jüdischer Heimat. Hier empfinde ich die Sätze über die Verschränkung des Deutschen und des Jüdischen als ganz entscheidend.« Einzuwenden wäre freilich gegen Adorno, daß Benjamins Text durchaus eine deutsch-jüdische heimatliche Symbiose zuläßt. Benjamin konnte nicht daran denken, seine Anthologie »Deutsche Menschen« zu widerrufen, die er kurz vorher unter dem Pseudonym Detlev Holz herausgegeben hatte.

Die schärfste Divergenz Adornos aber wird so formuliert: »Das einzige, was mir an der Arbeit materialfremd dünkt, ist die Hereinnahme von Kategorien des epischen Theaters. Denn dies Welttheater, da es ja nur Gott vorgespielt wird, duldet keinen Standpunkt außerhalb, für den es als Bühne sich zusammenschließen würde ...«

Im Gegensatz zu der sehr ernsten Einlassung gegenüber Werner Kraft, und der aufgezwungenen Selbstverteidigung im Gespräch mit Brecht, weicht Benjamin in seinem Antwortbrief an Adorno vom 7. Januar 1935, geschrieben in San Remo, allen Auseinandersetzungen aus. Abermals das Prinzip des Aufschubs und der

Vertagung. Der Weg sei frei für eine Neufassung des Kafka-Essays. Vermißt habe er (Benjamin) das Eingehen Adornos auf den Schlußteil über Sancho Pansa, was heißen soll: auf das Verhältnis des Künstlers zu aller Wirklichkeit. Der Essay habe vielerlei in Bewegung gesetzt: »Und so hat sich alles in allem eine Klangfigur um ihn gebildet, der ich noch manches abzulauschen habe. Vorläufig habe ich eine Sammlung von Reflexionen angelegt, um deren Projektion auf den Urtext ich mich noch nicht kümmere.«
Der Prozeß muß also vertagt werden. Die Verteidigung sichtet ihre Dossiers und bereitet das Revisionsverfahren vor. Benjamins von ihm selbst halb abgeleugnete Arbeit hatte, ausgehend vom Identitätsvorgang, zu einem hochmerkwürdigen Identifizierungsverfahren deutscher Emigranten, weitgehend auch jüdischer, mit Ausnahme Brechts, im Zeichen Franz Kafkas geführt. Scholem und Adorno, Brecht und Kraft und Benjamin: keiner gedenkt den Autor der »Strafkolonie« und des »Hungerkünstlers« zu negieren. Jeder sucht und entdeckt sich selbst in Kafka. Vielleicht wird kein Kafka-Symposium jemals zu einem anderen Ergebnis führen können.

Der *zweite Kafka-Essay Walter Benjamins,* abgefaßt in Form eines Briefes an Scholem mit den entsprechenden »Separatgedanken«, wird ausgelöst durch die Publikation der Kafka-Biographie von Max Brod. Benjamin scheint sich beim Lesen sehr erregt zu haben. Schon in einem Brief an Scholem vom 14. April 1938 erzürnt er sich, »weil besagte Biographie in ihrer Verwebung Kafkaschen Nichtwissens mit Brodschen Gewißheiten einen Distrikt der geistigen Welt zu öffnen scheint, wo weiße Magie und fauler Zauber aufs erbaulichste ineinander spielen«. Was in dem früheren Versuch über Kafka schon impliziert worden war: daß Franz Kafkas Freundschaft mit Brod entweder suspekt erscheinen oder als Teil eines Leidensstrategems aufgefaßt werden müsse, wird in einem Briefessay vom 12. Juni 1938 ausdrücklich formuliert. Dies sei eine Freundschaft, »die nicht zu den kleinsten Rätseln in Kafkas Leben gehören dürfte«. Richtig ist natürlich Benjamins Grundvorwurf gegen Brod, daß man nicht gleichzeitig Kafka als Heiligen *und* als schlichten

Mitbürger präsentieren könne. Auch der Versuch, den Autor des *Schlosses* in Martin Bubers Nähe zu rücken, wird von Benjamin sehr witzig glossiert: »Wenn Brod von Kafka aussagt, daß dieser etwa auf der Linie von Buber gestanden habe, so heißt das, den Schmetterling in dem Netz zu suchen, über das er im Hin- und Herflattern seinen Schatten wirft.« Diese Erbaulichkeit müsse »gerade dem Zionisten suspekt sein«.
In jener späten Vorkriegszeit in Paris steht Benjamin abermals zwischen den Polen erneuten Suchens nach mystischer Erfahrung *und* materialistisch-dialektischer Geschichtsbetrachtung. Damals besuchte Benjamin regelmäßig die Veranstaltungen des »Collège de Sociologie« in Paris, einer freien und formlosen Gemeinschaft junger Soziologen, die sich für Phänomene des »sacré« zu interessieren pflegten, was sowohl das Sakrale in sich faßte wie das Verruchte. Geleitet wurde das Collège von Georges Bataille gemeinsam mit Roger Caillois und Michel Leiris. Dort traf man auch Denis de Rougemont, die Philosophen Jean Wahl und Jean Hippolyte. Der Freundschaft Benjamins mit Bataille ist übrigens, wie bekannt, die Rettung des Nachlasses zu verdanken, den Bataille als Historiker und Bibliothekar in der Nationalbibliothek versteckt hielt während der Besatzungszeit. Sehr historisch-materialistisch pflegte es dort nicht zuzugehen, wenngleich wohl alle Mitglieder des Kreises, was sie später bewiesen haben, den faulen Zauber eines propagandistisch zusammengelogenen »sacré« im Dritten Reich verächtlich ablehnten.
Daß die Zusammenarbeit mit den Leuten vom Collège de Sociologie für Benjamin wichtig sein mußte im Zusammenhang mit seinen Studien über Paris als Hauptstadt des 19. Jahrhunderts, war offensichtlich. Die Verbindung mit Brecht wurde fortgesetzt; Benjamins Arbeiten für Horkheimer und das emigrierte Institut für Sozialforschung erprobten gleichzeitig immer wieder den historisch-materialistischen Ansatz, wodurch es zu Konflikten kam mit der Institutsleitung in New York.
Abermals arbeitet der Denker und Schriftsteller Walter Benjamin *elliptisch* in der seit langem kunstvoll organisierten Spannungspermanenz. Das wirkt sich aus beim Neuansatz der Kafka-Deutung. Wieder einmal geht es insgeheim autobiographisch zu:

in Form eines Einfühlungsverhaltens, ganz ohne Entfremdung. Was Benjamin so permanent praktiziert, wird auch bei Kafka gesucht und natürlich gefunden: »Kafkas Werk ist eine Ellipse, deren weit auseinanderliegende Brennpunkte von der mystischen Erfahrung (die vor allem die Erfahrung von der Tradition ist) einerseits, von der Erfahrung des modernen Großstadtmenschen andererseits, bestimmt sind.« Brecht hätte bei einer solchen Formulierung vermutlich vom »Städtebewohner« gesprochen. Immerhin ist die neue Studie viel genauer als die frühere; sie ist vor allem konsistent. An beiden Brennpunkten jedoch glaubt der Analytiker, was Adorno befriedigen muß, *bloß Negationen* zu entdecken. Benjamin spricht diesmal rücksichtslos aus, daß im Falle Kafkas »seine negative Charakteristik wohl durchweg chancenreicher sein wird als die positive«. Das Erlebnis Kafkas nämlich mit der Tradition eines als Wahrheit und folglich als Lehre gar nicht mehr Tradierbaren. Die »Lehre« wird bei Benjamin auch diesmal wieder schlechthin gleichgesetzt mit der jüdischen religiösen Überlieferung. Abermals, wie auch bei Scholem, die Bemühung, Kafkas Verhältnis zur jüdischen Tradition aus dem Dualismus der Halacha und der Haggada zu erklären. Freilich mit einem wesentlichen Unterschied gegenüber dem Text von 1934. Dort hatte Benjamin noch behauptet, daß Kafkas Dichtungen »zur Lehre ähnlich wie die Haggada zur Halacha stehen«. Dies Bild wird vier Jahre später aufgenommen, doch entscheidend modifiziert, wenn es über Kafkas Gleichnisse heißt: »Sie legen sich der Lehre nicht schlicht zu Füßen, wie sich die Haggada der Halacha zu Füßen legt. Wenn sie sich gekuscht haben, heben sie unversehens eine gewichtige Pranke gegen sie.«

Bestien also. Im Widerstand gegen die Lehre und das tradierte Gesetz, weil beide, nach Benjamins Formel, nichts anderes bedeuten als eine »Erkrankung der Tradition«. Das wird nunmehr als These proklamiert: »Kafkas Werk stellt eine Erkrankung der Tradition dar.«

Dieselbe Negierung beim anderen Brennpunkt der Ellipse, Kafka als der moderne Städtebewohner und Großstadtmensch. Man könnte die Annäherung an Benjamins gleichzeitige Arbeiten wagen und hier von Kafka innerhalb der Passagenwelt

sprechen. Das Motiv des Flaneurs Kafka war früher schon aufgetaucht.
In dieser negativen Dialektik gesellt sich *eine entleerte Lehre einer leeren und sinnlos gewordenen Daseinserfahrung des Menschen in der modernen Gesellschaft.* Wahrscheinlich hat Benjamin an dieser Stelle auf Brechts These von Kafka als einem »prophetischen« Schriftsteller geantwortet. Bei ihm heißt es aber jetzt: »Ich will sagen, daß diese Wirklichkeit für den Einzelnen kaum mehr erfahrbar, und daß Kafkas vielfach so heitere und von den Engeln durchwirkte Welt das genaue Komplement seiner Epoche ist, die sich anschickt, die Bewohner dieses Planeten in erheblichen Massen abzuschaffen. Die Erfahrung, die der des Privatmanns Kafka entspricht, dürfte von großen Massen wohl erst gelegentlich dieser ihrer Abschaffung zu erwerben sein.« Diesmal ist alles eindeutig geworden: sowohl in der Antwort an Scholem wie an Brecht. Kafkas Dichtung, seine Haggada gleichsam, reckt sich entrüstet und raubtierhaft auf gegen eine fetischistische und erkrankte Tradition. Kafkas Erfahrung aber von der modernen Welt und den Prozessen menschlicher Entfremdung sei zu verstehen als Prophetie, doch als eine Prophezeiung ohne Hoffnung. In einem schönen Bild hat Benjamin das festgehalten: »Keinerlei Weitblick, auch keine ›Sehergabe‹. Kafka lauschte der Tradition, und wer angestrengt lauscht, der sieht nicht.« Mit diesem Vergleich wird Franz Kafka unmittelbar dem Angelus Novus von Paul Klee angeglichen. Das geschieht sehr bewußt, denn wenige Zeilen vorher hatte Benjamin ausdrücklich die Parallele von Kafka und Klee visiert. Beide werden, der Neue Engel der Geschichte und der lauschende Nicht-Seher Franz Kafka, von den Stürmen eines Zukünftigen gerüttelt. Doch der Blick des Engels gilt, in Benjamins Thesen zur Geschichtsphilosophie, den Ruinen eines Vergangenen, und Kafka lauscht diesem Vergangenen, doch er sieht nicht.

Und die *Hoffnung?* Benjamin war seit Anfang erschüttert worden durch den Bericht Max Brods über ein Gespräch mit Kafka, wo dieser geantwortet habe, es gebe »unendlich viel Hoffnung, nur nicht für uns«. Das klang bereits an im Essay von 1934. Nun wird es so gedeutet: »So ist denn, wie Kafka sagt, unendlich viel Hoffnung vorhanden, nur nicht für uns. Dieser Satz enthält wirklich Kafkas Hoffnung. Er ist die Quelle seiner strahlenden Heiterkeit.« Damit aber wird verstehbar, warum Benjamin die frühere Interpretation als eine »apologetische« von sich wies. Sie hatte immer noch von einer Hoffnung »für uns« träumen wollen. Der tiefe Ernst der These von Kafkas Scheitern war nicht wahrhaft gefühlt und befolgt worden. Das wird diesmal nachgeholt. Negation an beiden Brennpunkten: in der mystischen Erfahrung *und* in der zeitgenössischen Gesellschaftserfahrung.

Es hat mich – warum es leugnen? – seltsam verstört, als ich feststellen mußte, daß auf den mehr als 1600 Seiten des Buches »Das Prinzip Hoffnung« von Ernst Bloch der Name Franz Kafka nicht vorkommt. Natürlich hat Bloch das Werk dieses Schriftstellers genau gekannt. In »Erbschaft dieser Zeit« entdeckt er in Kafkas Romanen und Geschichten die unheimliche Wiederkehr einer versunkenen Welt. In seinen rechts- und moralphilosophischen Analysen des Buches »Naturrecht und menschliche Würde« stellt er den Schriftsteller Franz Kafka als einen der »großen Selbsthasser« an die Seite jener anderen: neben Luther, Kierkegaard und Dostojewski. Kafkas Welt sei zu deuten als »Verschuldungs-Mythologie«. Kafka, so formuliert es Bloch, »gab alldem die letzte und Grundform: die einer nackten Gewalt, die die verkleidetste und einer offenen, die die hinterlistigste ist«. Er kannte sich also aus in den Bereichen der Strafkolonie und des Prozesses, bei Kafkas Tieren und bei seinen Toren. Doch innerhalb der Systemwelt des Prinzips Hoffnung konnte Bloch ihn nicht brauchen. Unendlich viel Hoffnung, doch nicht für uns? Ernst Bloch hätte dagegen gefragt: »Für wen denn?«

IV. DAS KULTURELLE ERBE
VOM SINN UND UNSINN EINES KLISCHEES

(Nürnberg, 1979)

Um es offen zu sagen: da war zunächst bloß Widerstand, fast Widerwillen, als die Einladung aus Nürnberg eintraf, heute und hier über das »Kulturelle Erbe« zu sprechen. Zumal sich sogleich die Assoziation einstellte mit der Floskel vom »Nationalen Kulturerbe«, wie sie in amtlichen Verlautbarungen der DDR, aus gegebenem Anlaß, aufzutauchen pflegt. National, Kunst, Erbe: ein Spiel mit lauter Unbekannten. Verwechselt man aber die Analyse von Kulturphänomenen mit dem Klassikerzitat, so wäre diesmal in der Tat ein kräftig Wörtlein aus Goethes »Faust« am Platze. National, Kultur, Erbe. Der Teufel belehrt, durchaus mephistophelisch, den unbedarften Schüler:

Schon gut! Nur muß man sich nicht allzu ängstlich quälen;
Denn eben, wo Begriffe fehlen,
Da stellt ein Wort zur rechten Zeit sich ein.

So ist es auch hier, beim Klischee vom Kulturellen Erbe, national oder auch nicht. Vielleicht kommt man ein bißchen weiter, wenn man die Wörter genauer anschaut. Sie sind geworden und haben ihre Geschichte, die sich nirgendwo in bloßer Wortgeschichte erschöpft. In unseren Wörtern und Redensarten ist immer noch die längst abgelebte Vergangenheit wortfest gemacht worden. Wir kämpfen mit offenem Visier und ziehen doch nicht als Ritter ins Turnier. Ritterzeit, Schwedenkrieg, Franzosenzeit unter Napoleon, bürgerliche Gesittung des 19. Jahrhunderts, Landsererfahrung aus zwei Weltkriegen: alles ist Sprache geworden, mithin Kultur der Gegenwart. Die Obszönität von einst wandelte sich zur harmlosen Alltagsfloskel; Kriegerisches ist plötzlich spaßhaft gemeint.

Auch das Wort vom *Erbe* hat seine Gesellschaftsgeschichte. Mit dem Besitzdenken des bourgeoisen 19. Jahrhunderts hängt es zusammen: wenigstens in der scheinbar vergeistigten und sublimierten Fassung des Kulturellen Erbes. Kulturelles Erbe, das kann als Synonym verstanden werden für die Grundhaltung bürgerlicher Existenz in Deutschland und im 19. Jahrhundert, bis etwa zum Jahre 1914. Kulturelles Erbe war folglich zu verstehen als *Bildung und Besitz*. Werke der Kunst, als Klassiker sanktionierte Künstler, anerkannte große Leute gleich welchen Metiers: das wurde als Besitz deklariert, war Erbschaft, die man getrost antreten durfte, denn sie war schuldenfrei. Bei Carl Sternheim, in der »Hose«, diskutiert, im ersten Jahrzehnt unseres Jahrhunderts, der deutsche Spießer Theobald Maske mit dem vermutlich nicht rein arischen Untermieter Benjamin Mandelstam, wer die besseren Kulturtrümpfe in der Hand hat, Schiller und Nietzsche, Luther und Bismarck. Das läuft so ab:

Theobald:
Freund, wohin? Kann ich Sohn des Volkes, das einen Schiller gebar, abtrünnig sein?
Mandelstam:
Lieben Sie ihn?
Theobald:
Ich bin natürlich kein Kenner.
Mandelstam:
Wagner, nicht Schiller ist der Mann unserer Zeit.
Theobald:
Ihnen den letzten Zweifel zu nehmen, nenne ich den Namen: Luther.
Mandelstam:
Gut.

Es ist, im wörtlichsten Sinne, ein Gespräch über wertbeständigen Kulturbesitz, gleichsam mündelsichere Anlagen des Geistes. Die Protzerei und Gegenprotzerei mit angeblichen Werten und Gegenwerten als töricht und kaufmännisch sogar unreell abzulehnen, kommt weder dem Maske in den Sinn noch dem kleinen Mandelstam.

Dabei ist der bürgerliche Begriff des Besitz- und Erbschaftsdenkens in Fragen der Kunst, der Architektur, natürlich auch der Landschaft, durchaus nicht uralt und gleichsam natürlich. Es hat viele Zeitalter und Generationen gegeben, die das Überlieferte und Hergebrachte durchaus nicht für erhaltenswert hielten. Geschichtliche Beispiele sind in meinen Augen immer aufschlußreicher als abstrakte Thesen der Kulturphilosophie. Ich wurde nachdenklich bei der Lektüre von Briefen des jungen Mozart. Der Vater hatte ihn endlich aus der Obhut entlassen und nach Paris geschickt: neuen Erfolgen entgegen. Die kranke und hilflose Mutter aus Salzburg sollte ihn begleiten. Sie ist auf der Reise in Paris gestorben, wie man weiß. Aus dem eleganten Salzburg mit einer durchaus modernen und üppigen Architektur gelangte Mozart ins Schwäbische. In Ludwigsburg macht er dem Herzog von Württemberg seine Aufwartung. Er mokiert sich in Briefen an den Vater über die schönen Fachwerkhäuser, die heute bewundert und möglichst gut konserviert werden in einem reichen Land, das genau weiß, was man von solcher Kulturerbschaft zu halten hat. Mozart wußte es nicht. Übrigens waren die hohen Herrschaften in Ludwigsburg, vor denen Wolfgang Amadé zu spielen hatte, durchaus seiner Meinung. Ganz wie ihre Nachfolger. Systematisch entfernte man das Schloßmobiliar der Barockzeit, um sich standesgemäß »modernisieren« zu können.

Die materielle Basis für den Begriff des Kulturerbes war bürgerlich; schon am Ausgang des 18. Jahrhunderts, vor wie nach der Französischen Revolution, hatte sich auch die Feudalkultur verbürgerlicht. Der ideologische Überbau aber, der einen solchen Begriff wie den des Kulturerbes erst möglich und wirksam machte, entstammte dem ideellen Repertoire *deutscher Romantik*. Sie erst hatte, die Romantische Schule in Deutschland, den Wert des Vergangenen proklamiert. Es war eine Entdeckung aus dem zu Ende gehenden 18. Jahrhundert, durchaus keine Naturtatsache. Gleichzeitig Weiterführung der bürgerlichen Aufklärung, die ursprünglich abstrakt und unhistorisch argumentiert hatte im Bereich des Geschichtsdenkens. Die Entdeckung des Mittelalters bei Herder und seinen Schülern war vorangegangen. Dann kam in Deutschland der Schock der Französischen Revolution. Als Gegenbewegung entdeckte man die erhaltengebliebene große und allzulange verkannte Vergangenheit mit ihren wahrnehmbaren Zeugnissen. Kulturelles Erbe in Deutschland:

das hat man zuerst beim Anblick der *Stadt Nürnberg* entdeckt, und bei der neuen und folgenreichen Begegnung mit Albrecht Dürer. Man kann historisch den Vorgang ziemlich genau datieren, in das Jahr 1797, also zwei Jahre nach dem Sturz Robespierres und nach Immanuel Kants »Traktat vom ewigen Frieden«. Das Büchlein »Herzensergießungen eines kunstliebenden Klosterbruders« war durchaus nicht von einem Mönch verfaßt worden, sondern vom Sohn eines hohen preußischen Beamten in Berlin, dem jungen *Wilhelm Heinrich Wackenroder,* einem Schulfreund des Tischlersohnes Ludwig Tieck. Mit Tieck hatte Wackenroder dies alte Nürnberg, diese eindrucksvolle Erbschaft aus Mittelalter und Renaissance, entdeckt. Im Mittelpunkt dieser Herzensergießungen steht als folgenreichster Abschnitt das »Ehrengedächtnis unseres ehrwürdigen Ahnherrn Albrecht Dürers«, das so beginnt: »Nürnberg! du vormals weltberühmte Stadt! Wie gern durchwandelte ich deine krummen Gassen; mit ehrkindlicher Liebe betrachtete ich deine altväterischen Häuser und Kirchen, denen die feste Spur von unsrer alten vaterländischen Kunst eingefügt ist! Wie innig lieb' ich die Bildungen jener Zeit, die eine so derbe, kräftige und wahre Sprache führen!«
Die Vorstellung also, daß es so etwas gibt wie eine Kulturelle Erbschaft jenseits der vererbbaren materiellen Werte im Leben der Einzelnen und ihrer Familien ist in Deutschland *bestenfalls zweihundert Jahre* alt. Zuerst tauchte sie auf bei Herder und dem jungen Goethe in ihren Straßburger Betrachtungen über deutsche Volkslieder und deutsche Architektur; zur ästhetischen Doktrin und zum kulturellen Postulat, das bis heute verkündet wird, wurde sie geformt durch unsere Romantiker: von Wackenroder und Novalis und Tieck bis zu Richard Wagner. Der junge Friedrich Nietzsche trat als erster dagegen auf und stellte alle Thesen des damaligen Historismus in Frage. Das sollte es von nun an nicht mehr geben: gläubiges Vertrauen zu ererbten Kunstwerken und Doktrinen. Wenn wir heute über das Kulturelle Erbe nachdenken und nicht bereit sind, eine Diskussion mit vorgegebenen und fest etablierten Spielregeln anzunehmen, so müssen wir wissen, daß wir auch darin selbst wiederum – Erben sind. Wir haben, auch am heutigen Abend, eine Auseinandersetzung geerbt, die ziemlich genau zwischen 1773 und 1876 geführt

wurde. Von Goethe und Herder bis zu Nietzsches Unzeitgemäßen Betrachtungen »Vom Nutzen und Nachteil der Historie für das Leben«.

Unser Thema ist also zeitlich genau situiert und begrenzt. Es ist auch im Raum wesentlich bezogen auf das mittlere Europa deutscher Sprache. In England hängen alle Vorstellungen von kultureller Überlieferung, die erhaltenswert sei, mit der fortwirkenden Adelskultur zusammen. Wenn man im Festsaal von Oxford die Orgel vorweist, mit der simplen, fast beiläufigen Bemerkung: »Hierauf haben Händel, Haydn und Mendelssohn gespielt«, so wird damit eine fraglose Kontinuität festgestellt. Freilich in Oxford, also nicht allenthalben in England. Die kulturelle Kontinuität in Frankreich ist das Ergebnis einer im wesentlichen fraglosen Definition des französischen Territoriums. Ein früh zentralisierter Staat mit festen Grenzen. Das Gegenteil zur deutschen historischen Misere. Im Begriff der Nation im Gefolge sowohl der Jakobiner wie des Bonapartismus ließ sich zu Paris das Kunstwerk einer Hauptstadt errichten, das Notre-Dame und Eiffelturm zur Einheit zwingt, die Kuppeln des Architekten Mansart und die Jugendstil-Embleme der Métro-Stationen. Was geschrieben und gedruckt wurde im Laufe der Jahrhunderte, findet sich vereint an zentraler Stelle der Bibliothèque Nationale. General de Gaulle war durchdrungen von diesem französischen Postulat einer kulturell überschaubaren Überlieferung, als er die Anweisung gab, den Nachlaß *Heinrich Heines*, den westdeutsche Institutionen in schwieriger Finanzierung zu erwerben gedachten, ohne Rücksicht auf Unkosten für die französische Nationalbibliothek zu erwerben. Was auch geschehen ist.

In Frankreich gab es deshalb immer wieder längere Phasen, wo die Kultur durchaus affirmativ, sogar apologetisch sein konnte, ohne daß sie zur Lüge und leeren Dekoration entarten mußte. Gegen Ende des 17. Jahrhunderts kam es zum Bündnis des erstarkenden Bürgertums mit dem Absolutismus König Ludwigs XIV.: gleichzeitig gegen die Adelsfeudalität und die jesuitische Indoktrination. Ludwig XIV. hat Molière geschützt, als er sich mit den Aristokraten anlegte im »Don Juan« und mit den Jesuiten im »Tartuffe«. Ein Jahrhundert später und in Deutschland ließ der Herzog von Braunschweig dem Hofrat Lessing in barscher Form mitteilen: er solle von nun an den Mund halten und keine weiteren Sottisen schreiben gegen die etablierte Religion und gegen den Hamburgischen Hauptpastor Melchior Goeze.

Die deutsche Kultur ist in ihren produktivsten Schöpfungen und Prägungen *das Werk von Neinsagern* gewesen, von Außenseitern, ganz gewiß von Kindern der kleinen Leute. Der Sohn des wohlhabenden Kaiserlichen Rats Johann Kaspar Goethe in der Freien Reichsstadt Frankfurt ist eine von wenigen Ausnahmen. Betrachten wir die Literatur im weitesten Sinne, so wurde sie jahrhundertelang produziert von Pastoren, Pastorensöhnen, ungebärdigen Theologiestudenten, von Hofmeistern irgendeines Junkers. Im 19. Jahrhundert, als die beherrschende Rolle der Pfarrhäuser im deutschen Geistesleben ausgespielt hatte, wurde unsere Literatur in einem durchaus wertvollen und positiven Sinne *»provinziell«*: Als die große deutsche bürgerliche Revolte von 1848/49 niedergeschlagen war, mit ihr der Gedanke an einen deutschen Nationalstaat und eine deutsche Nationalliteratur, entdeckte man die Schöpferkraft der deutschen Landschaften und Provinzen. Theodor Storm in Holstein, Fontane im Märkischen, Mörike in Schwaben, natürlich auch die gleichzeitig schweizerische und deutsche Schriftstellerei des Zürichers Gottfried Keller.

Dies ist in der Literatur deutscher Sprache das Kulturelle Erbe, wenn man genauer hinschaut: das Werk der Neinsager, der kleinen Leute, der deutschen Provinz, denn es gab keine deutsche Hauptstadt. Sogar im Kaiserreich und in der Weimarer Republik hat die Reichshauptstadt Berlin nichts bewirkt an kultureller Produktivität, was sich mit den Metropolen Paris oder London vergleichen ließe. Es wäre ungerecht, daraus irgendeinen Vorwurf abzuleiten. Sogar bei den ästhetischen Revolten der Naturalisten und der Expressionisten hat Berlin, mit Hilfe seiner Presse und seiner Literaten, vor allem die Durchsetzung des Neuen bewirkt. Die neue Kultur selbst entstand fast immer irgendwo im Lande.

Diese gesamte Erbschaft ist heute verbraucht. Es hat keinen Sinn, sich etwas vorzumachen. Die jeweilige Offizialkultur, jedenfalls seit der Lessing-Zeit in der Mitte des 18. Jahrhunderts, hatte niemals mehr zu bieten als offizielle Dekoration. Die Weimarer Tafelrunde mit Goethe und Wieland, Herder und Schiller war entschieden bürgerlich. Da wurde dem Feudalismus nicht nach dem Munde geredet, wenn man absieht von ein paar höflichen Festspielen und Geburtstagsgedichten. Die beherrschenden Figuren der deutschen Literatur in der ersten Hälfte des 19. Jahrhunderts, Heinrich Heine und Georg Büchner, waren boshafte Neinsager und Nestbeschmutzer. Was sie zu sagen hatten gegen die deutschen Landesherren und deutschen Spießer, ist allgemein bekannt. Später wurde der Revoluzzer Gerhart Hauptmann, einst Dichter der »Weber« und der »Ratten«, ein gefeierter Repräsentant der bürgerlichen Honoratioren. Heute ist auch der Expressionismus, nachdem er aufgehört hat, als »entartet« verflucht zu werden, kulturell vereinnahmt worden. Da tut nichts mehr weh.

Wenn ich es richtig sehe, so gab es seit der Reformation, im Grunde seit dem ausgehenden Mittelalter, vier große gesellschaftliche Produktionsmöglichkeiten. Indem ich sie bloß benenne, wird evident, daß wir mit ihnen nicht mehr für irgendeine künftige »Erbschaft« werden rechnen können.

1.) Es gab eine *Adelskultur*, nicht bloß natürlich in der Ritterzeit des hohen Mittelalters, sondern immer wieder auch im 17. und 18. Jahrhundert. Noch einmal kulminierend, und nicht zufällig, in der deutschen Romantik mit Heinrich von Kleist und Friedrich von Hardenberg-Novalis, mit Achim von Arnim, Joseph von Eichendorff und Friedrich de La Motte-Fouqué. Der Anteil deutscher Aristokraten an der Durchsetzung der bürgerlichen Aufklärung ist bei uns nicht minder beträchtlich gewesen als in Frankreich. Die Sprecher in den Dramen des Sturm und Drang, bei Goethe, Schiller und Lenz, sind immer Aristokraten, die Partei ergreifen gegen die eigene Klasse und für das bürgerliche Menschenrecht. Das ist zu Ende.

2.) Die *bürgerliche Kultur* der einstigen Neinsager wandelte sich in Bildungs- und Besitz-Vorstellungen des Honoratiorentums. Noch bis 1918 gab es in Deutschland eine kultivierte Bürgerschicht, die nicht restaurativ dachte oder empfand, sondern neugierig war auf das Neugeschaffene. Die Geldentwertung von

1920 bis 1923 hat ihr materiell den Garaus gemacht. Nachher war eine bourgeoise Schicht der Gewinner aus Krieg und Niederlage etabliert: ganz ohne Wissen und ohne Ehrfurcht. Die Welt der Thyssen und Stinnes war angebrochen. Aber man wird nicht sagen können, daß eine Thyssen-Stiftung oder Ford Foundation noch irgend etwas gemeinsam hätte mit der produktiven Bürgerkultur.

3.) Es fehlt heute in Deutschland auch, aus allzu wohlbekannten Gründen, das kulturelle Element der *jüdischen Intellektualität.* Was diese ungemein produktive, doch niemals harmonische deutsch-jüdische Symbiose für das kulturelle Leben Deutschlands bis 1933 bedeutet hat, ermißt man, schaut man sich die Liste der Nobelpreisträger für Medizin, Physik und Chemie in den letzten Jahrzehnten näher an. Wie viele deutsch-jüdische Namen, aber es sind Nobelpreise, die nach England oder Amerika gehen. Dort wird, natürlich nicht dort allein, auch jene kulturelle Tradition fortgesetzt, die begründet wurde durch den deutsch-jüdischen Nobelpreisträger Paul Ehrlich, der die Syphilis heilte, durch den Nobelpreisträger Richard Willstätter aus Karlsruhe, den man verjagte und dem wir die Erkenntnisse moderner Vitaminforschung zu danken haben. Als im März 1979 an der Hebräischen Universität in Jerusalem der hundertste Geburtstag Albert Einsteins unter Teilnahme von Gelehrten aus der ganzen Welt begangen wurde, ließ sich ermessen, wenn man Hunderte von Lebensläufen der Teilnehmer hintereinander las, wie viele Biographien in Deutschland begonnen hatten. Auch damit ist es zu Ende. Diese Erbschaft ist gleichfalls aufgezehrt.

4.) Ich möchte schließlich noch von einer *produktiven Kultur des proletarischen Klassenbewußtseins* sprechen. Ich möchte nur von der deutschen Arbeiterschaft sprechen und ihrer Bewegung. Zwischen 1890, nach dem Fall des Sozialistengesetzes und Bismarcks Entlassung, und dem Jahr 1933, das eine Zäsur für alles bedeutet hat, gehörte es zur Grunddoktrin deutscher Arbeiterpolitik, daß man, als Proletarier, die kulturelle Erbschaft des Bürgertums übernehmen und kritisch sichten müsse. Je mehr sich marxistisches Denken durchsetzte, um so häufiger wurde mit Hegels Wortspiel von der dreifachen Bedeutung des deutschen Wortes »Aufheben« operiert. Man hebt eine Sache

auf, um sie aufzubewahren; man hebt etwas auf, vom Boden oder vom Tisch, und hebt es dadurch in die Höhe; man hebt eine Sitzung auf oder ein veraltetes Gesetz oder irgendein Verbot. Damit wird etwas aus der Welt geschafft.
Was lag näher, als das Verhältnis einer sozialistischen Gesellschaft zur bürgerlichen Kultur mit Hilfe einer solchen Dialektik oder Scheindialektik deuten zu wollen. Man konservierte wertvolle Elemente der kulturellen Erbschaft, annullierte das angeblich Veraltete, hob aber – eben durch einen solchen Prozeß der kritischen Aneignung – das Übernommene auf eine gesellschaftlich und möglichst auch geistig höhere Stufe.
So lautete die fast unangefochtene Doktrin. Franz Mehring, der wichtigste marxistische Kulturkritiker in Deutschland zwischen 1890 und 1918, Freund der Rosa Luxemburg, Historiker und Literaturkritiker, handelte folgerichtig, als er dem Offizialjubel des Kaiserreichs beim Schiller-Jubiläum von 1905 ein Buch entgegenstellte mit dem Titel: »Schiller. Ein Lebensbild für deutsche Arbeiter«. Die Gründung der Volksbühne im Jahre 1890, gleichfalls gefördert durch Mehring, diente eben diesem kulturpolitischen Ziel. In den Zwanziger Jahren wurde durch Georg Lukács und Karl Korsch der Hegelianismus zum deklarierten Bestandteil einer kritischen Kulturtheorie des Proletariats. Noch in den oft etwas grobschlächtigen Unterscheidungen von Lukács zwischen Fortschritt und Dekadenz in der deutschen Literatur, die meist auf einen Goetheanismus und Neoklassizismus hinausliefen, spürt man das Grundkonzept. Erst recht in der offiziellen sowjetischen Ästhetik, die ihre werthaften Unterscheidungen zwischen bürgerlicher Dekadenz, anerkennenswertem, aber doch unzulänglichem kritischem Realismus und erstrebenswertem sozialistischem Realismus ausdrücklich auf dieses Schema einer dialektischen Höherentwicklung der Kultur mit Hilfe einer kritischen Erbschaft ausgerichtet hat.
Auch damit, meine ich, ist es nun zu Ende. Das Wortspiel vom »Aufheben« ist heute nicht mehr als eine Metapher. Wo sie ernst genommen wurde, wie in der DDR mit ihrem Konzept vom »Nationalen Kulturerbe«, weil man von der These ausging, ein neuer Staat der Arbeiter und Bauern habe in der Tat auf höherer Gesellschaftsstufe die Erbschaft angetreten, dient der Traditio-

nalismus vor allem dazu, die neue Kunst und Literatur mit Hilfe einer normativen und machtpolitisch etablierten Ästhetik zu gängeln und an der unliebsamen Entfaltung zu hindern. Einer von denen, die es wissen müssen, nämlich der Schriftsteller *Günter Kunert*, hat das im Jahre 1979 in einem gallenbitteren Gedicht ausgedrückt. Es trägt die Überschrift »Vom Dorotheenstädtischen Friedhof«. Das ist jener Friedhof in Ostberlin, wo die verdienten und anerkannten Dichter beigesetzt wurden. Heinrich Mann und Brecht und Becher und Friedrich Wolf, viele andere noch. Auch die Musiker Hanns Eisler und Paul Dessau. Kunert stellt fest, daß hier die Toten in den Dienst gestellt werden zur Unterdrückung der Lebenden.

Auf den Friedhöfen der toten Dichter
triumphiert die Macht
über die Ohnmacht des Wortes
Selbst schwere Steine
sind nur leichtfertige Lügen
erhaben über wehrlosem Gebein
Barrikaden gegen die Lebenden
damit sie hier einhalten
im Denken und wissen
daß sie anheimfallen
der weiterwährenden Gebrauchsfähigkeit
früher oder später

Die Bundesrepublik ist ein Staat ohne normative Ästhetik. Das ist ein Vorzug. Freilich ist sie auch ein Staat, in dem, wie es im Augenblick scheinen mag, der Begriff des »proletarischen Klassenbewußtseins« hohl klingen muß in einer Realität, die auf soziale Harmonie abzustellen sucht. Veranstaltungen zum 1. Mai wirken als Verlegenheit: ein Feiertag mehr, doch warum?

Vier ehemals produktive Elemente einer Kultur, die Folgen gehabt hat und wahrnehmbar blieb: Adelskultur, bürgerliches Patriziat, jüdisches Außenseitertum und proletarisches Klassenbewußtsein. Vier Erbmassen, die aufgebraucht scheinen. Bei Kennzeichnung des heutigen Zustandes hat sich Alexander

Mitscherlich der Formel von einer *Angestelltenkultur* bedient. Das geschah durchaus nicht in abschätziger Weise. Gemeint war eine soziologische Kennzeichnung. Im weitesten Verstande aber besitzt alle Angestelltenkultur ein *kleinbürgerliches* Element. Ideologisch betrachtet, erscheint mir die Bundesrepublik als ein kompaktes System des Kleinbürgertums. Wohlgemerkt: es gibt sehr wohlhabende und hochbezahlte und sehr arme und unterbezahlte Kleinbürger. Eines aber hat alle geschichtliche Erfahrung bisher bestätigt: *das Kleinbürgertum ist im Bereich der Kultur keine produktive Gesellschaftsform.*

Entdeckt man mithin, jenseits der Metaphern, einen aktuellen Sinn, der sich mit dem Begriff des Kulturellen Erbes verbinden ließe, so kann der Sinn nur als *Negation* verstanden werden. Wir haben es mit einem Vorgang der *Sinnentleerung* zu tun. Es mag Zeitgenossen geben, junge Menschen zumal, die das wenig kümmert. Sie können sich auf berühmte Vorbilder berufen. In seinem Arbeitsjournal notiert Bertolt Brecht am 22. August 1942 im kalifornischen Exil, daß man einen Abend zusammensaß mit Horkheimer und Adorno und anderen Leuten der »Frankfurter Schule«. Der emigrierte Philosoph Hans Reichenbach, ein Neopositivist, den Brecht sonst schätzte, machte sich Sorgen über das Kulturelle Erbe in einer künftigen klassenlosen Gesellschaft. Brecht notiert heimlich und grinsend: »Die Rettung der Kulturgüter hält ihn schlaflos, während sie mich einschläfert.« Das klingt wie der bare Zynismus, er meint es aber anders. Brecht war tief durchdrungen vom Bewußtsein der Einzigartigkeit. Wenn er vor sich selbst Ernst machte, so dienten ihm alle Kulturgüter der Vergangenheit insgeheim als Material, woraus er selbst gegebenenfalls etwas Neues und Produktives machen könnte. So hat er gedacht und auch gearbeitet. Allein wer könnte sich dabei auf ihn berufen?

Bleibt die Frage, ob man heute von einem *gegenkulturellen Erbe* wird reden dürfen. Die Folgerung ist naheliegend. Wenn tatsächlich, wie zu beweisen ist, die tradierte Kultur von etwa drei Jahrhunderten heute vor uns steht als das Werk einstiger Neinsager und Außenseiter, die man später sanktionierte und einsetzen konnte gegen die neuen Außenseiter: Stürmer und Dränger und bürgerliche Revolutionäre, Büchner und Heine, aber auch

Richard Wagner, Expressionisten und Schönbergianer, das Bauhaus, die Entartete Kunst und die Trümmerliteratur, so muß man fragen, ob sich das heute wiederholt. Das Kulturelle Erbe scheint aufgezehrt.
Man wird von der geschichtlichen Erfahrung ausgehen müssen, daß alle Tätigkeit der großen Neinsager und Außenseiter der Vergangenheit dadurch charakterisiert war, daß sie in die *bestehende Gesellschaft* mitsamt ihren Herrschaftsstrukturen und dekorativen Ritualen hineinzuwirken versuchte. Das geschah immer mit Hilfe einer gesellschaftlichen Basis, die gegen Unterdrückung revoltierte und die sich im Werk jener kulturellen Opponenten wiedererkannte. Im »Prinzip Hoffnung« hat Ernst Bloch für Deutschland diesen Weg von der Rebellion eines Thomas Müntzer im Bauernkrieg bis zum Expressionismus der frühen Zwanziger Jahre im geschichtlichen Zusammenhang gedeutet. Ob es heute jedoch in vergleichbarem Sinne eine gesellschaftliche Basis gibt für eine wirkliche Gegenkultur zu den offiziellen Festivitäten und kulturellen Ritualen im Lande, halte ich für zweifelhaft. Auch das hängt mit jener Angestelltenkultur zusammen. Der Status eines Angestellten im weitesten Sinne ist undenkbar ohne die *permanente Anpassung*. Erstrebt wird, daß man nicht auffällt, sich sogenannt normal verhält. Kulturelles Schöpfertum aber ist, nach allen bisherigen Erfahrungen, meistens undenkbar, ohne daß einer »aus dem Rahmen fällt«: durch seine Lebensweise wie auch durch seine Arbeit.
Freilich ist diese These keineswegs umkehrbar. Daß jemand aus dem Rahmen fällt, sich nicht anpaßt, die erwünschten Gesellschaftsspiele nicht mitspielt, bedeutet noch kein Indiz für ein antagonistisches neues Schöpfertum. Hier spreche ich in der Tat als einer von der älteren Generation, dem es schwerfällt, die neuen Riten und Gemeinsamkeiten einer jungen Generation zu verstehen, die sich offensichtlich verweigert. Vielleicht täuscht mein oberflächlicher Eindruck, daß alle Veranstaltungen dieser neuen Gegenkultur in unserem Lande nicht eine neue Gegengemeinschaft begründen, sondern sich als Additionen individueller Einsamkeit darbieten. Das scheint mir kein Zufall zu sein, denn es fehlt heute an jeder gesellschaftlichen Basis für eine potente und legitime Gegenkultur.

Die Folge ist, daß Kultur in der sogenannten Wohlstandsgesellschaft, der »affluent society« nach der amerikanischen Formel, die übrigens materiell bedroht ist und entsprechend reagiert, immer mehr in den Entfremdungsprozeß des Lebens in der bürgerlichen Gesellschaft einbezogen wurde. Längst hat man eine Trennung vollzogen zwischen dem Ernst des Lebens, wo das Geld verdient wird, und der Kultur als einer Freizeitbeschäftigung. *Kultur als Hobby.* Auf Hobbys aber kann man gut verzichten, wenn es ums Überleben geht. Der allgemeine Prozeß der Verdinglichung unseres Lebens, also der Quantifizierung, hat auch die Beziehungen unserer Zeitgenossen zur früheren Kultur erfaßt. Immer mehr wird das offiziell so verstandene »Kulturelle Erbe« quantifiziert. Man kann als Tourist die Kultur abhaken. Beim Fernsehquiz wird die Kultur abgefragt. Wer besonders viel Kultur gespeichert hat, bekommt viel Geld. Hier werden, in folgerichtiger Weise, im Prozeß der bürgerlichen Ideologie zwei streng getrennte Begriffe aus der Frühzeit der bürgerlichen Kultur miteinander verwechselt: nämlich die Grundbegriffe *Wissen* und *Bildung.* »Bildung« aber meint auch heute sehr viel mehr, als im bourgeoisen Konzept von »Bildung und Besitz« enthalten war.
Dieser geschichtliche Zusammenhang ist in der DDR sehr viel genauer analysiert worden als in der Bundesrepublik. Freilich sind die Ergebnisse enttäuschend. Ihrer Identität nach versteht sich die Regierung der Deutschen Demokratischen Republik als Verkörperung einer durch das Proletariat, durch die Werktätigen im weiteren Sinne, »aufgehobenen« Kultur der bürgerlichen Gesellschaft. Das äußert sich in anachronistischer Weise im Parademarsch und in der Berufung auf Scharnhorst und Gneisenau, in durchaus vorbildlicher Weise in der Erhaltung von Werken und Lebenszeugnissen nicht allein der Goethezeit. Vor etwa zwanzig Jahren gab die herrschende Partei der DDR die Losung aus, die Menschen ihres Herrschaftsbereichs auf den Weg zu einer »gebildeten Nation« zu führen. Der Grundgedanke war richtig, denn die Entwicklung des modernen Kapitalismus erweist sich immer stärker als Hindernis für ein neues kulturelles Schöpfertum. Die redlichsten und bedeutendsten Werke der heute im Westen geschaffenen Werke der Kunst und

Literatur künden von Auflehnung gegen die Entfremdung und Verdinglichung. Aber sie bleiben, wie Adorno das genannt hat, im Bereich einer »negativen Dialektik«.

Allein auch der DDR und der Sowjetunion ist das Phänomen der Entfremdung nicht erspart geblieben im »realen Sozialismus«. Dies ist wohl der Grund für die ebenso sonderbare wie hartnäkkige Ablehnung *Franz Kafkas* durch den Osten. Weshalb auch der Versuch der DDR mißlingen mußte, das Nebeneinander der beiden deutschen Staaten gleichzeitig als *Dualismus von zwei gegensätzlichen Kulturen* zu verstehen. Das ist weder gelungen im Bewußtsein der Deutschen hüben und drüben, noch konnte es theoretisch begründet werden. Wie sehr die DDR eingebunden bleibt in die kapitalistische Wirklichkeit und damit in den Prozeß wachsender Selbstentfremdung, zeigt sich deutlich an ihrer Wirtschafts- und Außenpolitik. Mit Leidenschaft wird immer noch einmal wiederholt, es könne keine *»Konvergenzen«* geben zwischen der Lebensweise in der Bundesrepublik und der DDR. Die Realität beweist allenthalben das Gegenteil. Auch in einer kulturell besonders wichtigen Hinsicht. Dadurch nämlich, daß die wichtigsten Impulse unserer heutigen westdeutschen Literatur von Autoren ausgehen, denen die Erfahrung des Lebens »dort drüben« anhaftet. Mögen sie weggegangen sein, freiwillig oder unfreiwillig, oder weiterarbeiten in Ostberlin oder Leipzig oder in Weimar: was sie zu sagen und zu schreiben haben, berührt uns hier keineswegs als sonderbarer Exotismus. Beim Lesen entdeckt man, daß jene Erfahrungen gleichsam in neuer und schärferer Form auch unsere eigenen Erfahrungen, wahrscheinlich auch bereits unsere Erfahrungen von morgen vorweggenommen haben. Im Bereich heutiger deutscher Kultur widerspricht diese tiefe geistige und gesellschaftskritische Gemeinsamkeit der kulturellen Produktion dem politischen Dualismus der beiden Staatswesen auf deutschem Boden. Das bedeutet Hoffnung.

Wenn unter Honoratioren in der Vergangenheit vom Kulturellen Erbe die Rede war, so wußte man, daß nun das Faust-Zitat folgen wird. Die Verse aus dem zweiten Monolog des uralten Professors, der einen Selbstmord plant, welcher freilich mißlingt. In seinem Fluch auf alles, was ihn an Wissen und Überlieferung umgibt, versteht er sein bisheriges Lebenswerk als grundsätzlich verfehlt:

> Weit besser hätt ich doch mein Weniges verpraßt,
> Als mit dem Wenigen belastet hier zu schwitzen!
> Was du ererbt von deinen Vätern hast,
> Erwirb es, um es zu besitzen!

Abermals das Erbe. Was Goethe meint, ist offensichtlich. Wer Erbschaft als Besitz behandelt, hat sie verspielt. Erbschaft ist nur in eigener neuer Tätigkeit, mit Hilfe des Überlieferten, möglich, was häufig auch heißen mag: im Gegensatz zum Überlieferten. Heute aber bedeutet es vor allem: daß man sich der weiteren schleichenden oder gar zynischen Zerstörung des Überlieferten widersetzt. Diese Negation ist kulturell produktiv. Wer sich auflehnt gegen die Quantifizierung der Kultur, gegen das Hobbydenken, gegen die Zweiteilung vom ernsthaften Geldverdienen und dem überflüssigen kulturellen Brimborium, lehnt sich auf gegen die Entfremdung und deren Lebensformen. *Wer heute nach dem Sinn fragt jenes Klischees vom Kulturellen Erbe, der meint den Widerstand gegen weitere Zerstörung.* Was heißen soll: der fragt nach den Ursachen solcher schleichenden Zerstörung, um wirksam verhindern zu können. Gerade in der Stadt Nürnberg wird man verstehen können, wie das gemeint ist.

Lassen Sie mich schließen, nach deutscher Professorenweise, mit einem Zitat. Es ist sogar ein doppeltes Zitat, denn ein heutiger deutscher Schriftsteller, *Thomas Brasch,* der von drüben kam, hat es einem Theaterstück vorangestellt, das vor zwei Jahren mit großem Erfolg bei uns gespielt wurde und den Titel trug: »Rotter. Ein Märchen aus Deutschland«. Der Buchausgabe aber stellte Thomas Brasch ein Zitat aus der großen deutschen Tradition voran. Es lautet so: »Es ist auf Erden alles unvollkommen, ist das alte Lied der Deutschen. Wenn doch einmal diesen Gottverlassenen einer sagte, daß bei ihnen nur so unvollkommen alles ist, weil sie nichts Reines unverdorben, nichts Heiliges unbetastet lassen mit den plumpen Händen, daß bei ihnen nichts gedeiht, weil sie die Wurzel des Gedeihns, die göttliche Natur nicht achten, daß bei ihnen eigentlich das Leben schal und sorgenschwer und übervoll von kalter stummer Zwietracht ist, weil sie den Genius verschmähn, der Kraft und Adel in ein menschlich Tun, und Heiterkeit ins Leiden und Liebe und Brüderschaft den Städten und den Häusern bringt.« Hölderlin.

V. DER MARQUIS VON KEITH UND DER HOCHSTAPLER FELIX KRULL

(München, 1980)

Wer sich als Interpret mit Frank Wedekind einläßt und seinem Theaterstück »Der Marquis von Keith«, muß wissen, daß er es mit zwei glanzvollen Deutungen des Werkes aufzunehmen hat, die kaum etwas übrigließen. Es gibt die Selbstdeutung Frank Wedekinds, und es gibt Thomas Manns Essay über »Eine Szene von Wedekind«, geschrieben im Frühjahr 1914, kurz vor Ausbruch des ersten Weltkriegs. Der Autor des »Felix Krull« hat viel von der kleinen Gelegenheitsarbeit gehalten; er nahm sie immer wieder in Auswahlbände seiner kritischen und essayistischen Prosa auf. Es handelte sich dabei um eine Szene aus dem »Marquis von Keith«: um die letzte, finale und fast letale Auseinandersetzung zwischen den Freunden und Gegenspielern Keith und Scholz. Dies alles ist bekannt, darf als Kenntnis vorausgesetzt werden.

Wedekind hat die Dramaturgie seines Schauspiels, und damit auch dessen Substanz, die sich erst im dramaturgischen Aufbau zu entfalten vermag, mit wenigen, fast hingesprochenen Sätzen erläutert: »Das Wechselspiel zwischen einem Don Quijote des Lebensgenusses (Keith) und einem Don Quijote der Moral (Scholz). Keith will sich als Mittel zu seinem Zweck der Moral bemächtigen. Scholz will sich als Mittel zu seinem Zweck des Lebensgenusses bemächtigen. Beide erleiden Niederlagen auf dem eigenen Gebiet wie auf dem, das sie als Mittel zum Zweck verwenden wollten.«

Auch darin hatte Wedekind als Kritiker der eigenen Produktion wahrscheinlich recht, daß er hinzusetzte: »Ich hielt Keith immer für mein künstlerisch reifstes und geistig gehaltvollstes Stück, den Keith selbst für die beste Rolle, die ich geschrieben habe.« Freilich wird man dem Autor widersprechen, wenn er höhnisch anmerkt: »Ich werde nie mehr den Versuch machen, eine solche Rolle zu schreiben, da keine Darsteller dafür existieren.«

Der »Marquis von Keith« ist ein streng nach klassischer Überlie-

ferung gebautes Stück, ein Fünfakter mit Exposition, steigender Handlung, einem Höhepunkt, der dann keiner ist, wie sich's versteht, Umkippen der Handlung und ihrer Kunstfiguren, schließlich der böse fünfte Akt, dem sich Thomas Mann als Analytiker zuwandte. Wobei er die eigentliche Schlußpointe überging: daß da, nach klassischem Herkommen, eine Leiche ins Haus zu stehen hätte. Die wird auch vom grimmig heiteren Wedekind geliefert, allein es stirbt nur eine Nebenrolle, die arme Molly, die den Marquis liebt, doch nur in seinem Unglück, und die ihn ins heimische Bückeburg expedieren möchte: aufs norddeutsche und kleinstädtische Altenteil nach so viel Flitter eines erfolglosen Casanova und Cagliostro. Der Don Quijote aber des Lebensgenusses, der halbseidene Marquis, entwischt wieder einmal: der Polizei wie dem Tragödienschluß.
Der Dramatiker nennt sein Stück ein »Schauspiel«, merkt jedoch an: »Alles muß hochdramatisch gespielt werden.« Sogar die übliche Pistole für den hochdramatischen Selbstmord ist zur Stelle. Allein da ist außerdem die Abfindung von zehntausend Mark, empfangen bei Annahme der Bedingung, die Stadt München unverzüglich zu verlassen, ohne Wiederkehr. Hier das Geld, dort der Revolver. Tragödie oder Farce. Der Schluß ist wohlbekannt und oft zitiert: »Das Leben ist eine Rutschbahn...« Der Revolver wird »grinsend« auf den Tisch gelegt. Noch ist nicht aller Tage Abend.
Alles bleibt ungelöst: vor allem der Zusammenstoß zwischen Lebensgenuß und Verantwortungsethik. Schlimmer noch: Frank Wedekind ist offenbar nicht gewillt, den Antagonismus der Keith und Scholz anders zu deuten denn als doppelte Donquijoterie. Es ist keineswegs sicher, daß er, jenseits der schmeichelhaften Komplimente des berühmten Kollegen aus der Poschingerstraße, der Behauptung Thomas Manns zugestimmt hätte, wenn die letzte Aussprache zwischen Keith und Scholz so ausgedeutet wird: »Nochmals, es ist eine ungeheuerliche Szene. In einem nichtssagenden modernen Zimmer wechseln zwei Männer in bürgerlicher Kleidung kurze und glasklare Repliken. Aber dahinter spukt und lockt ein Mysterium. Es ist das Mysterium der Abdankung. Wer es fassen kann, der fasse es.«
Wer es fassen kann, der fasse es? Das ist ein fast biblischer

Tonfall. Soviel Aufwand um eine Theaterszene? Auch ist plötzlich eine tiefe Betroffenheit des Essayisten spürbar geworden. Was ist es mit diesem Mysterium der »Abdankung«? Vorerst ist damit doch nur der Graf Trautenau gemeint, der sich Ernst Scholz nennt und entschlossen hat, in voller Willensfreiheit eben dieser Freiheit zu entsagen und sich auf Lebenszeit in der Nervenheilanstalt verwahren zu lassen. Das freilich ist eine Abdankung. Aber Keith? Der bleibt frech bis zum Augenblick, da Scholz das Wort »Zuchthaus« gebraucht. Was also kann gemeint sein mit diesem »Mysterium der Abdankung«?

Das Thema ist Wedekind nicht fremd: da ist der König Nicolo; der Dr. Schön und sein Sohn Alwa als zwei Formen der Abdankung vor dem Erdgeist; der Zwergriese Karl Hetmann endlich aus »Hidalla«, der so beredt über die barbarischen Lebensformen der Frau in jener ersten Vorkriegsgesellschaft zu sprechen wußte; auch er ein Moralist wie Scholz, doch geistig gesund, den man aber zum Zirkusclown degradieren möchte. Da hilft dann bloß noch der Strick. »Zum Einseifen ist keine Zeit mehr!«, läßt Wedekind den Zwergriesen sagen. Die Abdankung wird verweigert. Das letzte Wort hat auch in dem Stück »Hidalla«, das 1903 entstand, ein Schurke und Schmarotzer, der den toten Hetmann in allem zu beerben gedenkt, auch bei der Frau: »O Fanny, Fanny – ein lebender Schurke ist Ihrer Gesundheit zuträglicher als der größte tote Prophet!«

In Thomas Manns Essayistik, wenn es ihm ernst war mit der Sache und er nicht Gefälligkeitsgutachten verfaßte, von denen er selbst wenig hielt, geht es stets um die denkbar engste *Anverwandlung* mit dem jeweiligen Thema. Offenbar auch bei jener Szene aus dem »Marquis von Keith«. Bei Betrachtung der dialektischen Spannungen im Gespräch zwischen Scholz und Keith, dem dritten und radikalsten in diesem Schauspiel, muß der Interpret Thomas Mann einer höchsteigenen Thematik und Sorge innegeworden sein. Mysterium der Abdankung: was war damit gemeint *in seinem eigenen erzählerischen Werk,* das so entschlossen, nach dem dramatischen Versuch mit »Fiorenza«, aller Vergegenwärtigung auf der Schaubühne ausgewichen war? Die doppelte Abdankung des Großherzogs aus »Königliche Hoheit«, der die Züge Heinrich Manns erhalten hatte, war bloß ein Seitenthema in dem lustspielhaften zweiten Roman des erfolgreichen Romanciers der »Buddenbrooks«. Dann aber wurde, im Herbst 1912, eineinhalb Jahre vor jener Wedekind-Studie, die *Abdankung des Schriftstellers Gustav von Aschenbach* am Lido bei Venedig, die tödlich zu enden hatte, zum »Hauptgeschäft«.

Die Beziehungen zwischen Aschenbach und dem Hochstapler Felix Krull sind vielfältig und sonderbar: ganz wie die Wechselwirkungen zwischen Krull und Faustus. Die Bekenntnisse des verführerischen jungen Hochstaplers, dieser ersten Verwirklichung des Gottes Hermes im Werk Thomas Manns, einer Vorgestaltung des späteren Joseph, Sohn des Patriarchen Jaakob, waren angelegt als ein episches Hauptgeschäft: sie blieben unvollendet, als einziges Werk, das Thomas Mann nicht abschloß, zuletzt gar zu hassen anfing. Als man jedoch mit der Arbeit begann, zu Jahresbeginn 1910, begleitete Hochstimmung diese »Bekenntnisse des Hochstaplers, die wohl mein Sonderbarstes werden«. »Ich bin manchmal überrascht, was ich dabei aus mir heraushole«, heißt es in einem Brief an den Bruder Heinrich vom 10. Januar. Bald aber stockt die Arbeit. Am 12. Dezember 1910 hört Thomas Mann in München die Uraufführung von Gustav Mahlers Achter Symphonie und ist nachher mit Mahler und Max Reinhardt zusammen. Nach dem Mahler-Konzert hatte Thomas Mann ein Exemplar der »Königlichen Hoheit« mit einem ehrfurchtsvollen Brief an Mahler geschickt, worin es hieß, die Gabe müsse »federleicht wiegen in der Hand eines Mannes, in dem sich, wie ich zu erkennen glaube, der ernsteste und heiligste künstlerische Wille unserer Zeit verkörpert«.

Noch gilt der Krull nach wie vor als Hauptgeschäft: man reist umher und trägt daraus vor, stets erfolgreich. Am 18. Mai 1911 aber liest Thomas Mann auf der Insel Brioni vom Sterben und Tod Gustav Mahlers, dann reist man weiter an den Lido. Krull muß zurückstehen, bis die Geschichte einer Selbstabdankung des Schriftstellers Aschenbach zu Ende erzählt wurde. Es war tiefer Respekt vor dem Todgeweihten, diesem alter ego, was den Erzähler veranlaßte, den entwürdigten Schriftstellerkollegen, den er mit vielen eigenen Arbeitsprojekten ausstattete, mit dem

Vornamen Gustav Mahlers zu begaben. Die Geschichte Aschenbachs war dringender als die Vita des attraktiven Schwindlers, der niemals entwürdigt wird oder sich gar selbst fallenläßt. Krull muß auch später immer wieder weggeschoben werden: als es um den »Zauberberg« geht, dann um den »Faustus«; in den letzten Lebensmonaten ist jeder beliebige Einfall, eine Schilderung etwa der Hochzeit Martin Luthers, offenbar wichtiger als die Panerotik des alterslosen Hochstaplers mit dem Vornamen Felix.
Das macht: Felix Krull erlaubt dem Romancier, der sich als Schreiber von »Bekenntnissen« dem Panerotiker anverwandeln muß, keine wirkliche Identifikation. Darum wird der »Tod in Venedig« wichtiger und bedrängender. Um so mehr, als in der Geschichte Aschenbachs ein eigenes Lebensmotiv Thomas Manns aufklingt, welches ihn bis ins hohe Alter quälen sollte. Das klingt absurd, weil es scheinbar bloß literarischen, gar literaturhistorischen Ursprungs ist: als Nachvollzug der »Abdankung« Johann Wolfgang von Goethes in Marienbad, und vor der blutjungen Ulrike von Levetzow. Liest man heute die inzwischen gedruckten Briefe und die erschlossenen Tagebücher Thomas Manns, so wird evident, daß der Versuch, sich Goethe immer wieder anzuverwandeln, nicht bloß die vielen und fast insistierenden Essays hervorgebracht hat, oder den Roman »Lotte in Weimar«, sondern vor allem den »Tod in Venedig« und auch noch die letzte abgeschlossene Erzählung, die »Betrogene« vom Jahre 1953, diesen Bericht über einen »Tod in Düsseldorf«.
Weshalb man auch jene Studie über den »Marquis von Keith« vom Frühjahr 1914, kaum zwei Jahre nach dem »Tod in Venedig«, anders interpretieren muß als bei ihrem Erscheinen im Juliheft der Münchener Zeitschrift »Der Neue Merkur«. In einem ausführlichen Brief an Carl Maria Weber vom 4. Juli 1920, sechs Jahre nach jenem Erstdruck, nach vier Kriegsjahren und dem Erleben von Revolution und Repression, kommt Thomas Mann zurück auf die geheime Entstehungsgeschichte des »Tod in Venedig«. Gemeint ist, was in jenem Wedekind-Essay als »Mysterium der Abdankung« benannt worden war. Nun wird auseinandergesetzt: »Was ich ursprünglich erzählen wollte, war

überhaupt nichts Homo-Erotisches, es war die – grotesk gesehene – Geschichte des Greises Goethe zu jenem kleinen Mädchen in Marienbad, das er mit Zustimmung der streberisch-kupplerischen Mama und gegen das Entsetzen der eigenen Familie partout heiraten wollte, was aber die Kleine durchaus nicht wollte...« Eine groteske Geschichte also, doch mit Goethe als Mittelpunkt. Die Ironie des Eros: weshalb Thomas Mann in jenem großartigen und überlangen Brief noch andeutet, es handle sich beim »Tod in Venedig« um die »Übersetzung eines schönsten Liebesgedichtes der Welt ins Kritisch-Prosaische«. Genannt werden weder Verfasser noch Titel des Gedichts, weil sich das von selbst versteht, wenn immerhin die Verszeile zitiert wird: »Wer das Tiefste *gedacht*, liebt das *Lebendigste*.« Der Briefschreiber unterstreicht die Wörter gedacht und Lebendigste. Hölderlin also. Der Titel des Gedichts lautet: »Sokrates und Alcibiades.« Ein Gedicht über den platonischen Eros.
So wird der »Tod in Venedig« zur invertierten Nacherzählung der Vorgänge um die Entstehung der »Marienbader Elegie«. Und zur Darstellung einer Selbstabdankung, wenn es in jenem Brief noch heißt: »Leidenschaft als Verwirrung und Entwürdigung war eigentlich der Gegenstand meiner Fabel.« Darum die Formel vom Mysterium der Abdankung. »Wer es fassen kann, der fasse es.« Begonnen aber hatte Thomas Manns Beitrag zum 50. Geburtstag Frank Wedekinds am 24. Juli 1914 mit einer Formulierung, die man abermals als geheime Selbstaussage und Anverwandlung verstehen durfte. Er nannte das Œuvre des um elf Jahre älteren Kollegen, des vertrauten Freundes von Bruder Heinrich, ein »tief deutsches, tief fragwürdiges, von grenzenlos verschlagenem Geiste schillerndes Werk«. Tief deutsch, tief fragwürdig, verschlagen und schillernd. Das ist Selbstaussage Thomas Manns *und* Aussage über Frank Wedekind in einem. Es geht auch um die *Zeitgenossenschaft* der beiden, *und* um die gesellschaftliche Gleichzeitigkeit von Scholz und Keith, wie von Krull und Aschenbach.
Den »Marquis von Keith« versah Wedekind mit dem Hinweis: »Das Stück spielt in München im Spätsommer 1899.« Das nennt man Genauigkeit! Begonnen hatte der Dramatiker seine Arbeit ein Jahr vorher: im Spätsommer 1898; sie zog sich hin bis zum

Frühjahr 1900. Der Erstdruck in der Zeitschrift »Die Insel«, im Frühjahr 1900, trug noch den Untertitel »Münchner Szenen. Nach dem Leben aufgezeichnet«. Damit scheint sich ausgerechnet der »Marquis von Keith« nach heutigem Sprachgebrauch als eine Art von »Dokumentartheater« zu präsentieren. Präzision in der Orts- und Zeitangabe: »nach dem Leben aufgezeichnet«. Man möge sich aber nicht täuschen: dies Theaterstück ist kraus phantastisch, eher doktrinär als dokumentarisch. Freilich: nicht allein die Zeitangabe des Jahres 1899, zusammenfallend mit der realen Entstehungszeit, macht es zum genuinen *Erzeugnis des Jugendstils.* Den von Keith, ebenso einfallsreich wie schwindelhaft für München erdachten »Feenpalast«, dieses Gesamtkunstwerk für die Gesamtheit aller artistischen Tätigkeit, kann man sich vorstellen. An Wellenlinien wäre kein Mangel gewesen. Allein die gesellschaftliche Totalität jener sogenannten Jugendstilepoche wird heute zumeist als solide und saturiert gedeutet. Dabei lassen sich die Zeugnisse der tiefen Unsolidität nicht übersehen, wie sie von hellsichtigen Zeitgenossen, einer davon war Frank Wedekind, früh schon denunziert wurden. Am 1. April 1899, zur Zeit also der Münchner Szenen um den Marquis von Keith, erschien in Wien die erste Nummer der »Fackel« von Karl Kraus, dem späteren Förderer und Bewunderer des Dramatikers Wedekind. Karl Hetmann trägt später in »Hidalla« die damals skandalösen Thesen von Karl Kraus vor über die drei »barbarischen Lebensformen der Frau«: als Ware für den Heiratsmarkt, als Dirne und als belachte alte Jungfer. Die Bekenntnisse des gescheiterten Grafen Trautenau, der sich im Stück plötzlich als Ernst Scholz vorstellt, zum Lebensgenuß meinen weit mehr als den komischen Eudämonismus eines Mannes, der nicht dafür begabt ist. Hier äußern sich Trotz und Widerstand gegen die offiziell dekretierte Unterdrückung der Gefühle. Scholz ist bereits ein Vorläufer des Karl Hetmann: seine Appelle an die Sinnlichkeit entspringen dem Moralismus. Als er das erkennt und zugleich feststellen muß, daß diese Münchner Gesellschaft längst unfähig wurde zum Genuß des Daseins, weil er stets unerfüllt bleibt, wird Scholz, wie man heute sagen würde, zum »Aussteiger«. Die Nervenheilanstalt bedeutet das »Ohne mich«.

Die objektive Komik aber des sonderbaren Marquis, den sein Page stets als »Herr Baron« anzureden pflegt, beruht darauf, daß er selbst zwar genußfähig ist, nicht aber die Gesellschaft, der er sich inbrünstig integrieren möchte. Er will aufhören als Hochstapler, möchte »ehrlich« werden, wenn genug Geld da ist. Lebenstraum der Dirnen, Zuhälter und Taschendiebe. Auch er hat nicht erkannt, begreift nicht bis zum Schluß, im Gegensatz zu Scholz, daß seine scheinbar soliden Gegenspieler, die ihm schließlich den Feenpalast ebenso betrügerisch abjagen, wie man später dem Hetmann seine Bücher und Gedanken ausgespannt hat, nichts anderes sind und tun als er selbst. Betrüger, die finanziell besser abgesichert sind und bessere Personalakten besitzen als Keith, der vage daherredet: »Ich bin der Adoptivsohn des Lord Keith, der im Jahre 1863 ...« Papiere hat er nicht, das ist seiner unwürdig. Die Replik auf die Frage von Scholz nach dem Ursprung dieses Marquisats ist zweideutig: »Ich heiße mit demselben Recht Marquis von Keith, mit dem du Ernst Scholz heißt.«
Allein die tiefere Komik des Hochstaplers beruht darauf, daß er nicht warten kann mit dem Genuß. Niemand hätte ihn nach seinen Papieren gefragt beim allgemeinen Verdienen in München, wären nicht die Einlagen seiner Gesellschafter dem Talmiglanz seiner Angeberei geopfert worden. Die verwitwete Gräfin Werdenfels heiratet schließlich den mächtigsten Geldmann der bayerischen Hauptstadt, den Konsul Casimir. Der Kriminalkommissar Raspe, der zuviel weiß und davon lebt, stellt fest: »Damals war sie Verkäuferin in einem Geschäft in der Perusastraße und hieß Huber.« Als Konzertsängerin, die noch gar nicht richtig singen kann, erntet sie Ovationen und Pressehymnen. Der Maler Saranieff lebt gut davon, daß er falsche Böcklins malt. Der so geachtete wie gefürchtete Konsul Casimir deutet, neben dem verwirrten Moralisten Ernst Scholz, die gesellschaftliche Umwelt durchaus zutreffend: man versteht, warum er so erfolgreich ist, daß er sich sogar die Heirat mit der Gräfin Werdenfels, geborene Huber, gestatten kann. Bei seinem Heiratsantrag bleibt nichts unausgesprochen: »Ich bin heute der angesehenste Mann Münchens, sehen Sie, und kann morgen hinter Schloß und Riegel sitzen. Ich verdenke es meinem besten Freunde nicht,

wenn er sich gelegentlich fragt, wie er sich bei einem solchen Schicksalsschlag mit mir stellen soll.«

Eine Totalität der Bankrotteure und Hochstapler: mitten in der fließenden und zärtlichen, aller genauen Historie abholden Welt des Jugendstils. Der bessere Hochstapler ist Konsul Casimir, der es vorerst nicht nötig hat, bis an die Grenzen zu gehen. Darum handelt er, im Gegensatz zum Verhalten vor dem eigenen Sohn, gleichsam schonungsvoll und komplizenhaft gegenüber dem besiegten Keith. Immerhin zehntausend Mark und nicht der Revolver.

Auch Felix Krull, der junge rheinische Hochstapler »aus feinbürgerlichem, wenn auch liederlichem Hause«, gehört in diese Welt des Jugendstils: wenigstens in seinen Anfängen. Das beginnt in einer ersten Vorkriegszeit. Krull paßt genauso gut zum Schriftsteller Gustav von Aschenbach aus dem »Tod in Venedig«, wie Ernst Scholz, dieser Don Quijote der Moral, an die Seite des Marquis von Keith gehört. Im Anfang ein offenbar groß angelegter Schelmenroman, den der späte Thomas Mann, als er des attraktiven Schwindlers längst überdrüssig geworden war, unbedenklich dahin charakterisierte: Krull gehöre »zum Typ und zur Tradition des Abenteurer-Romans, dessen deutsches Urbild der Simplizius Simplizissimus ist«. Ob das bereits bei Beginn der Niederschrift geplant war, mag bestritten werden. Felix Krull erinnert im ursprünglichen Entwurf zwar ein bißchen an Grimmelshausens Simplex, ebenso stark jedoch zugleich an den »Taugenichts« von Eichendorff, dieses erotische Ideal des jungen Thomas Mann, was durchaus nicht verschwiegen wurde, sondern in der Eichendorff-Analyse aus den »Betrachtungen eines Unpolitischen« gipfeln sollte. Simplex und Taugenichts: beide schreiben sie selbst ihre Geschichte auf: der hübsche Müllerssohn als weiterwirkende Gegenwart, daher immer noch ein bißchen atemlos, der abenteuerliche Simplizissimus als Einsiedler, der sich aus der Welt zurückzog, als ein »Aussteiger«.

Auch Felix Krull teilt bereits im ersten Satz seiner Bekenntnisse mit, daß er »in völliger Ruhe und Zurückgezogenheit« zur Feder greife. Der Leser weiß jedoch bereits beim Blick auf den Romantitel, wo von einem Hochstapler die Rede ist, was er von solcher »Zurückgezogenheit« zu halten hat. Dann wäre Krull in der Tat eine Art säkularisierter Simplex: hier die Eremitenklause, dort das Zuchthaus. Aber hatte Krull irgendwann einmal die Absicht, der Diesseitigkeit zu entsagen, sich gleichsam selbst ertappen und einsperren zu lassen, um durch Niederschrift das eigene illusionäre Leben gleichsam »buchenswert« zu machen? Man weiß es nicht: es fehlen alle Hinweise auf den Lebensknick in der Laufbahn des glücklichen Felix. Der Abstieg seines hübschen Gauners scheint den Erzähler nicht besonders beschäftigt zu haben. Krull bleibt für uns, dank dem Fragment, erfolgreich und straflos.

War er wirklich ein Krimineller im tieferen Verstande? Auch daran könnte man zweifeln, liest man die Charakteristik, die sein Autor in der Spätzeit für ihn entwirft: »Der Junge, von Natur sehr freundlich ausgestattet, sehr hübsch, sehr gewinnend, ist eine Art von Künstlernatur, ein Träumer, Phantast und bürgerlicher Nichtsnutz, der das Illusionäre von Welt und Leben tief empfindet und von Anfang an darauf aus ist, sich selbst zur Illusion, zu einem Lebensreiz zu machen.«

Das ist ein sonderbarer Text. Zunächst die Umformulierung des Taugenichts in einen Nichtsnutz. Dann das Schopenhauer-Erbe, als handle es sich um Thomas Buddenbrook: die Welt als Schleier der Maja. Geh an der Welt vorüber, es ist nichts. Vor allem frappiert die Selbstaussage Thomas Manns. Krull als Künstler, genauer: als ein Schriftsteller, als welcher er sich in der Tat, oft gespreizt und sehr eitel, in Szene setzt. Allein sein Literatentum wird vom Erzähler andererseits auch wieder durchaus ernst genommen. Dann schreibt Felix genauso gut wie Thomas Mann.

Zu Beginn jedoch, in der ersten Vorkriegszeit, war weder die simplizianische Erbaulichkeit fest kalkuliert noch die weitgehende Identifikation, gar Anverwandlung des Erzählers mit seinem Helden. Im Gegenteil liegt der geheime Grund für die beständigen Inhibitionen, die Thomas Mann immer wieder wegführen sollten von Felix und seinen Streichen, vor allem darin, daß es *keine* auslösende Begegnung gegeben hat zwischen Krull und seinem Erzähler. Da lag kein Lebensmotiv Thomas Manns zugrunde, wie bei den anderen großen (und vollendeten) Romanen oder wie bei der »Vatersorge« Jaakobs um Joseph, diesen späten Parallelgauner zu Krull. Zu schweigen vom »Tod in Venedig«. Krull war gleichzeitig ein Lebensprinzip, eine Wunschrolle Thomas Manns für sich selbst, und ein Denkspiel. Vor allem dies letzte Moment dürfte den Impuls zum Schreiben der Hochstapler-Memoiren ausgelöst haben. Der Hochstapler vertritt in einer auf Nützlichkeit erpichten Gesellschaft das Prinzip der »unnötigen Menschen« im Sinne der von Thomas Mann so hoch verehrten russischen Literatur.

Felix ist ein Glücksname, ganz wie *Faustus.* Dem Hochstapler Krull ist diese nicht bloß zufällige Nachbarschaft zu Faust bei seinem Erzähler zum Verhängnis geworden. Im Tagebuch über »Die Entstehung des Doktor Faustus«, diesen »Roman eines Romans« (1949), finden sich gleich zu Anfang merkwürdige Hinweise auf die Beziehung zwischen Faustus und Krull. Der Tagebuchschreiber erinnert sich im Jahre 1943 der frühen Gedanken an einen eigenen »Faust«, weiß aber nicht, ob er das Ungewisse wagen oder den bereits beschriebenen Hochstapeleien weitere folgen lassen soll: in endloser Erweiterung. Dann heißt es: »Ein Tag brachte trotz allem die Auflösung der Materialpakete zum ›Hochstapler‹, das Wiederlesen der Vorarbeiten. – Mit wunderlichem Ergebnis. Es war ›Einsicht in die innere Verwandtschaft des Faust-Stoffes damit‹ (beruhend auf dem *Einsamkeitsmotiv,* hier tragisch-mystisch, dort humoristisch-kriminal); doch scheint dieser, wenn gestaltungsfähig, der mir heute angemessenere, zeitnähere, dringendere ...« Also Faustus und nicht Krull.

Daß der junge rheinische Hochstapler mit der Lieblingsproblematik des frühen Thomas Mann, dem Verhältnis also zwischen Bürgerwelt und Künstlertum, zu tun hatte, war evident. Schon in den ersten Erzählungen, dem »Bajazzo« etwa, dann in »Tonio Kröger« oder im »Tristan«, hatte der Erzähler aus Lübeck ein spätes Thema der »Dreigroschenoper« vorweggenommen: die Sehnsucht der Außenseiter nach den Wonnen bürgerlicher Gewöhnlichkeit.

Hier setzte die ursprüngliche Konzeption des Krull-Romans ein. Auch Krull wird als Künstler präsentiert, freilich in einer Disziplin, die auf keiner Kunsthochschule gelehrt wird, nämlich im Bereich der »strafgesetzlich normierten Tatbestände«. Den-

noch ist Krull virtuell und sogar real, nämlich in der hohen Kunst der Betrügerei, ein Artist. Er treibt sich nicht durch gesetzwidriges Verhalten aus dem Bürgerbereich, sondern gehörte von Anfang an nicht dazu. *Er war Hochstapler noch vor Begehung der ersten Hochstapelei.* Daraus entspringt seine Einsamkeit. Seine Geschichte hat nichts zu tun mit der trivialen Story vom Sohn aus gutem Hause, der einen Fehltritt begeht und nun von der Gesellschaft zurückgestoßen wird. Krull ist nicht Mittelpunkt eines sentimentalen, sondern eines humoristischen Romans. Seine Position ist antibürgerlich von Anfang an. Er ist ein Vetter des Wedekindschen »Marquis von Keith«.
Diesen Grundentwurf hat der Erzähler bis zum Schluß beibehalten. Das Dritte Kapitel im Dritten und letzten Buch der Krull-Memoiren, geschrieben in Thomas Manns letzter Lebenszeit, beginnt mit zwei kurzen Sätzen rückblickender Meditation. Felix Krull stellt fest: »Ich kann mein inneres Verhalten zur Welt, oder zur Gesellschaft, nicht anders als widerspruchsvoll bezeichnen. Bei allem Verlangen nach Liebesaustausch mit ihr eignete ihm nicht selten eine sinnende Kühle, eine Neigung zu abschätzender Betrachtung, die mich selbst in Erstaunen setzte.« Krull kennt die Künstlereinsamkeit und läßt sich durch keinen erotischen Triumph über die Grundtatsachen seines Verhaltens zur Umwelt hinwegtäuschen. In allen Situationen scheint er der Werbende und Nehmende zu sein. In Wahrheit verhält es sich umgekehrt: er bleibt überall das Objekt von Libido, Sympathie, Zutraulichkeit. Der Scharlatan kann den Genuß vorzüglich spielen; ob er selbst wahrhaft genießt, bleibt offen. Das macht: Krull ist ein Mann der Fiktionen. Er lebt in den Gespinsten der Phantasie, natürlich auch der Lüge, und schlägt Vorteil aus dem Eigentlichsten seiner Existenz: dem Spiel der Einbildungskraft. Er ist ein Artist im Bereich dessen, was der Betrugsparagraph des Strafgesetzbuches mit der Formel »Vorspiegelung falscher Tatsachen« zu fassen sucht. Allein die Vorspiegelung ist zunächst einmal artistischer Selbstzweck. Krulls Existenz ist eine solche des l'art pour l'art. Daß diese Artistik dabei etwas abwirft, meist recht viel, wird wohlgefällig akzeptiert, doch zunächst nicht einmal angestrebt.
Nun wird spürbar, warum Krulls Einsamkeit von Thomas Mann

ohne weiteres mit der Einsamkeit des wirklichen Künstlers Leverkühn gleichgesetzt werden kann. Auch Krull empfindet jede Aktion als einen Kunstvorgang. Er ist eine Kunstfigur und macht sich auch selbst dazu. Wenn er in Paris als Lebemann ausgeht, so bereitet er einen Theaterauftritt vor nach dem Modell jenes unwiderstehlichen Operettenhelden aus der »Lustigen Witwe«, den er als Kind hatte bewundern dürfen: »Die neuen Errungenschaften aber, ein Smoking-Anzug, ein Abendmantel mit seidengefütterter Pelerine, bei dessen Auswahl ich unwillkürlich von einem immer frisch gebliebenen Jugendeindruck, der Erinnerung an Müller-Rosé als Attaché und Schürzenjäger, bestimmt gewesen war, dazu ein matter Zylinderhut und ein Paar Lackschuhe, hätte ich im Hotel nicht sehen lassen dürfen.« Der Hochstapler Felix Krull ist Prototyp eines homo ludens. Er verbringt sein Leben als ästhetische Existenz. Darum finden sich im Mittelpunkt der Romanbücher drei große Schilderungen von Spielvorgängen: Operette, Zirkusartistik, Stierkampf.

Germanistische Forschung über den Krull-Roman hat auf einen frühen Denkanstoß hingewiesen, der zurückführt in die Welt der Aphoristik von *Nietzsches* Buch »Menschliches, Allzumenschliches«. Im Zweiten Band findet sich dort unter den »Vermischten Meinungen und Sprüchen« eine Denkhypothese, die sich wie ein erstes Programm der Krull-Memoiren ausnimmt. Unter dem Stichwort »Die Musen als Lügnerinnen« wird von dem Professor der klassischen Philologie zuerst Hesiod zitiert, der die Musen singen läßt: »Wir verstehen uns darauf, viele Lügen zu sagen.« Das ist, wie Nietzsche weiß, ein Topos der Antike: alle Dichter lügen. Platon wußte, warum er sie, mit Ausnahme der dithyrambischen Jubler, aus seiner Politeia vertrieb.

Dann aber verbindet Nietzsche das Hesiod-Zitat mit Erfahrungen seiner eigenen Zeit im 19. Jahrhundert, vor allem mit Richard Wagner: »Es führt zu wesentlichen Entdeckungen, wenn man den Künstler einmal als Betrüger faßt.« Abermals ein Versuch, mit dem Wagner-Erlebnis fertig zu werden, denn bereits im 192. Aphorismus, der an jenen 188. über die Künstler als Betrüger anzuknüpfen scheint, wird angespielt auf die »Ungerechtigkeit des Genies«, das am ungerechtesten sei »gegen die Genies, falls sie seine Zeitgenossen sind«.

Als Erfinder des Hochstaplers Krull versucht Thomas Mann, der bisher – ganz nietzscheanisch – den Künstler wieder und wieder als Betrüger nach dem eigenen Ebenbilde erschaffen hatte, die Variante einer Umkehrung: *der Betrüger als Künstler.* Die Memoiren sollen Straftatbestände als Leistungen eines Artisten deuten: wobei die Virtuosität der Beschreibung einzustehen hat für das absonderliche, doch echte Künstlertum des glücklichen Felix.

Ein Aphorismus aus dem Ersten Band von »Menschliches, Allzumenschliches« paßt überraschend genau auf die Begebenheiten Krulls in Frankfurt, Paris oder Lissabon. Beim Aphorismus 159 hat sich Nietzsche das Stichwort ausgedacht: »Die Kunst dem Künstler gefährlich.« Mit moderner Terminologie wäre Nietzsches Analyse durch die *Begriffe der Infantilität wie der Nostalgie* zu interpretieren. »Wenn die Kunst ein Individuum gewaltig ergreift, dann zieht es dasselbe zu Anschauungen solcher Zeiten zurück, wo die Kunst am kräftigsten blühte, sie wirkt dann zurückbildend.« Hier spricht der Philologe, der Sokrates als – späten – Sündenfall der griechischen Blütezeit interpretiert. Der späte Künstler sei daher, so wird man Nietzsche deuten müssen, entweder zum Anachronismus verurteilt, habe folglich »unzeitgemäß« zu bleiben, nach Nietzsches eigenem Wort, oder müsse die Spannung zwischen dem Einst und Nun zum Thema der eigenen und späten Kunst machen.

»An sich ist nun der Künstler schon ein zurückbleibendes Wesen, weil er beim Spiel stehen bleibt, welches zur Jugend und Kindheit gehört: dazu kommt noch, daß er allmählich in andere Zeiten zurückgebildet wird. So entsteht zuletzt ein heftiger Antagonismus zwischen ihm und den gleichaltrigen Menschen seiner Periode und ein trübes Ende ...«

Versteht man den Spieler Felix Krull als einen Künstler, der nicht erwachsen wurde, dann macht er es, nach dem Willen Thomas Manns, ihnen beiden recht: *Friedrich Schiller und Friedrich Nietzsche.* Im Sinne von Schillers »Briefen über die ästhetische Erziehung des Menschen« ist der spielende Felix gleichzeitig ein schöpferischer und dadurch ein – freier Mensch. Die Natur habe den Menschen, meint Schiller, mit zwei Sinnen ausgerüstet, »die ihn bloß durch den Schein zur Erkenntnis des Wirklichen

führen«. Die humane Geschichte beweise, daß sich Menschen, »welche der Sklaverei des tierischen Standes entsprungen sind«, durch das folgende stets ausgezeichnet hätten: »die Freude am Schein, die Neigung zu Putz und zum Spiele«.
In diesem Sinne ist der scheinhaft dahinlebende, putzsüchtige und aufs Rollenspiel versessene Hochstapler Krull die authentische Verkörperung eines freien und selbstbewußten Menschen. Krull als Schillerische Utopie. Nach Nietzsches Definition wäre er gleichzeitig, ein Schwindlerleben lang, ein »zurückbleibendes Wesen, weil er beim Spiel stehen bleibt, welches zur Jugend und Kindheit gehört«.
Felix Krull verhält sich zu Gustav von Aschenbach wie Keith zu Scholz. Wollte man Sören Kierkegaard bemühen, was Wedekind ebenso befremdet hätte wie vermutlich Thomas Mann, was sich jedoch der Thematik nach geradezu aufdrängt, so *stehen sie gegeneinander wie das Entweder der ästhetischen und das Oder einer moralischen Existenz.* Die ästhetische ist erotische Existenz; das hat Kierkegaard an den Mozart-Opern demonstriert, gipfelnd in einer Analyse des »Don Giovanni«. Andererseits hat er auch erläutert, daß jede »Wahl« einer Lebensentscheidung eine tiefe Beziehung zu dem voraussetzt, der wählt, also sich entscheidet. Weshalb es weiter heißt bei dem Dänen: »Wenn man das Entweder-Oder des Lebens so betrachtet, ist man nicht leicht versucht, damit zu spaßen. Man sieht also, daß der innere Trieb der Persönlichkeit zu Gedankenexperimenten keine Zeit hat, daß er beständig vorwärts eilt und irgendwie entweder das eine oder das andere setzt, wodurch die Wahl im nächsten Augenblick noch schwieriger wird; denn was gesetzt ist, muß zurückgenommen werden.«
Wedekinds Marquis bestätigt das bis in die Einzelheiten. Er hat sich für die ästhetisch-erotische Lebensweise entschieden, eilt nun auf seiner Bahn dahin, um zu erkennen, daß auch die Gegenbahn genußreich sein könnte: die Bahn der moralischen Existenz. Nun versucht er, *aus dem Entweder-Oder ein Sowohl-Als-Auch zu machen*, und verliert alles. Daher Wedekinds Etikett, das Keith als einen Don Quijote des Lebensgenusses ausweist. Der Marquis selbst jedoch glaubt, eine fundamentale Entdeckung gemacht zu haben. Klingt es im Ersten Akt noch

provokativ, wenn erklärt wird, »Sünde ist eine mythologische Bezeichnung für schlechte Geschäfte«, so wurde daraus sogleich in der ersten Szene des Schlußaktes bereits eine Doktrin. Die Negation wurde positiv gefaßt. Sünde meint die schlechten Geschäfte, Moral die guten. Keith formuliert: »Und nun übermittle ich Ihnen den Stein der Weisen: das glänzendste Geschäft in dieser Welt ist die Moral.« Gleich darauf freilich wird aus diesem Sowohl-Als-Auch leider ein *Weder-Noch*. Ein Don Quijote der ästhetisch-erotischen Existenz.

Auch Felix Krull führt eine ästhetisch-erotische Existenz. Mit dem Unterschied freilich, daß er nicht gierig ist nach dem Genuß, sondern nach dem *Schein* eines solchen: nach der Illusion, dem künstlichen Paradies, nach der Kunst. Krull ist der Idealtyp des homo ludens, des existentiellen Spielers, dem es nicht um den Gewinn geht, sondern um den Spielvorgang. Im Gegensatz jedoch zum Dramatiker Wedekind, der Spieler braucht und Gegenspieler, hat der Erzähler Thomas Mann die Bängnis der »Wahl« im Sinne Kierkegaards ferngehalten von seiner Kunstfigur. Die geheimen Schauder und Vorahnungen des Till Eulenspiegel von Richard Strauss sind ausgespart. Dies soll eine »schöne Geschichte« bleiben. Weshalb die Alternative zu Krull in der ersten Arbeitsphase nicht innerhalb des geplanten großen Romans erzählt wird, sondern gleichsam »statt seiner«: in einem neuen Erzählwerk mit dem Titel »Der Tod in Venedig«.

Auch Ernst Scholz wollte das Entweder-Oder des geborenen Moralisten in eine Doppelwahl zwingen: als ein Don Quijote der Moral. Abermals ein Weder-Noch. Mit der besonderen Maßgabe freilich, daß sich Scholz dafür entscheidet, von nun an nicht mehr »wählen« zu müssen. Wahl setzt Freiheit voraus. Scholz entsagt ihr. Im »Mysterium der Abdankung«, wie Thomas Mann gemeint hat.

Gustav Aschenbach hatte gewählt und keiner Alternative nachgeben wollen. Achtung, Respektabilität, auch ein Adelsprädikat hatten den Vorgang scheinbar honoriert. Allein auch er »mußte leben«, wie Kierkegaard erläutert. Leben gleichsam mit der geballten Faust. Noch dazu als ein Schriftsteller, der geöffnet sein muß für die Abenteuer der Seele und des Körpers. Das endet letal: als ein Tod in Venedig, *und* als eine Abdankung, die jedoch beseligt, weil in dieser freiwilligen Selbstentwürdigung zugleich die Öffnung zur Welt der Kunst vollzogen wird. Hätte Aschenbach weiterleben können, was ausgeschlossen war in dieser Geschichte, er wäre gerade als ein Schreibender neu entstanden. Thomas Mann wußte, warum er Aschenbach töten mußte: um selbst weiterschreiben zu können. Auch das durfte mit Goethe verglichen werden: doch nicht mit der »Marienbader Elegie«, sondern mit dem »Werther«.

Ein Wort schließlich noch, nach der Interpretation der beiden Schriftsteller Wedekind und Thomas Mann und ihrer Kunstfiguren, zur *geschichtlichen Konstellation.* Das Wort vom Jugendstil hilft dabei nicht weiter. Natürlich kann man sowohl am Keith wie am Krull die Stilmerkmale der Entstehungszeit denunzieren, und man hat das wohl auch getan. In den Sechziger Jahren war es Germanistenmode, ganze Literaturprovinzen der Jahrhundertwende diesem mondänen Terminus zuzuschanzen. In den Dreißiger Jahren hatte man (ähnlich) den revolutionären Vormärz als totales Biedermeier angepriesen: was angehen mochte, da man die Heine und Börne und viele andere rechtzeitig eliminieren konnte. Allein man sollte sich nicht zu weit einlassen mit der Adaptierung von Fachausdrücken der bildenden und angewandten Kunst auf die Literatur. Der Expressionismus bildet hier eine Ausnahme, wie mir scheint, ganz wie die Romantik, weil in beiden Bewegungen das Streben nach einer »Gesamtkunst« hervortrat. Die zweite und erweiterte Ausgabe des *»Blauen Reiter«*, herausgegeben hier in München durch Wassily Kandinsky und Franz Marc, erschien noch im Frühjahr des späteren Kriegsjahres 1914. *Gleichzeitig mit Wedekinds 50. Geburtstag und mit Thomas Manns Geburtstagsgeschenk:* der Analyse des »Marquis von Keith«. Thomas Mann wurde von den Expressionisten abgewiesen: deren Mann war der ältere Bruder Heinrich. Frank Wedekind wurde als Ahnherr und Pate geehrt.

Mit der Berufung auf Stile oder Schulen ist es nicht weit her. Keith und Krull gehören beide zu ihrer Zeit. Der Hochstapler wird zur Wahrheit auch für die Welt des Konsul Casimir und des Operettenpublikums, das sich im Ersten Buch des »Felix Krull« an der »Lustigen Witwe« delektiert und am Flitterglanz des Bonvivant Müller-Rosé, der in seiner Garderobe nichts ist als ein

körperlich ekelhafter und zotiger Mime. Der Verbrecher und Außenseiter als Wahrheit des Alltagslebens. Auch die literarische Kritik, die Wedekind damals entsetzt abwehrte und Thomas Mann zwar respektierte, doch den »Tod in Venedig«, was sogar für den engsten Familienkreis in München galt, verlegen als unnötige Entgleisung abtat, veränderte sich gerade durch solches Verhalten selbst zur »Kenntlichkeit«. Am 1. Dezember 1910 notiert Siegfried Jacobsohn in der »Schaubühne«: »Dem Stadttheater von Königsberg wurde Frank Wedekinds ›Frühlings Erwachen‹ aus sittenpolizeilichen Gründen verboten.«
Sowohl Keith wie Krull sind, um Thomas Manns Kennzeichnung zu wiederholen, im damaligen Zeitsinne selbst »tief deutsch, tief fragwürdig, verschlagen und schillernd«. Gar nicht so ausschließlich deutsch übrigens. Nietzsche wirkte damals bereits als ein »europäisches Ereignis«. Nicht bloß Keith und Krull gehören zu seiner Gefolgschaft. Auch der sogenannte Immoralismus André Gides in Frankreich und seiner attraktiven Strolche durfte sich auf Nietzsche berufen, und hat es getan.
Was im »Marquis von Keith« gezeigt wurde, und was auch die Figur des Felix Krull entstehen machte: die laszive Selbstabdankung einer Gesellschaft, die jubelnd und sich betrinkend in einen ersten Weltkrieg zog, hin zu den »Letzten Tagen der Menschheit«, hat Frank Wedekind unter dem Titel »Erdgeist« in zwölf Zeilen zusammengefaßt:

Greife wacker nach der Sünde
Aus der Sünde wächst Genuß.
Ach, du gleichest einem Kinde,
Dem man alles zeigen muß.

Neide nicht die ird'schen Schätze:
Wo sie liegen, nimm sie mit,
Hat die Welt doch nur Gesetze,
Daß man sie mit Füßen tritt.

Glücklich, wer geschickt und heiter
Über frische Gräber hopst.
Tanzend auf der Galgenleiter
Hat sich keiner noch gemopst.

VI. WIDERSPRÜCHE ROBERT MUSILS

(Stuttgart, 1980)

Natürlich ist ein Doppelsinn gemeint, wenn die Überschrift lautet »Widersprüche Robert Musils«. Jemand erhebt Widerspruch, er widerspricht, gibt »Widerworte«, wie die Formel aus der autoritären Schulstunde zu lauten pflegte. Vielleicht auf Grund eines »inneren Widerspruchs«, den er in sich selbst entdeckte. Zwischen seinem Denken und Fühlen etwa, zwischen den Gedanken und den Handlungen, Lebensführung und innerer Vision, Beruf und geheimer Berufung. In besonders hartnäkkigen Fällen zwischen der Wissenschaft und der Kunst oder Literatur.

All diese Widersprüche, transitiv wie intransitiv, waren Robert Musil wohlvertraut. Sie gehörten zu den Antinomien seines Lebens und, unabtrennbar davon, seines Schaffens. Es hat wenig Sinn, bei einer Festrede zum hundertsten Geburtstag, noch dazu vor Schriftstellern deutscher Sprache, die Lebensgeschichte nachzuerzählen oder ein kräftig Wörtlein zu äußern über den Streit der Philologen in Sachen des Romans »Der Mann ohne Eigenschaften«. Auch dieser unvollendete Roman, der wahrscheinlich unvollendbar gewesen ist, obwohl ihn Musil, wie er in der letzten Lebenszeit in Genf versicherte, ganz gewiß abzuschließen hoffte, wobei er sich bereits auf eine neue Arbeit »danach« freute: auch dieses fragmentarische Meisterwerk oder Meisterwerk eines Fragments gehört zu den Widersprüchen Robert Musils im doppelten Wortsinne. Als Widerspruch gegen eine überlieferte Tradition des Erzählens, insbesondere denunzierbar am Beispiel Thomas Manns, *und* als ein Erzählwerk, das den tief und schmerzhaft empfundenen Widersprüchen des Schriftstellers, Ingenieurs, Philosophen, Theaterkritikers und politischen Denkers R. M. gewidmet sein sollte.

In den Tagebüchern findet sich die lapidare Eintragung: »Ich bin undankbar.« Vermutlich stimmte die Formel. Undankbarkeit jedoch, zumal eine, die sich als solche erkannt hat, stellt sich quer zu den Riten, vielleicht auch Mythen eines bürgerlichen Alltagslebens. Natürlich erklären alle, die Eltern vor den Kindern, die erwachsenen Kinder vor den alten Eltern, die Lehrer vor den Schülern, die Meister vor den Lehrlingen, man rechne heutzutage natürlich nicht mehr mit Dankbarkeit, immerhin aber hätte man gehofft ... und so weiter. Dadurch wird Dankesschuld gleichzeitig negiert und vorausgesetzt. Robert Musil war offensichtlich entschlossen zur bewußten Undankbarkeit. Er schien unangenehm berührt im Gespräch, das wieder einmal gegen den fernen und so erfolgreichen Thomas Mann gerichtet war, als ihm mein Freund Hans Wolfgang Schwerin, der Enkel Paul Ehrlichs und Neffe von Musils Freund Klaus Pinkus, erzählte, er habe bei Besuchen aus dem Munde Thomas Manns stets nur Freundliches über den Kollegen Musil gehört: was sicher zutraf. Besuche Schwerins werden in den Tagebüchern Thomas Manns erwähnt; auch ein Vortrag Musils in Zürich wird in Thomas Manns Tagebüchern respektvoll registriert. Die Lesung aus dem »Mann ohne Eigenschaften« regt sogar zu einem Vergleich an mit Marcel Proust, was sicher ein Mißverständnis bedeuten muß.

In diesem besonderen Falle erwies sich also die Undankbarkeit als »unberechtigt«, wenn dieses Eigenschaftswort überhaupt einen Sinn haben kann, sobald es um Gegensätze in den Künsten geht, im Denken wie im Verhältnis zur Welt und Umwelt. Das war Musil bewußt. *Diese* Undankbarkeit war gemeint. Ob berechtigt oder unberechtigt: dort jedenfalls, wo man den Gegner zu entdecken glaubt, wo man sich vor allem selbst als Gegner empfindet, darf es keine Konvention des zivilen Verhaltens geben. Dankbarkeit stört bei der Selbsterkenntnis. Wieder einmal ein Wort Goethes, das gerade Thomas Mann, der wußte warum, oft zu zitieren liebte: »Lebt man denn, wenn andere leben!«

Dieser Widerspruch des Österreichers Robert Musil zur Totalität seiner Umwelt, mitsamt ihrem wissenschaftlichen und künstlerischen Überbau, hatte sich früh schon manifestiert. Er gehört zu den geheimen Verwirrungen des Zöglings Törleß. Im Tagebuch hat Musil in der letzten Lebenszeit, nach 1937, im Rückblick also, dieses *gleichsam existentielle Widersprechen* in einer Antithetik zu deuten versucht.

Bei dieser Eintragung stellt Musil den Namen Thomas Mann

nicht voran, wie bei den anderen antithetischen Notizen im geheimen Journal. Es wird vielmehr ein Lebensverhalten beschrieben und durch Beschreibung gleichzeitig interpretiert: »Ein junges Wesen, findest du dich eines Tags in einer unbekannten Gegend, von der dir nur das Nächste vertraut ist. Menschen sind bei dir, die dir die nächsten Wege weisen und dich dann verlassen, wenn sie auch gelegentlich wiederkehren. In dieser Gegend, die Verlockendes und Schreck birgt, beginnst du nun vorsichtig, an dich zu nehmen, was dich anzieht, und dich mit dem auseinanderzusetzen, was dich schreckt. So fängst du an, eine so handelnde wie seelische Beziehung zur Welt herzustellen. Ich glaube, das ist die Ausgangslage, worin sich meist der Mensch vorfindet und die für die meisten Dichter einen Beginn ihrer Tätigkeit vorstellt. Die Spuren z.B. bei Thomas Mann.«
Hier wird eine Beziehung junger Menschen zur Welt beschrieben, die offensichtlich als Mehrheitsverhalten zu verstehen ist. Man ist in eine Welt hineingeboren, nimmt sie vorerst fast unwillkürlich auf, worauf sich langsam die Besonderheiten herausstellen in Form von Sympathien oder Allergien: ein Selektionsprozeß findet statt, der langsam hilft, daß der in solcher Weise Lebende auch seiner selbst inne wird. Es sei, vermutet Musil, das typische Mehrheitsverhalten, auch der meisten Dichter. Fast überdeutlich wird im Tagebuch deshalb noch hinzugesetzt: »Die Spuren z. B. bei Thomas Mann.«
Die hochmerkwürdige Tagebucheintragung aber ist damit noch nicht zu Ende. Sie ist angelegt als ein Entweder-Oder, weshalb der nächste Abschnitt so fortfährt: »Anders ich. Habe aggressiv begonnen und mich orientiert, indem ich das Bild der Welt in den höchst unvollkommenen Rahmen meiner Ideen preßte, d.h. natürlich bloß mehr als andere. Der Wunsch, das Gesetz zu diktieren, unterscheidet sich vom Wunsch, gut zu liegen zu kommen und von der staunenden Frage: wie liege ich denn überhaupt da? So ungefähr wäre es auszudrücken.«
Wer so lebt und handelt, nimmt die vorhandene Welt nicht als Unmittelbarkeit in sich auf, sondern beginnt sogleich mit der Konfrontation. Hier ist »mein« Bild von der Welt, dort die reale Wirklichkeit. Sie muß sich folglich, als eine vermittelte, den Vergleich gefallenlassen, der schlecht ausfällt, wie man hinzuset-

zen darf. Die Wirklichkeit wird also von einem, der so vorgeht oder vorzugehen glaubt, mit einer vom Subjekt vorher bereits konzipierten *Möglichkeit* konfrontiert.

Angewandt auf den Dualismus Thomas Mann und Robert Musil, wäre die Eintragung so zu verstehen: Thomas Mann arrangiert sich die ihm gemäße Wirklichkeit durch Ausscheiden und Aufnehmen, um mit einer derartigen Arbeitsweise ein Werk zu schaffen, das unter solchen Umständen noch möglich ist. Vermutlich stimmt die Charakteristik sogar, denn Thomas Mann hat noch in seiner späten Zeit immer wieder vom eigenen »prekären Arrangement« mit der Welt und mit der Literatur gesprochen.

Die angebliche Gegenposition Robert Musils wäre dann als ein merkwürdiger Platonismus zu verstehen. Es gibt die Idee von einer Welt und einer Sache, und die reale Welt muß sich damit vergleichen lassen. Fast wie ein »farbiger Abglanz« der postulierten Idee. Das natürlich kann niemals zu einem Arrangement führen, sondern hat den Zusammenprall und Widerstand gleichsam selbst programmiert. Erst durch den Konflikt gelangt der Lebende und Schreibende zur Frage nach dem eigenen Ich und seiner Besonderheit.

In einem dritten Absatz der Tagebuchnotiz zieht Musil auch diese Folgerung: »Die starke Realistik des Denkens kommt erst innerhalb des zuvor geschehenen eigenen Zurechtbildens zum Wort.«

Denn zunächst sei jene Frage nachzuholen, die bei Thomas Mann und seinesgleichen am Anfang aller schöpferischen Tätigkeit gestanden habe, nämlich: »Und erst mit 40 und 50 hole ich die erstaunte Frage nach: wie bin ich geworden, bin ich recht geworden usw.?«

Sehr merkwürdig, daß Robert Musil, wenn er solche Gedanken dem Tagebuch anvertraut, offenbar vergessen hat, wie der junge Musil selbst seine Befragungen und Zweifel zu äußern pflegte. Um ein Beispiel zu zitieren: »Törleß saß also ganz still und starr, sah unaufhörlich zu Basini hinüber und war ganz in den tollen Wirbel seines Innern verfangen. Und immer wieder tauchte daraus die Frage auf: Was ist das für eine besondere Eigenschaft, die ich besitze?«

Auch hier bereits die Frage nach den »Eigenschaften« und nach einer Existenz *ohne* solche gesellschaftlichen Attribute. Daß aber der junge Törleß verstanden werden muß als eine Art junger und vorweggenommener Ulrich, hat Musil immer wieder unterstrichen.
Der frühe und aggressive Widerspruch zur Umwelt vollzog sich daher, folgt man der späten Reflexion aus dem Tagebuch, als Wahl zwischen zwei Möglichkeiten des Sozialverhaltens. Es gab die *Integration* und die *Provokation*. Abermals muß Thomas Mann herhalten für den Phänotyp des Gegenspielers, der sich anpaßt und dadurch, auch als Schriftsteller, zu Erfolg kommt, zu Geld und zu Ehren mancher Art. Er selbst aber, Robert Musil, erkennt sich im Bild des Neinsagers: dessen also, der Widerspruch erhebt, Fragen und Werte anzweifelt, dadurch ein Ärgernis bedeutet, das durch Mißerfolg bestraft wird. Musil scheint sich in dieser Rolle zu gefallen und auch gefallen zu haben. Immerhin stellt er an den Schluß dieser Reflexion die etwas unvermutete Frage, ob er es sich selbst recht gemacht habe. »Bin ich recht geworden ...?« Sogleich müßte ihm freilich die Gegenfrage gestellt werden nach dem Koordinatensystem für »recht« oder auch »unrecht«.
Das Widersprechen Robert Musils ist stets von aller Eindeutigkeit entfernt. Es stellt sich als seltsame Mischung dar aus Integration und Provokation, Anpassung und Widerspruch. Im »Musil-Forum« von 1975 wurde mit großem Recht ein früher Text von neuem abgedruckt, der zuerst in René Schickeles berühmter Zeitschrift »Die weißen Blätter«, noch im letzten Vorkriegs-Jahrgang 1913/14, erschienen war. Der Text mit der Überschrift »Politisches Bekenntnis eines jungen Mannes« und dem Untertitel »Ein Fragment« findet sich inzwischen auch im Achten Band der Gesammelten Werke, als einer der ersten Essays aus Musils »Frühzeit«, wenngleich der Autor damals, im November 1913, seinen 33. Geburtstag begangen hatte.
Musil ist zu jener Zeit Bibliothekar an der Technischen Hochschule in Wien. Er hatte Erfahrungen sehr divergierender Art gemacht: als Assistent an der Technischen Hochschule Stuttgart nach Absolvierung der Staatsprüfung als Ingenieur; als Student der Philosophie, der experimentellen Psychologie in Berlin und

als promovierter Philosoph, der sich mit den Lehren Ernst Machs, des Physikers und Philosophen, einläßt: übrigens zur gleichen Zeit, da sich auch Lenin mit Ernst Mach und den sogenannten »Empiriokritizisten« aus politischen und ideologischen Gründen beschäftigen sollte. Im Jahre 1906 waren dann, noch vor der Promotion, die »Verwirrungen des Zöglings Törleß« erschienen. Vielfältige, scheinbar immer wieder abbrechende Versuche, aus dem Widerspruch zur Umwelt, aus der Negation also, zu irgendeiner Position zu gelangen und dadurch – Eigenschaften zu erwerben: als Ingenieur, als Philosoph, als Schriftsteller. Daraus wurde die mäßig geachtete und bezahlte Pfründe eines Bibliothekars an einer Technischen Hochschule.

An dem Text »Politisches Bekenntnis eines jungen Mannes« fällt auf, daß der Versuch unternommen werden soll, das Scheitern so vieler Abläufe, das Abbrechen der Karrieren, mit dem *Zustand der Außenwelt* zu erklären, nicht mit den Unsicherheiten des wählenden Subjekts. Andererseits kann sich der »Junge Mann« des Textes von 1913 nicht verhehlen, daß sein zornig artikulierter Widerspruch zur Außenwelt, vor allem zur Politik, insbesondere sämtlichen Parteien, als Absage verstanden werden muß an den eigenen frühen Quietismus und Opportunismus. Wenn Musil später im Tagebuch behauptet hat, er sei aufgebrochen mit Hilfe von Aggression und Provokation, so beschrieb er selbst im Jahre 1913 den Vorgang ganz anders. Damals schien er nicht fern zu sein der angeblich durch Thomas Mann repräsentierten Existenz einer Anpassung und Gleichschaltung. Der Junge Mann formuliert sich selbst gegenüber sehr spöttisch: »Mir gefiel unsre Welt. Die Armen leiden; in tausend Schatten bilden sie eine Kette von mir abwärts zum Tier. Und eigentlich am Tier vorbei noch weiter abwärts, denn keine Tierart lebt unter so untierischen Bedingungen, wie manche Menschen unmenschlich leben. Und die Reichen gefielen mir wegen ihrer Unfähigkeit, wodurch sie so komisch sind ... Und die Könige gefielen mir in ihrer Majestät wie gutmütige Menschen mit einer kleinen Absonderlichkeit, auf die alle Welt mit einem Augenzwinkern eingeht. Und die Religion gefiel mir, weil wir längst ungläubig sind und ganz ernsthaft weiter in christlichen Staaten leben. Und vieles in dieser Weise.«

Das klingt wie der bare Opportunismus, ein ganz unkritischer sogar, der es nicht einmal weiß. Allein sogleich bricht hinter dieser scheinbar affirmativen Gesinnung ein neuer Widerspruch hervor. Dieser fast apologetisch bejahten Welt mit Reichen und Königen und Funktionären der Religion wird ein Gegenentwurf präsentiert, allerdings einer, der zunächst nur für diesen einen gelten soll, der den Widerspruch artikuliert. Der »Junge Mann« bei Musil formuliert demgemäß: »Denn, so scheint mir, eine derart logiklose Unordnung des Lebens, eine solche Auflockerung ehemals bindender Kräfte und Ideale müßte ein guter Boden für einen großen Logiker der seelischen Werte sein.« Der Junge Mann hat auch, dank Robert Musil, für seinen ursprünglichen Zustand, welcher sowohl Anpassung bedeutet hatte als auch Widerspruch, eine Formel bereit. Er verheimlicht sie nicht: »Um einen Namen zu geben: ein konservativer Anarchist war ich.«
So weit die Rückschau dieses gealterten Zöglings Törleß, entworfen ein knappes Jahr vor Ausbruch des Ersten Weltkriegs. Wollte man übrigens den von Musil immer wieder beschworenen Antagonismus zu Thomas Mann mitvollziehen, so müßte daran erinnert werden, daß ungefähr um dieselbe Zeit, da jene Wandlung bei Törleß, beim Jungen Mann dieses Essays, bei Robert Musil vollzogen wurde, auch Thomas Mann zu einer Absage an sein bisheriges Leben und Schreiben gelangt war. Der »Tod in Venedig« ist ein Gegenbild zu den Bekenntnissen eines jungen Mannes bei Robert Musil. In seinem Text geht Musil, im Gegensatz allerdings zur Tötung der Kunstfigur Gustav von Aschenbach durch ihren Autor Thomas Mann, nicht spätromantisch zu Werke, unter Ausnutzung aller artistischen Requisiten von Venedig, sondern gleichsam neu-sachlich: noch vor aller späteren Deklarierung einer Neuen Sachlichkeit. Musil formuliert: »Du selbst bist schon ... in dem, was du willst, ein Geschöpf der Demokratie und die Zukunft ist nur durch eine gesteigerte und reinere Demokratie erreichbar.« Der Text kommt dann, nach so vielen Erfahrungen des Schreibenden mit der Technik, der Naturwissenschaft, der Philosophie und der Literatur, zu einer eindringlichen Darstellung dessen, was wir heute, im Rückgriff auf Gedanken des jungen Karl Marx über

den Warenfetischismus, als Vorgang der Entfremdung und Verdinglichung zu bezeichnen pflegen. Musil spricht von der »Verarmung des innern Ganzen zum Vorteil einzelner Teile«. Das wird folgendermaßen erläutert: »Die Existenz gewaltiger Spezialgehirne in Kinderseelen. Nicht nur ist es meistens betrüblich, Männer der Wissenschaft über andre als wissenschaftliche Fragen urteilen zu hören, sondern auch der Mathematiker versteht Kulturhistoriker nicht; und der Nationalökonom nicht das Leben des Botanikers ... und nicht nur in der Wissenschaft, auch in der Kunst finden wir den gleichen Gewinn und das gleiche Leid.«

Es gibt heute, wie bekannt, eine breite und längst vulgarisierte Debatte über solche Thesen des 33jährigen Robert Musil. Hier klingt bereits die Diskussion C. P. Snows über die »zwei Kulturen« an, wie auch alle marxistischen Debatten über Entfremdung und Selbstentfremdung; nicht zuletzt hat Robert Musil in den Bekenntnissen seines Jungen Mannes auch schon das moderne und geläufige Bild des Fachidioten umrissen.

Freilich ist diese Analyse eindrucksvoll nach wie vor *bloß als Widerspruch und in der Negation.* Es kommt nicht zu einem Gegenentwurf. Nicht hier und auch später nicht: nicht in den »Schwärmern« und auch nicht, als Widerspruch zu der grotesken Parallel-Aktion, im »Mann ohne Eigenschaften«. Der Junge Mann von 1913 hat nur Wünsche und Möglichkeiten anzubieten: »Ich suche ein wirtschaftliches Programm, das die Durchführung einer reinen, beschwingenden Demokratie gewährleisten soll, das noch größere Massen hinaufzieht. Gewiß, ich werde bis dahin sozialdemokratisch oder liberal, je nachdem es die Umstände fordern, wählen, aber es ist klar, daß wir etwas brauchen, das uns aus der Flachheit der heutigen Parteien hinausführt, und zu jeder solchen Idee gehört ein wirtschaftliches Programm als Durchführungsvorschrift.« Das ist dürftig, ohne Frage, und es ist abermals ein Rückfall in den Opportunismus, inmitten des intendierten Widerspruchs.

Zur Höhe der gesellschaftlichen Einsicht gelangt der Schreibende, also doch wohl Robert Musil selbst, erst wieder am Schluß dieses erstaunlichen Textes. Dann nämlich, wenn er zurückkehrt zur Negation, zur Absage, zum Widerspruch. Da wird schneidend klar formuliert: »Einstweilen treiben wir Politik, weil wir nichts wissen. Es zeigt sich deutlich daran, wie wir es tun. Unsere Parteien existieren durch ihre Angst vor der Theorie... Darum schützen sich die Parteien gegenseitig vor den paar alten Ideen, die sie erlebt haben. Sie leben nicht von dem, was sie versprechen, sondern davon, die Versprechen der andern zu vereiteln. Das ist ihre stillschweigende Interessengemeinschaft. Sie nennen diese gegenseitige Behinderung, die nur kleine praktische Ziele erreichen läßt, Realpolitik.«

Ein paar Absätze später beginnt ein Gedankengang mit den Worten: »Noch aber ist es still...«. Das wurde im Jahr 1913 niedergeschrieben und gedruckt. Dann war es bald zu Ende mit jener Stille.

Die Folgerichtigkeit und Kontinuität in Robert Musils Denken und Schreiben ist dann gerade bemerkenswert, wenn man feststellt, daß beide scheinbar so divergierende Texte: der späte Rückblick des Tagebuchschreibers Musil *und* die politischen Bekenntnisse des Jungen Mannes aus dem Jahr 1913, genau zueinander passen, und zwar in der fast undurchdringlichen Vermischung einer Haltung der gesellschaftlichen Anpassung *und* des totalen gesellschaftlichen Widerspruchs. Die politischen Bekenntnisse des Jungen Mannes steigerten sich immer mehr zur totalen Negation, allein sie waren ausgegangen von einer fast totalen Affirmation. »Mir gefiel unsre Welt.« Die Tagebucheintragungen umgekehrt des 60jährigen Robert Musil wollen behaupten, man sei damals vom Entwurf einer Gegenwelt ausgegangen, habe sich aggressiv verhalten in Verachtung aller Art der Anpassung, worauf spät erst eine solche Anpassung erfolgt sei, im linkischen Bemühen, nachträglich zu fragen, ob derjenige, der so vollkommen negieren wollte, schließlich zu Erfolg gekommen sei in der von ihm abgelehnten und durch Widerspruch fortgestoßenen Gesellschaft.

Der Doppelsinn unserer Formel »Widersprüche Robert Musils« wird evident. Der historische Rückblick zeigt ein merkwürdiges Amalgam aus Anpassung und Ablehnung. Auch hier gibt es die Kontinuität im Leben wie im Werk dieses Schriftstellers. Brechts berühmter Satz über Herrn Keuner wird immer wieder zitiert, meist voller Zustimmung: daß es bedenklich, gar schmählich sei,

sich nicht verändert zu haben. Herr Keuner erblaßte, als man ihm ein solches Alltagskompliment machen wollte: »Sie haben sich gar nicht verändert.« Ich glaube aber nicht, daß sich Bertolt Brecht zwischen dem »Baal« und dem »Kaukasischen Kreidekreis« von Grund auf verändert hätte. Thomas Mann, mit Schärfe abgelehnt sowohl von Brecht wie von Robert Musil, deklarierte zwar selbst immer wieder, seit seinen »Betrachtungen eines Unpolitischen«, die 1918 erschienen, fünf Jahre also nach den politischen Betrachtungen des Jungen Mannes bei Robert Musil, habe er sich von Grund auf politisch und ideologisch gewandelt, doch erscheint er heute, im Rückblick, nach wie vor als ein »Unpolitischer«, der als ein solcher oft grundfalsch geurteilt hat, nicht selten jedoch ganz richtig.
Auch bei Robert Musil gibt es diese Kontinuität: von den Anfängen, dem »Törleß«, über die Wiener Rede »Über die Dummheit« vom März 1937, bis zu den verschiedenen Anläufen zur Bewältigung der Geschichte Ulrichs, des Mannes ohne Eigenschaften.
Es ist offensichtlich, daß der Möglichkeitsmensch Ulrich seine Eigenschaftslosigkeit als Gegenentwurf versteht zu einer durch Eigenschaften aller Art gekennzeichneten und eben darum abzulehnenden Gesellschaft. Im Gespräch berichtete Musil in Genf in seiner letzten Lebenszeit, beim Plan einer französischen Übersetzung des großen Romans sei zuerst von »L'Homme sans caractères« die Rede gewesen, was in jedem Fall unsinnig sein mußte. Man hat heute, wie bekannt, den Titel übersetzt als »L'Homme sans qualités«. André Gide aber habe ihm, Musil, vorgeschlagen, man solle den Titel übersetzen als »L'Homme disponible«. Der Verfasser des »Mann ohne Eigenschaften« war entzückt von diesem Vorschlag.
Daß Robert Musil die Kunstfigur Ulrichs, des Mannes ohne Eigenschaften, nach seinem Ebenbild geformt hat, wurde niemals geleugnet. Trotzdem wäre es ebenso verfehlt, von Ulrich zurückzuschließen auf seinen Autor, wie es banausisch erscheint, das Leben und romantische Sterben Gustav von Aschenbachs bei der Interpretation allzu stark zu belasten mit Wissen über den Schriftsteller Thomas Mann und sein Lebensverhalten. Dennoch ist es nicht zufällig, wenn der Verfasser des

»Tod in Venedig« die offenbar erfolgreiche Laufbahn des Schriftstellers Gustav von Aschenbach mit Hilfe von eigenen gescheiterten oder aufgegebenen epischen Projekten zu begründen sucht. In ähnlicher Weise hat Musil die Laufbahn Ulrichs mit Hilfe von eigenen Berufserfahrungen konstituiert. Auch Ulrichs sportliche und erotische Erfolge sind ihm als Erfahrungen seines Autors zuteil geworden. Im Gespräch pflegte der gealterte Schriftsteller und Offizier Musil, der heimatlos geworden war, mittellos und krank, in der letzten Lebenszeit fast insistierend auf einstige Erfolge als Crawlschwimmer und als Liebhaber zurückzukommen.

Auch die *Disponibilität* Ulrichs steht in Korrelation zu Verhaltens- und Denkweisen Robert Musils. Wer sich disponibel gibt, bleibt offen für alle Entscheidungen. Er ist damit freilich der Gegenspieler zu einem, der sich seit Beginn einer Laufbahn für den Widerspruch entschieden hat und die Provokation. *Disponibilität und Provokation:* das paßt kaum zueinander. Dennoch liegt hier ein wichtiger Widerspruch im Verhalten Robert Musils zur Umwelt, überhaupt zur Welt. Die Formel vom disponiblen Neinsager ist ebenso ambivalent und fragwürdig wie jene eigene Formel Robert Musils und seines Jungen Mannes von 1913: die Formel also vom »konservativen Anarchisten«. Auch eine zornige und vorbehaltsvolle Disponibilität läßt sich als subtiler und vermittelter Opportunismus deuten. Es gehörte zur Grunderfahrung meiner Begegnung mit Robert Musil, daß er immer wieder im Gespräch ausführlich zu begründen suchte, warum eine Literatur wie die seinige unter den gegebenen Zeitverhältnissen zum Mißerfolg verurteilt sein müsse, während er andererseits mit Genugtuung an frühere Erfolge erinnerte und sogar bemüht war, offenkundige Mißerfolge mit mildernden Umständen zu versehen und als Zufälligkeit zu erklären. Der Erste Band des »Mann ohne Eigenschaften« sei ein außergewöhnlicher Erfolg gewesen im Jahre 1931, wobei Musil die unbezweifelbaren Aspekte dieses Erfolges etwas übertrieb: der Mißerfolg des Zweiten Bandes, oder des I. Teils eines solchen, im Jahre 1933 sei erklärbar aus den Zeitverhältnissen. Das zwar zweifellos richtig, klang aber seltsam bei einem, der die These von der gleichsam existentiellen Notwendigkeit des eigenen Mißerfolgs so hartnäkkig vertrat. Auch dieser Widerspruch gehörte in den Bereich der Disponibilität.

Bedeutsamer war der *Grundwiderspruch zwischen der Exaktheit und der Ekstase*. Ihn hat Musil tiefer erlebt und scharfsinniger zu deuten versucht als irgendein anderer Schriftsteller unseres Jahrhunderts. Diese Antinomie steht hinter den berühmten Formeln aus dem »Mann ohne Eigenschaften«: hinter der Vision von den Mondstrahlen bei Tage wie der Bemühung um eine genaue Beschreibung des »Anderen Zustands«. Mit einer banalen Vereinfachung könnte man sie als Konflikt zwischen der wissenschaftlichen und der künstlerischen Existenz interpretieren. Was Musil immer wieder anstrebte: in den Essays wie den Reflexionen des Tagebuchs, wie beim endgültigen Destillat aus Reflexion und Gestaltung, also bei Niederschrift des Romantextes, war unablässiges Bemühen, *die eigene literarische Schöpferkraft genauer zu verstehen und zu benennen* und zusammen mit den vorhandenen Fähigkeiten des Technikers, Naturwissenschaftlers, philosophischen Denkers als höhere Einheit zu deuten.

Die einstigen Fragen des Zöglings Törleß nach den besonderen »Eigenschaften«, die ihm zuteil wurden, sind fortgesetzt worden bis ans Lebensende. Der bedeutendste Schöpfer künstlerischer Dinge, der mit Musil Umgang hatte in seiner letzten Lebenszeit, der damals noch junge Bildhauer *Fritz Wotruba*, ein österreichischer Landsmann, der mit Hartnäckigkeit bemüht war im Schweizer Exil, die Aufmerksamkeit der Behörden und Mäzene auf den ungewöhnlichen Mann hinzulenken, der da in ärmlichen Verhältnissen in einem Kinderheim vor den Toren von Genf zu leben hatte, hat mir später berichtet, wie Musil immer wieder, nahezu lüstern und indiskret, durch Fragen herauszufinden suchte, wie sich der Schöpferprozeß beim Bildenden Künstler zu vollziehen pflege. Künstlerische Kreativität, die diesen Namen verdient, ist durchaus als ein »Anderer Zustand« zu verstehen. Musil hatte ihn immer wieder erfahren: als ein großer Schriftsteller, wenngleich die Erfahrung der literarischen Kreativität anders abzulaufen pflegte. Dadurch jedoch war Musil genötigt, den eigenen Konflikt zwischen erlebter Schöpferkraft und Alltagserfahrung auf seine Kunstfigur Ulrich gleichsam zu »übertragen«.

Das bedeutet eine Schwierigkeit für den Ablauf des Erzählwerks, denn Ulrich wird *nicht* als ein kreativer Mensch vorgestellt, sondern als ein disponibler: was sich auszuschließen scheint. Weshalb Ulrich immer wieder scheitert in seinen Lebensprojekten, während sein Autor Robert Musil, mit Hilfe der Gabe Schöpferkraft, imstande ist, die Mißerfolge Ulrichs als literarisches Kunstwerk zu formen. Übrigens war dies Unterfangen des Erzählers Musil nicht einzigartig in jenen Zwanziger Jahren, als der »Mann ohne Eigenschaften« konzipiert wurde. Am 14. Juli des Jahres 1925, am Französischen Nationalfeiertag, vollendete *André Gide* seinen Roman »Die Falschmünzer«, worin ein Romancier mit Vornamen Edouard beschließt, einen Roman mit dem Titel »Die Falschmünzer« zu schreiben, was im Verlauf der Erzählung immer wieder durch äußere Umstände vereitelt wird. In der Darstellung dieses gescheiterten Romanvorhabens gipfelt der Roman »Die Falschmünzer« von André Gide.
Freilich ist Edouard bei Gide ein Schriftsteller, wie sein Autor. Der Mann ohne Eigenschaften hingegen, Ulrich, erhielt viele Lebensmöglichkeiten seines Verfassers gleichsam zur Morgengabe, doch nicht die literarische Begabung.
Die Ursache einer solchen erstaunlichen Diskrepanz, die Thomas Mann im »Tod in Venedig« ebenso vermied wie später im »Doktor Faustus«, liegt wohl darin, daß Musil dem irrationalen oder besser: dem nicht vollständig durch Denken faßbaren Vorgang der künstlerischen Schöpferkraft höchst mißtrauisch gegenüberstand. Die Exaktheit des Forschers mißtraute der Ekstase in jeglicher Form. Andererseits bedeutete der Vorgang der Kreativität nun einmal eine ungewöhnliche »Eigenschaft«. Musil erstrebte immer wieder, stets vergeblich, die gedanklich genau faßbare Synthese aus Kreation und Reflexion.
Allein eine solche, von Musil stets ersehnte Position setzt gedankliche Klarheit voraus, *Vertrauen zur Idee*. Die jedoch ist niemals zweifelsfrei gewesen für den Schriftsteller Robert Musil. Ihr stand zweierlei entgegen: die ungelöste Frage nach dem So-Sein *und* die Faszination durch das ideell und auch verbal nicht Faßbare der Welt: die allenthalben zu entdeckende Unschärfe-Relation. In einer im Tagebuch genau datierten Eintragung vom

11. August 1910 wird das, abermals in Form einer Selbstanalyse, sorgfältig herausgearbeitet.
Das beginnt wie folgt: »Mir fiel vor dem Einschlafen noch einiges über meine Art zu arbeiten (bei den Novellen) ein. Worauf es mir ankommt, ist die leidenschaftliche Energie des Gedankens. Wo ich nicht irgendeinen besonderen Gedanken herausarbeiten kann, wird mir die Arbeit sofort zu langweilig.« Das sei aber in seinem eigenen, besonderen Falle ungemein schwierig, denn gleichzeitig sei er ein Schriftsteller, der sich nicht an die strenge Gedanklichkeit des Naturwissenschaftlers zu halten vermöge. »An ihre Stelle tritt«, wie Musil formuliert, »die durch die Bilder, den Stil, die Stimmung des Ganzen.«
Er folgert daraus: »Es sind zwei antagonistische Kräfte, die man ins Gleichgewicht setzen muß, das dissipierende, formlose, gedankliche, und das einengende, leicht leere und formale der rhetorischen Erfindung.«
Es gehört zur außerordentlichen Folgerichtigkeit und Konsistenz der Arbeitsweise Robert Musils, die sich im Tagebuch als permanente Selbstüberwachung darstellt, daß er eben jene Eintragung vom 11. August 1910 im Ersten Band des »Mann ohne Eigenschaften« an zentraler Stelle wiederholt: im Zusammenhang einer gesellschaftlichen Szene, wo alle Akteure der »Parallel-Aktion« aufgeboten werden, um die schroffe Divergenz zwischen ihnen allen und Ulrich herauszuarbeiten. Das berühmte Kapitel 116 mit der Überschrift »Die beiden Bäume des Lebens und die Forderung eines Generalsekretariats der Genauigkeit und Seele« wird, mit gutem Recht, in keiner Studie der Sekundärliteratur ausgespart.
Inmitten der schwatzenden Politiker und Magnaten und Gesellschaftslöwen wird sich Ulrich abermals seiner Besonderheit bewußt. Daß er nämlich in jedem rationalen Augenblicksverhalten das Umkippen in ein durchaus irrationales mitdenken könne, doch große Schwierigkeiten habe, die Linien genau nachzuzeichnen, die den rationalen vom emotionalen Bereich trennen. Erinnerung bietet ihm einen Vorfall auf der Rennbahn zum Vergleich an: »Als es einen Zwischenfall mit großen verdächtigen Wettverlusten gab und aus friedlichen Zuschauermassen im Nu eine See wurde, die den Platz flutete und nicht nur alles, was

in ihrem Bereich war, zerstörte, sondern auch die Kassen plünderte, ehe sie sich unter dem Einfluß der Polizei wieder zu einer Versammlung von Menschen zurückbildete, die einem harmlosen und gewohnten Vergnügen beiwohnen wollen.«
Das liest sich heute wie ein vorweggenommenes Kapitel aus dem Buch »Masse und Macht« von Elias Canetti. *Der Unterschied jedoch zwischen Musil und Canetti* wird gerade an dieser Stelle gleichfalls erkennbar: denn Canetti ist voller Abscheu beim Beschreiben von Phänomenen der Grausamkeit und Gewalt. Robert Musil durchaus nicht, wie er nur zu gut weiß. Ulrich kennt sich recht gut: »hatte doch eine gewisse harte, kalte Gewalttätigkeit auch bis in seine Berufsneigungen hineingespielt, so daß er vielleicht nicht ganz ohne eine Absicht auf das Grausame Mathematiker geworden war.« Er spricht – in Gedanken – von den eigenen »unreifen napoleonischen Plänen«, vermag sie auch selbst zu deuten als einen »Drang zum Angriff auf das Leben und zur Herrschaft darüber«. Alles paßt genau zu jener vergleichenden Selbsteinschätzung aus dem Tagebuch, wo am Anfang die Aggression gestanden habe, die mit napoleonischer Strategie versuchen wollte, eine platonische Idee von der Welt zur Wirklichkeit zu transformieren. Was selbstverständlich scheitern mußte.
Auch dieses Scheitern ist immer wieder vorausgesagt und als notwendiger Widerspruch empfunden worden. Es paßt durchaus zu jenen frühen Texten von 1910 und 1913, wenn Robert Musil in seiner Berliner Rede zur Rilke-Feier vom 16. Januar 1927 formuliert: »Eine feste Welt, und darin die Gefühle als das Bewegliche und Veränderliche: das ist die normale Vorstellung. Eigentlich aber sind beide, die Gefühle und die Welt unfest, wenn auch innerhalb sehr verschiedener Grenzen. Daß die eine zur Wand für die andern wird, hat zwar seine guten Gründe, ist aber ein wenig willkürlich. Und eigentlich wissen wir das ja recht gut. Daß kein einzelner heute weiß, wessen er morgen fähig sein wird, ist kein ganz ungewöhnlicher Gedanke mehr.«
Hier findet sie sich abermals, die *These von der doppelten Unfestigkeit sowohl der Außenwelt wie der Innenwelt.* Es ist kein Zufall, daß Musil diese Gedanken erörtert beim Rückblick auf Rainer Maria Rilke und sein Konzept vom »Weltinnenraum«.

Im Gegensatz zu Rilke wird bei Musil die Ambivalenz zwischen Festigkeit und Unschärfe als Eigentümlichkeit unserer Existenz verstanden: also nicht bloß der Existenz eines Künstlers. Was sich in seinem eigenen Tun und Leben als tief fragwürdig herausgestellt hatte, das Gleiten zwischen Opportunismus und Festigkeit, wissenschaftlicher und künstlerischer Arbeit, der Exaktheit und der Ekstase, wird von Musil in der letzten Wiener Zeit, kurz vor der Auswanderung, als gesellschaftlicher Widerspruch schlechthin interpretiert. In seiner berühmten Rede »Über die Dummheit« vom 11. März 1937 stellt er die Beziehungen her nicht allein zwischen der Dummheit und der Roheit, sondern auch zwischen der Roheit und der Intelligenz. Es heißt dort: »... ist doch auch die Roheit nicht bloß eine Dummheit und die Dummheit nicht bloß eine Roheit, und es bleibt darum an dem Verhältnis von Affekt und Intelligenz, wenn sie sich zur ›angewandten Dummheit‹ vereinen, noch manches zu klären.«

Die Folgerung lautet: »Dummheit und Klugheit hängen sowohl vom Verstand als auch vom Gefühl ab.« Musil geht noch weiter, um von den eigenen Widersprüchen her, also von der Disponibilität, von der Disharmonie zwischen Kreativität und Reflexion, eine kulturkritische Deutung unserer Zivilisation abzuleiten. Dies wird formuliert, wie nicht vergessen sei, auf dem Höhepunkt faschistischer Triumphe in Europa: »Diese höhere Dummheit ist die eigentliche Bildungskrankheit (aber um einem Mißverständnis entgegenzutreten: sie bedeutet Unbildung, Fehlbildung, falsch zustande gekommene Bildung, Mißverhältnis zwischen Stoff und Kraft der Bildung), und sie zu beschreiben, ist beinahe eine unendliche Aufgabe.« Und weiter: »Die damit angesproche Dummheit ist keine Geisteskrankheit, und doch ist sie die lebensgefährlichste, die dem Leben selbst gefährliche Krankheit des Geistes.«

An dieser Stelle eines Gedankengangs, der es unternommen hat, die Lebenswidersprüche Robert Musils zu den Antinomien seines Denkens und zu den von ihm geschaffenen Werken der Literatur in Beziehung zu setzen, möchte es scheinen, als werde hier die allenthalben festgestellte Unfestigkeit der Zustände, politischen Theorien, aller Moralen und aller Ästhetiken als

Makel empfunden, den man durch Herstellung einer neuen Festigkeit überwinden müsse. Allein Robert Musil bleibt auch hier ein Dialektiker, wenngleich er Hegel ebenso ablehnt wie Karl Marx und sich ihnen gegenüber provokatorisch immer wieder auf Nietzsche zu berufen pflegt. Diese allgemeine Unfestigkeit nämlich ist an sich ein positiver Wert. *Der Widerspruch selbst, wahrscheinlich allein dieser Widerspruch, bleibt schöpferisch.* Karl Marx hatte einmal, was Musil möglicherweise entgangen war, vom gesunden Menschenverstand als einem »stupiden Gesellen« gesprochen. In Musils Rede über die Dummheit heißt es dazu: »Die Urteile des täglichen Lebens und seiner Menschenkunde treffen eben wohl meistens zu, gewöhnlich aber auch noch daneben.«

Es gibt keine Festigkeit. Sie ist auch nicht wünschenswert. Ungefähr zwei Jahre vor der Wiener Rede »Über die Dummheit« hatte Musil, im Juli 1935, in Paris an einem Internationalen Schriftsteller-Kongreß für die Verteidigung der Kultur teilgenommen: an jener berühmten Kundgebung des Antifaschismus unter dem Präsidium von Heinrich Mann und André Gide und André Malraux, mit Rednern aus aller Welt, darunter auch vielen emigrierten deutschen Autoren: Heinrich Mann und Bertolt Brecht und Ernst Bloch.

Der Redner Robert Musil hatte damals noch, für etwa zwei Jahre, eine Heimat und einen gültigen Paß. Trotzdem machte er sich nichts vor. Höhnisch glossierte er das Muckertum des klerikalen Österreich unter Herrn von Schuschnigg mit den Worten: »So erwartet etwa meine österreichische Heimat von ihren Dichtern, daß sie österreichische Dichter seien; nicht etwa Dichter und Österreicher, sondern Dichter mit einem besonderen Wohlgeruch...« Der politische Zweifel an einer im Wortsinne »unhaltbaren« Position äußert sich auch hier wieder einmal, und das ist uns ein vertrautes Phänomen geblieben bis heute: als Bemühung der Staatsmacht um Zähmung und Domestizierung der Kultur.

Musil sprach im Jahre 1935 und in Paris davon, daß die Kultur wie ein Rekrut »einberufen« werde. Es heißt dann weiter: »Und nicht nur, daß uns der Staat, die Klasse, die Nation, die Rasse und das Christentum reklamieren, sondern diese sind auch selbst unter die Künstler und Gelehrten gegangen. Sie hat die Not nicht nur (wie ein deutsches Sprichwort sagt) beten gelehrt, sondern auch dichten, malen und philosophieren. Wenigstens lehren sie uns mit unverrückbarer Geduld, wie wir es zu machen haben. – Die Politik holt sich heute nicht die Ziele bei der Kultur, sondern bringt sie mit und teilt sie aus.«

Das klingt vertraut und widerwärtig, heute wie damals, und es erinnert nicht allein an politische Systeme, die der Meinung sind, man habe eine Normative Ästhetik, und das sollten sich die Untertanen gesagt sein lassen.

Widersprüche Robert Musils. Hier hat einer in ebenso rastloser und erfolgloser wie beispielhafter Weise versucht, die eigenen Widersprüche zwischen der Integration und der Provokation, dem Neinsagertum und dem Opportunismus, der Exaktheit und der Ekstase, der Erfolglosigkeit beim Festhalten an der eigenen Identität und dem geheimen Erfolgsstreben in einer verachteten Umwelt als »Maximen einer allgemeinen Gesetzlichkeit« zu definieren: in Form eines kategorischen Imperativs für das Verhalten in unserer Zeit und Gesellschaft. Auch dies war, wenn man will, eine Negative Dialektik. Die Größe Robert Musils, die ich für unbezweifelbar halte, liegt eben hierin begründet: im schöpferischen Widerspruch.

In jener späten Rede »Über die Dummheit« hatte Musil, um es zu wiederholen, die sogenannt höhere Dummheit, die eigentliche Bildungskrankheit, als lebensgefährlich bezeichnet, als »die dem Leben selbst gefährliche Krankheit des Geistes«. Ganz wie Heinrich Mann war auch Robert Musil durch die Erfahrungen seines Lebens und Scheiterns zur Erkenntnis gelangt, daß *ein tiefer Gegensatz bestehe zwischen Geist und Macht.* Er glaubte nicht an den platonischen Staat mit Philosophen als Exekutoren der Staatsmacht. Die Festigkeit der Macht hielt er prinzipiell für unfest, den Vorzug des Geistes sah er darin, daß er unfest sei, daß er Fragen stelle immer von neuem und jeglicher Antwort mißtraue.

Die Pariser Rede zur Verteidigung der Kultur gegen alle Art der Barbarei schloß mit zwei Sätzen, die nach wie vor geeignet sind, überdacht zu werden. Sie lauten: »Ich bezweifle, daß man die Welt durch Beeinflussung ihres Geistes bessern kann; die Motoren des Geschehens sind von gröberer Natur. Aber man muß sich auf die Forderung besinnen, die der Geist an sich selbst zu stellen hat, soll sie aufstellen und, nach Vermögen, denen zu Bewußtsein führen, die den Auftrag zur Macht besitzen oder zu besitzen glauben.«

VII. DANKREDE IN KÖLN

(1980)

Heinrich Böll gewidmet

Man soll nicht zurückschauen. Das sagt sich so leichthin. Jeder Blick, den ich meiner Vaterstadt zuwandte seit dem ersten Wiedersehen im Frühsommer des Jahres 1946, als ich in den Trümmern stand, auch vor den Überresten dieses schönen Rathauses, war schmerzhaft aufgerissen durch das Einst und das Jetzt. Wie oft hatten wir uns in der Jugend gefreut, beim Herumstreunen in der Altstadt, am Rathausturm und an den steinernen Lauben. Dann sah ich, an jenem Junimorgen der Nachkriegszeit, das intakte Straßenschild inmitten von zerfallendem Gemäuer. »Hohe Straße« stand darauf zu lesen. Man suchte sich den Weg mit Hilfe von Erinnerungen. Heute ist da ein Saal, es gibt ein Fest, der Verjagte von einst wird geehrt. Allein er spürt ihn immer noch, fast stärker noch als früher: den Brandgeruch und den Blutgeruch.

Das kann keiner von sich abtun: der Verjagte nicht und auch nicht derjenige, der daheim blieb und den Untergang von so viel Schönheit und Arbeit und städtischem Gemeingeist mitansehen mußte. Goethe hat es im Zweiten Faust vorwegnehmend gesagt, als er den Türmer Lynkeus berichten ließ vom Wüten der Gewaltigen in der Hütte von Philemon und Baucis:

> Was sich sonst dem Blick empfohlen,
> Mit Jahrhunderten ist hin!

Seltsam aber, es war immer bei mir, auch in der Ferne und inmitten der gesehenen Zerstörung, und ist bei mir geblieben bis auf diesen Tag: das Bild der Vaterstadt. Das gleichbedeutend auch meine Jugend meint und meine Lehrjahre in Köln, die sich dann so unbarmherzig und jäh durch Flucht und Lebensgefahr in Wanderjahre umzukehren hatten. Wenn ich am Tisch meines großen Lehrers saß aus Kölner Studentenzeiten, als Gast von Hans Kelsen, der nun in Genf lehrte und der seinem Schüler von

einst nach Kräften weiterzuhelfen suchte in den Wirren des Exils, wo man ohne Paß und Geld lebt, eine fremde Sprache zu lernen hat und auch vielerlei anderes: stets schaute man zurück nach Köln. Auch für den Österreicher Kelsen war die Stadt am Rhein gegenwärtig und mächtig geblieben.
Und nun gar in unseren Flüchtlingsgesprächen, wenn die Altersgenossen zusammensaßen draußen in der Fremde, die Mitstudenten von einst und auch die Flüchtlinge aus der Arbeiterbewegung des Bezirks Mittelrhein: wenn man besorgt oder auch zornig fragte, wie sich Der oder Jener verhalten habe. Man kam nicht los vom Einst. Ich wurde bisweilen von den neuen Freunden gefragt, den Franzosen oder Schweizern oder auch den befreundeten Skandinaviern am Genfer See, ob ich Heimweh hätte nach Deutschland. Das habe ich stets verneint, und weiß auch heute noch, daß ich die richtige Antwort gab. Heimweh nach Köln? Auch das nicht. Zuviel war geschehen und geschah weiter. Ich konnte ihn nicht wünschen, den Heimweg, denn es wäre ein Weg in den Tod geworden. Das Beispiel eines Kölner Freundes hatte ich vor Augen, eines jungen jüdischen Juristen und Sozialisten, der mich im Genfer Exil besuchte, doch entschlossen war, trotz meiner Warnung, nach Köln zurückzufahren. Man hat ihn totgeschlagen. Man hat auch Ernst Ransenberg umgebracht, diesen glühenden jungen Sozialisten, den Sohn eines kleinen jüdischen Schneiders, und man hat Erich Sander im Zuchthaus verkommen lassen, den Sohn des heute weltbekannten Photographen August Sander; andere mußten fallen in einem Krieg, den sie für ein Verbrechen hielten.
Als ich dann, von Leipzig aus, zu einem ersten Vortrag nach der Heimkehr wieder nach Köln kam, eingeladen durch Herbert Maisch, den damaligen Intendanten der Theater, irgendwo in einem kleinen Saal, vor geladenen Gästen, waren auch die Überlebenden zur Stelle. Man sprach von diesem und jenem von einst. Welch eine schreckliche Rückschau: nach wie vor inmitten der Trümmer. Man soll nicht zurückschauen? Das sagt sich so leichthin.
Ich frage mich in dieser Stunde, was in meiner Arbeit und heutigen Identität nach Köln zurückverweist. Geprägt hat mich, dessen bin ich sicher, das Exil mit Paris und Genf und Zürich.

Auch Straßburg als erste Station der Fremde hat Spuren hinterlassen: nicht allein in meinem ersten wirklichen Buch über Georg Büchner und seine Zeit. Man hielt mich in meiner Jugend, sehr zu Unrecht, für ungemein begabt. In Wahrheit war ich ein Spätentwickler, bin es vielleicht noch immer. Trotzdem meine ich, daß nichts von dem verlorenging, was ich – ungemein begierig auf Anregungen aller Art, suchend und häufig dilettierend – hier in Köln erfahren habe. Sechsundzwanzig Lebensjahre in dieser Stadt; die Studienjahre in Berlin hatten nur größere Verwirrung geschaffen, nichts geprägt. Was hatte ich mitbekommen, als ich nun plötzlich auswandern mußte, fliehen aus hoher Gefahr, um es genau zu sagen? Verwirrend vieles, das sich spät erst ordnen sollte als geistig-künstlerische Möglichkeit. Kaum die Schulkenntnisse, kaum die Literatur der Germanisten. Aber die Kölner Philosophen: Max Scheler und Nicolai Hartmann und mein lieber und verehrter Freund Helmuth Plessner. Fünfzig Jahre sind vergangen, seit wir mit ihm, mit dem Soziologen Erwin von Beckerath und mit dem Wirtschaftswissenschaftler Alfred Müller-Armack, in einem Hörsaal der alten Universität am Ubierring ein Semester lang zusammensaßen, um »Übungen über Marxismus« abzuhalten. Wir hatten das Buch »Geschichte und Klassenbewußtsein« von Georg Lukács zugrunde gelegt: unbekümmert darum, daß Lukács selbst, durchaus einverstanden mit dem offiziellen Moskauer Bannspruch, sein Buch und dessen Thesen feierlich widerrufen hatte. Hier aber, im Kölner Hörsaal und im Jahre 1930, ist vieles von dem erweckt worden, was ich heute wieder zu erkennen vermag, wenn ich mein Buch »Außenseiter« anschaue, oder die Studien über Brecht und die Tradition, über Goethe und Hegel, anderes noch. In Köln entstand die tiefe, durchaus spannungsvolle Bindung an Lukács, wobei es ohne Emanzipation nicht abging. Heute führt für mich ein Weg von den Kölner Jugendjahren bis zu jenem Herbstabend im Jahre 1962, als ich stundenlang am Ufer der Donau in Budapest mit dem großen alten Mann, meinem Erwecker, zusammensaß, die Nacht brach herein, Georg Lukács fand sich wieder einmal geächtet im eigenen Land. Zum erstenmal hatte ich ihm zugehört, als er am Ausgang der Zwanziger Jahre in Köln ein sektiererisches Programm der damaligen Kommunisten zu verkünden suchte, worin die Sozialdemokraten als Hauptfeinde »entlarvt« werden sollten. Ich glaubte ihm schon damals nicht. Trotzdem hat alles in meiner späteren Arbeit seinen Platz gefunden.

Mitsamt den Expressionisten, die mein Vater sammelte, beraten von Dr. Haubrich. Vor Jahren sah ich in einer Ausstellung der Berliner Akademie der Künste, tief erschreckt, ein Bild, das in meinem Elternhaus gehangen hatte. Es gehörte einer Kölner Galerie, wie der Katalog mitteilte. Nichts davon läßt sich vergessen. Die Expressionisten also, und Otto Klemperer, der noch in meiner Schülerzeit meine Vorstellung von musikalischer Wahrheit und Redlichkeit bestimmen sollte.

Scheinbar hatten sie nichts miteinander zu tun: die Philosophie einer materialen Wertethik und das Hegelianertum des frühen Georg Lukács, die Leute um Max Ernst oder Otto Dix und jene Partituren von Mahler und Schönberg, die Klemperer interpretierte. Allein meine spätere Arbeit hat nichts davon preisgegeben. Nichts wäre mir später möglich gewesen ohne diese geistigen Erfahrungen eines ebenso grenzenlosen wie insgeheim auch eklektischen Suchens.

Den Freunden von der Sozialistischen Studentengruppe habe ich viel zu verdanken. Man mag darüber lächeln, daß wir damals, beginnend im Herbst 1930, unter dem Eindruck eines bestürzenden Wahlerfolgs der Braunen, ein Blättchen herausgaben mit dem schlichten Titel »Der Rote Kämpfer«. Vieles von dem, was wir darin schrieben, liest sich heute prophetisch. Die historische Forschung hat unsere Geschichte längst rekonstruiert. Was damals eine Protestbewegung von jungen Arbeitern und Studenten war, ist traurig bestätigt worden. Auch durch Prozesse vor dem sogenannten Volksgerichtshof, und auch hierbei hat es Tote gegeben. Doch kenne ich keinen von den damaligen Kölner Freunden, der sich selbst nicht, und unserer Gemeinsamkeit, die Treue gehalten hätte.

Auch dies gehört zu meinem Bild von Köln: von der Vaterstadt. Das wohlfeile Klischee vom Heiligen Köln ist allen geläufig: Heimat von Dunkelmännern; tief schwarz, sozusagen; Hort einer jeden Gegen-Aufklärung. Der Mann aus Düsseldorf hat das festschreiben wollen im »Wintermärchen«, um ein Axiom daraus zu machen. Man kennt die Verse von der hündisch auf der Gasse buhlenden Dummheit und Bosheit. Der durchreisende Dichter, auch er auf einer Heimkehr begriffen aus dem Exil, führt das Gespräch mit dem Exekutor der Revolution, dem Henker also, just im Schatten unserer Domtürme. Allein Heinrich Heines Wahrheit über Köln ist eine halbe Wahrheit, also keine.

Köln ist anders. Das klingt nach billiger Münze, bezeichnet aber nicht schlecht den verwirrenden Sachverhalt, daß nahezu alle Klischees über unsere Stadt etwas Richtiges aussagen, daß aber zumeist auch das Gegenteil stimmt. Um auf Heine zurückzukommen und das »Wintermärchen«, so ist bekannt, daß Heine sein Gedicht nach der Rückkehr aus Hamburg am Jahresende 1843 zu schreiben begann: im selben Monat, da er in Paris zum ersten Mal mit dem Emigranten Dr. Karl Marx aus Trier zusammentraf. Fünf Jahre später aber finden wir ebendiesen Dr. Marx in Köln als Chefredakteur der »Neuen Rheinischen Zeitung«: an der Spitze eines beispiellosen Redaktionskollegiums mit dem Hausdichter Freiligrath, mit Friedrich Engels, Wilhelm Wolff, dem berühmten Reporter des schlesischen Weberaufstands von 1844, mit Georg Weerth.

Ich habe als Schüler im Jahre 1925 auf der Ausstellung zur Jahrtausendfeier der Rheinlande vor allem zwei Exponate bewundert: den Dreikönigsschrein und die berühmte, rot gedruckte Abschiedsnummer der »Neuen Rheinischen Zeitung« vom 9. Mai 1849 mit dem Freiligrath-Gedicht, das so begann:

> Kein offner Hieb in offner Schlacht
> Es fällen die Nücken und Tücken,
> es fällt mich die schleichende Niedertracht
> der schmutzigen West-Kalmücken!

Noch am 19. März 1849 hatte man die Revolution gefeiert auf dem Gürzenich. Dann kam abermals die Restauration. Allein Köln ist immer beides zugleich: darüber soll man sich nicht täuschen. Natürlich gab und gibt es die Dunkelmänner, und ein gebildeter Humanist wie Heinrich Böll hat gewußt, warum er sein Pamphlet vom Jahre 1975, geschrieben auf dem Höhepunkt einer amtlichen Gewissenserforschung, seine »Berichte über die Gesinnungslage der Nation«, genau nach dem Vorbild der humanistischen Epistolae obscurorum virorum aus dem frühen 16. Jahrhundert komponierte. Kaum einer hat es gemerkt. Adressat der Dunkelmännerbriefe war der mächtige Mönch Ortvinus Gratius zu Köln: allein er und die Seinen hatten stets auch die Gegenspieler in einer Stadt, die sich's geleistet hatte, den geistlichen Fürsten zu akzeptieren, doch nicht als weltlichen Herrscher. Erzbistum und Freie Reichs- und Hansestadt; der Klüngel und der Dr. Karl Marx mitsamt dem Kölner Kommunistenprozeß; potente und rüde Expressionisten in den Zwanziger Jahren, aber die »Dreigroschenoper« durfte erst im Schauspielhaus in der Glockengasse aufgeführt werden, nachdem man einige Texte gereinigt hatte; die strenge Nachfolge der Heiligen Albertus Magnus und Thomas Aquinensis und die »Verlorene Ehre der Katharina Blum«. Da soll sich ein Fremder auskennen...

Am Ausgang der Sechziger Jahre kam aus Amerika und Frankreich auch zu uns die magische Jugendformel von der »Süßen Anarchie«. Die hat es, wenn man sie als ein gleichsam existentielles Neinsagertum versteht, in unserer Stadt Köln von jeher gegeben. Durchaus nicht nur am Fastelovend. Vor allem das Verhältnis der Kölner zur Literatur ist dadurch entscheidend determiniert worden. Lassen Sie mich abschließend auch davon noch sprechen.

Meister der Weltliteratur hat Köln nicht hervorgebracht. Nur zu oft verflog sich der Genius beim Anflug. Dann kam Rubens in Siegen zur Welt, Beethoven in Bonn, Heine in der Altstadt von Düsseldorf. Jakob Ebersch freilich wurde hier geboren, bei der Synagoge in der Glockengasse. Das war in der Ordnung, denn Jacques Offenbach ist ein Genie des musikalischen Theaters, und Köln ist eine Stadt der Dramatik, auch eine dramatische Stadt. Das ist katholisches Erbe. Pietistisch und verinnerlicht hat man hierzulande noch nie dahingelebt.

Deshalb versagen die hergebrachten literarischen Gattungen ebenso wie die strengen Scheidungen zwischen sogenannt hoher und sogenannt trivialer Literatur, wenn man das Verhältnis der Kölner zum Wort und zur Wortkunst benennen soll. Nichts paßt hier weniger als das Bild von der musischen Elite und vom elfenbeinernen Turm. Wort und Bild ergreifen bei uns die Massen: sie sind plebejisch und durchaus »unfein«, aber potent. Ich will das an einem Beispiel zeigen, das manchen überraschen mag. Doch es ist mir ernst damit. Ich spreche von Willi Ostermann, den ich noch erlebt habe: den melancholischen Clown und Spaßmacher fast wider Willen. So oft er hochdeutsch dichtete und entsprechend musizierte, im Walzertakt oder zur Marschmusik, mit »Einmal am Rhein« oder gar »Ober! Schnell noch eine Runde her!«, lieferte er sich der Fidelitas aus. Doch es gibt den anderen Ostermann, den Volksdichter und Poeten der kleinen Leute, der Genrebilder geliefert hat von unvergleichlicher Echtheit. Darin lebt das noch bäuerliche Köln, und das Volk zwischen Altermarkt und Rheinufer: arme Leute, oft auch reines Gesocks. Kurz bevor ich zur Welt kam, nach dem Fastelovend 1907, trat Ostermann zum ersten Mal hervor und fand sogleich seine poetische Ausdrucksform. »Däm Schmitz sing Frau es durchgebrannt.« Eine Tragödie, die abgewehrt wird mit dem Spruch: »d'r Schmitz dä laach sich halb kapott.« Und man sage mir nicht, es sei philologische Spinnerei, wenn ich dieselbe Thematik und auch Chansontechnik bei Offenbach wiederfinde: beim Auftrittslied des »Ritter Blaubart«, der seine lieben Gattinnen umzubringen pflegte: »Nie war je ein Witwer so, wie der Ritter Blaubart froh!«

Es ist Literatur der kleinen Leute. In den besten Dialektliedern Ostermanns handelt es sich um eine schöne und echte Poesie. Die Wienanz mit ihrem fragwürdigen Hasenbraten, die Leute vom Kindtauffest Unter Krahnenbäumen, dat Schmitze Billa, die vielen anderen: es wird mir nicht schwer, sie wiederzuentdecken in den Geschichten von Heinrich Böll. Es ist kein Zufall, daß das Vorwort zum Ersten Band von Bölls gesammelten Romanen und Erzählungen unter die Überschrift »Anarchie und Zärtlichkeit« gestellt wurde. Auch der Architekt Feinhals in »Wo warst du, Adam?« war, wie bei Ostermann, auf dem Wege zu Fuß nach Köln, ohne ankommen zu dürfen. Leni Gruyten und Katharina Blum stehen für viele. Hier hat einer, in unseren Tagen, das alte Thema »Köln und die Literatur« neu behandelt. Nichts ging verloren von der plebejischen Tradition, von der

Parteinahme für die kleinen Leute, vom Neinsagertum und von der Widersetzlichkeit. Alles aber wurde zugleich zum Bestandteil der Weltliteratur. In vielen Ländern, jüngst noch in China, wurde ich immer wieder gefragt nach ihm: nach Heinrich Böll.

Sie haben, meine verehrten Mitglieder der Jury, den Literaturpreis der Stadt Köln einem Schriftsteller der kritischen und essayistischen Prosa verleihen wollen. Das setzt einen weiten, übergreifenden Begriff der Literatur voraus. Es ist auch der Begriff, den ich meiner Arbeit zugrunde legte.

Ich danke Ihnen, Herr Oberbürgermeister, und dem Rat der Stadt Köln für die große Ehre, die man mir erweist.

Ich danke der Jury für ihre Entscheidung.

Ich danke meinem Freund Jürgen Becker für seine Laudatio.

Meine besten Wünsche gelten der Gesundheit unseres großen Landsmannes Heinrich Böll.

Es ist Heimkehr, trotz allem, was ich jetzt empfinde.

VIII. FRIEDRICH DÜRRENMATT MIT SECHZIG JAHREN

(1981)

Zur Geburtstagsfeier in Zürich, ausgerichtet vom dortigen Stadtpräsidenten, hat er sich die Aufführung eines seiner Theaterstücke wahrscheinlich aussuchen können. Die Wahl fiel auf »Romulus der Große«. Als Autor dieser »Ungeschichtlichen Komödie in vier Akten«, wie der Untertitel lautet, hat er stets seine besondere Vorliebe für ein Stück einbekannt, das in der Sammlung seiner »Komödien« eine weltberühmte Reihe von Theaterstücken eröffnet und hinüberleitet zur »Ehe des Herrn Mississippi«, zu Dürrenmatts bedeutendem und unterschätztem Stück »Ein Engel kommt nach Babylon«, und natürlich zum »Besuch der Alten Dame«.

Wie ist Dürrenmatts Vorliebe für seinen Romulus Augustus, den letzten Kaiser von Westrom, zu erklären? Daß der »Besuch der Alten Dame« oder die Geschichte der drei geistig gesunden Physiker in der Irrenanstalt, auch die Komödie vom »Meteor« ein bedeutenderes Konzept besitzen, wohl auch eine interessantere Dramaturgie, kann man unschwer feststellen. Natürlich weiß es der kluge Friedrich Dürrenmatt. Trotzdem die Präferenz für jenen friedlichen, gar nicht ruhmsüchtigen Abschlußkaiser der römischen Geschichte, der sich von der Weltgeschichte verabschiedet, um als Pensionär eine Villa in Campanien zu beziehen: übrigens die ehemalige Villa des Lucullus. Romulus proklamiert: »Die kaiserlichen Hungerjahre sind vorüber. Hier hast du den Lorbeerkranz und die Kaisertoga. Das Reichsschwert findest du bei den Gartengeräten und den Senat in den Katakomben Roms. Holt mir nun meinen Namensvetter von der Wand, die Büste des Königs Romulus, des Gründers von Rom.«

Das Römische Weltreich hat aufgehört zu bestehen. Ein Reiterpräfekt klagt um »Das Reich«: sehr im Unterschied zu seinem Kaiser. Der überließ es den Germanen, diesen Odoaker und Theoderich, von nun an in Weltgeschichte zu machen, und damit in Grausamkeit und Metzelei.

Romulus der Große ist groß für Dürrenmatt, weil er nichts hält von der historischen Größe. Ein Mann nach dem Herzen seines Autors, des Sohnes aus einem protestantischen Pfarrhaus im Kanton Bern.

Wer sich über Farcen und Possen und sprunghafte dramaturgische Experimente des Stückeschreibers Dürrenmatt wundert oder gar ärgert, hat nicht verstanden, daß dieser Schriftsteller das Gegenteil repräsentiert eines innigen und sinnigen Poeten aus der Konvention des 19. und frühen 20. Jahrhunderts. Dürrenmatt ist ein Denker, dem die dialektische Theologie von Karl Barth ebenso vertraut ist wie die dialektische Geschichtsauffassung des Stückeschreibers Bertolt Brecht.

Alle Extravaganz in Dürrenmatts Komödien und auch Erzählungen ist nicht zu interpretieren als Exzeß einer reichen literarischen Phantasie, sondern aus einer folgerichtigen Grundposition: aus Dürrenmatts Urteil über seine Zeit und seine Umwelt. Das aber läßt sich an der ungeschichtlichen Komödie vom »großen« Romulus Augustulus vortrefflich exemplifizieren. Eine »Ungeschichtliche Komödie«. Als Leser Dürrenmatts sollte man jedes Wort ernst nehmen. *Ungeschichtlich* und *Komödie*. Dürrenmatt hält nichts von der Geschichte im Sinne irgendeines Heroenkults; er kann die sogenannt großen Männer nicht ausstehen, verfolgt sie allenthalben mit Hohn. Sogar der negative Held seiner Komödie »Der Meteor«, ein Nobelpreisträger für Literatur, ist ihm nur dadurch erträglich, daß er in Ruhe, und ganz unprominent, sterben will. So wie Romulus in Ruhe, und ganz unprominent, sein Kaiser-Dasein abschließen möchte.

Allen übrigen, die versessen sind auf Aktionen, Opfer und Selbstopfer, auf Ruhm und Nachwelt, gilt Dürrenmatts entschiedene Absage. Durchaus nicht, weil er den Begriff der »Größe« leugnen oder auch bloß ignorieren möchte. Alle Arbeiten Friedrich Dürrenmatts sind das Werk eines zornigen Moralisten, vielleicht sogar eines Theologen, doch des Theologen einer Negativen Theologie. In den frühen Werken wird nicht geleugnet, daß es große Menschen in der Geschichte gegeben hat. Dürrenmatts erstes Stück, das einen Theaterskandal entfesselte, sein Schauspiel von den Wiedertäufern in Münster im frühen 16.

Jahrhundert, scheint geschichtliche Größe nur in Form des Opfers und Verzichts auf die ruhmreiche Aktion zu verstehen. Vorbild ist in den Anfängen die Dramaturgie Frank Wedekinds, vor allem das Gegenspiel zwischen dem hochstaplerischen Marquis von Keith und seinem moralistischen Gegenspieler Ernst Scholz.

Das war der geistige Ausgangspunkt: Ablehnung der historischen Akteure *und* parteiisches Interesse für diejenigen, die sich opfern. Noch in der späteren Bearbeitung der Wiedertäufer-Komödie im Jahr 1967 versteht Dürrenmatt sein Spiel dramaturgisch durchaus als »Dramaturgie der Komödie als Welttheater«. Das letzte Wort im Stück hat der uralte Bischof von Münster, der zusehen muß, wie Ruhe und Ordnung wiederhergestellt werden durch Mord und Brand und Folter. Sein letztes Wort lautet: »Diese unmenschliche Welt muß menschlicher werden / Aber wie? Aber wie?«

Es bedeutet die dramaturgische Entsprechung zu Dürrenmatts Anti-Historismus, wenn er seine Theaterstücke stets als »Komödien« definiert. Eine Komödie ist kein Lustspiel. Bei Dürrenmatt schwelgt man bisweilen in »Leichen«, doch so, daß nicht irgendeine »tragische Erschütterung« ausgelöst werden soll, sondern abermals im Gegenteil: man lacht über die jeweils nächste Leiche auf der Bühne, und man soll das auch. Das haben Theaterbesucher immer wieder mißverstanden. Allein man kann und soll sich nicht »identifizieren« mit irgendeiner Kunstfigur auf der Bühne, die umgebracht wird. Übrigens handelt es sich meistens um Stücke, die in irgendeinem Gangstermilieu spielen, womit Dürrenmatt durchaus nicht die sogenannte Unterwelt meint, sondern weit eher, und zumeist, die gesellschaftliche Oberwelt.

In einem seiner wichtigsten Essays, den »Theaterproblemen« von 1955, hat er früh schon geantwortet und ein Bekenntnis abgelegt, das gleichzeitig eine Geschichtsposition (oder Ungeschichtsposition) bedeutet *und* eine Dramaturgie. »Die Tragödie setzt Schuld, Not, Maß, Übersicht, Verantwortung voraus. In der Wurstelei unseres Jahrhunderts, in diesem Kehraus der weißen Rasse, gibt es keine Schuldigen und auch keine Verantwortlichen mehr. Alle können nichts dafür und haben es nicht gewollt. Es geht wirklich ohne jeden. Alles wird mitgerissen und bleibt in irgendeinem Rechen hängen. Wir sind zu kollektiv schuldig, zu kollektiv gebettet in die Sünden unserer Väter und Vorväter. Wir sind nur noch Kindeskinder. Das ist unser Pech, nicht unsere Schuld: Schuld gibt es nur noch als persönliche Leistung, als religiöse Tat. Uns kommt nur noch die Komödie bei.«

Damit war keine Leugnung des Phänomens der Tragik beabsichtigt, denn Dürrenmatt hatte, vor fünfundzwanzig Jahren, hinzugesetzt: »Doch ist das Tragische immer noch möglich, auch wenn die reine Tragödie nicht mehr möglich ist. Wir können das Tragische aus der Komödie heraus erzielen, hervorbringen als einen schrecklichen Moment, als einen sich öffnenden Abgrund.« So spricht und schreibt kein Zyniker. In einem Theaterstück von 1976, auch einer Komödie natürlich, mit dem Titel »Der Mitmacher« beläßt der Stückeschreiber seinen Figuren im wesentlichen nur noch amerikanische Funktionsnamen wie Doc, Boss oder Cop. Es gibt da eine Figur namens Bill, die erkannt hat: »Die Welt geht dich nichts mehr an. Sie liefert dir nur noch ihre Toten und ihre Comics. Nicht ich vernichte sie, *sie* vernichtet sich. Ich helfe bloß nach.« Und der Cop äußert bei anderer Gelegenheit: »Was ist denn heute schon Mord, Doc? Ein Kavaliersdelikt.«

Damit war Dürrenmatt bei einer Weltvision angelangt, die es nicht einmal mehr erlaubte, mit Hilfe der Komödien auf der Bühne interpretiert zu werden. Unseren heutigen Zuständen kam, wie der Dramatiker Dürrenmatt erkennen mußte, auch nicht mehr die Komödie bei. Es ist daher vermutlich falsch, wenn Theaterkritiker die aus solchen Erwägungen entstandenen späten Komödien Dürrenmatts, einschließlich seines Stückes »Die Frist«, das sich das verlängerte Sterben des Generalissimus Franco zum Thema nahm, als literarische »Erschöpfung« eines vormals bedeutenden Dramatikers deuten. Vielleicht kann man eher sagen, daß Dürrenmatts heutige Einsichten als Moralist und Zeitgenosse mit den Mitteln eines Theaters, wie er sie bis dahin beherrschte, nicht mehr dargestellt werden können. Dürrenmatt war klug und selbstsicher genug, um diese Folgerung zu ziehen. »Ich bin in die Freiheit entlassen worden«, formulierte er in einem Interview. Ein entlassener Sträfling, der das Gefängnis der Stückeschreiber verlassen darf. Vielleicht mit Hilfe eines Urlaubs auf Bewährung?

Rechtzeitig zum sechzigsten Geburtstag am 5. Januar ist das bisher entstandene Gesamtwerk in zwei Kassetten vorgelegt worden. Es demonstriert, daß Friedrich Dürrenmatts Œuvre überhaupt nicht abhängig sein kann von Erfolg oder Mißerfolg irgendeiner der dramatischen Produktionen, wo es Welterfolge gegeben hat wie den »Besuch der Alten Dame«, und totale Mißerfolge, beispielsweise beim »Mitmacher«. Der Erzähler Friedrich Dürrenmatt ist dem Stückeschreiber ebenbürtig. Neben einem so singulären Theaterstück wie dem »Besuch der Alten Dame« steht Dürrenmatts Erzählung »Die Panne«, ursprünglich als Hörspiel entworfen, in den letzten Jahren vom Autor auch als Theaterstück dramatisiert. Als Erzählung aber hat die Geschichte von dem durchschnittlichen Geschäftsreisenden Alfredo Traps, der plötzlich in einem kleinen schweizerischen Ort, und auf Grund einer Autopanne, mit der antiken Tragödie konfrontiert wird und einer absoluten Gerechtigkeit, ihre gültige Form gefunden. Dies ist eine der großen Prosageschichten unseres Jahrhunderts in deutscher Sprache.

Der späte Friedrich Dürrenmatt entdeckte für sich in den letzten Jahren immer häufiger die persönliche Mischform aus Dramatik, erzählender Prosa und essayistisch-kritischer Analyse, wie sie George Bernard Shaw für sich erfunden hatte. Auch die spätere Dramaturgie Dürrenmatts erinnert bisweilen, ohne daß man irgend von einem Vorbild sprechen könnte, an die Dramaturgie Shaws, der das Schachbrett mit den Kunstfiguren umzuwerfen pflegte.

In diesen Mischformen einer erzählenden und gleichzeitig analysierenden Prosa sind Dürrenmatt in den letzten Jahren bedeutende Arbeiten gelungen. Das Buch »Zusammenhänge« vom Jahr 1976 wird man noch zu entdecken haben. Es hat zwei Untertitel: »Essay über Israel. Eine Konzeption.« Es handelt sich hier um eine der tiefsten und eindringlichsten Bemühungen eines protestantischen Denkers, Phänomene des Judentums begreifen zu wollen.

Daß es dabei eine personale Kontinuität gibt, scheint Friedrich

Dürrenmatt nicht zweifelhaft zu sein. Seine Beispiele lauten: Jeremias, Karl Marx, Karl Kraus und Albert Einstein. Kraus und Einstein nennt er »die letzten großen Juden«. Dürrenmatt spricht ausdrücklich, auf unsere Zeit und Zeitgenossenschaft bezogen, vom Endspiel und meint: »Erst mit der Erkenntnis, daß, was zur Sprache gebracht wird, auch bloß Sprache ist, wird das Ästhetische hinfällig, mehr noch, wenn die Sprache nur noch Sprache sein kann, wird alles hinfällig, wird jede Aussage unmöglich.«

Hier hält er also: Friedrich Dürrenmatt mit sechzig Jahren. Hinfällig geworden sind für ihn Tragödie und Komödie. Hinfällig erscheint eine jede Aussage zur Gegenwart und Vergangenheit in einem Weltaugenblick, da Sprache *nur noch Sprache* zu sein vermag. Dürrenmatt erläutert: »Bei Karl Kraus verdichtet sich das Weltgericht in der Sprache, bei Albert Einstein wird das Weltgericht durch die Sprache herstellbar: durch die Atombombe.«

Er soll weitermachen, Friedrich Dürrenmatt. Solange Sprache noch helfen kann, alles verstehbar zu machen: was anders ist als Sprache.

IX. LESSING, HEINE UND DIE FOLGEN

(Hamburg und Berlin, 1981)

Lessing starb am Abend des 15. Februar 1781 in Braunschweig. Gegen sieben Uhr erlitt er einen Blutsturz, der bald darauf zum Tod durch Ersticken führte. Es war der dritte Schlaganfall. Bereits am 3. Februar war der »Stickfluß«, wie man damals sagte, aufgetreten: mitten in einer Gesellschaft der Braunschweiger Freunde. Lessing rechnete damals wohl schon mit dem Ende; zwar verhinderte ihn eine Lähmung am Sprechen, allein er wehrte sich dagegen, einen Arzt zu empfangen. Am nächsten Tag wollte er nach Wolfenbüttel zurückkehren, denn in Braunschweig besaß der Hofrat Lessing zwar ein kleines ständiges Quartier, wo er unterkam, wenn er wieder einmal genug hatte von Wolfenbüttel, allein er wollte zurück nach Hause, in die Pflege seiner Stieftochter Amalie, der Tochter von Eva König.
Gotthold Ephraim Lessing starb mit 52 Jahren, allein die Freunde, die ihn gekannt hatten, auch die Einwohner von Wolfenbüttel und Braunschweig, behielten einen weit über seine Jahre hinaus gealterten und lustlos dahinlebenden Mann in Erinnerung, dem das Ende nicht unlieb sein mochte. Der Obduktionsbefund sprach von »Brustwassersucht und starken Verknöcherungen der Brustwirbel«. Das Herzasthma war schon früher aufgetreten. Auch die große Italienreise im Jahre 1775, die Lessing höchst ungern auf Bitten des Prinzen Maximilian Julius Leopold von Braunschweig und als dessen Ratgeber unternahm, weil der Prinz so sehr darum gebeten hatte, brachte weder Erholung noch innere Befreiung. Lessing ertrug die sommerliche Hitze nur mit Mühe und mußte sich widerwillig dem Prinzen fügen, der noch im Lande bleiben wollte.
Ein kranker, lebensunlustiger, innerlich wie äußerlich offenbar gescheiterter Mann. Am 4. Dezember 1780 hatte Lessing in einem Brief gestanden, er sei unfähig und unlustig zu jeglicher Arbeit. Damals nahm er einen jungen Juden namens Alexander Daveson bei sich auf, den man auf Grund irgendwelcher Intrigen sowohl der Pastoren wie der Rabbiner, vermutlich weil er

Lessings religiöse und philosophische Ansichten teilte, ins Gefängnis geworfen hatte. Nach der Entlassung aus der Haft darf er zu Lessing ziehen. Der hatte ihn vorher an seinen Freund Moses Mendelssohn verwiesen und bitter in seinem Brief an Mendelssohn vom 19. Dezember 1780 eingeräumt, daß Alexander Daveson vielleicht nicht ohne Grund inhaftiert worden sei. Lessing schrieb: »Denn es ist nicht wahr, daß der Unglückliche ganz unschuldig ist. An Klugheit hat er es wohl immer fehlen lassen.« Dann heißt es weiter in diesem Lessing-Brief an Mendelssohn: »Er will von Ihnen nichts, lieber Moses, als daß Sie ihm den kürzesten und sichersten Weg nach dem Europäischen Lande vorschlagen, wo es weder Christen noch Juden gibt. Ich verliere ihn ungern; aber sobald der Glückliche da angelangt ist, bin ich der erste, der ihm folgt.« Damals hatte Lessing noch acht Wochen zu leben. Der Brief an den jüdischen Freund verrät einen Todeswunsch. Auch davon wird weiter in jenem Brief mit aller Lessingschen Deutlichkeit gesprochen: »Ich glaube nicht, daß Sie mich als einen Menschen kennen, der nach Lobe heißhungrig ist. Aber die Kälte, mit der die Welt gewissen Leuten zu bezeugen pflegt, daß sie ihr auch gar nichts recht machen, ist, wenn nicht tötend, doch erstarrend.«
Dann folgen Sätze, die wie eine Vorwegnahme Hölderlins anmuten, jener Verse des späten Hölderin, der gestanden hatte:

Das Angenehme dieser Welt hab ich genossen,
Die Jugendstunden sind, wie lang! wie lang! verflossen.
April und Mai und Julius sind ferne,
Ich bin nichts mehr, ich lebe nicht mehr gerne!

In der Prosa Gotthold Ephraim Lessings ist der Gedanke so ausgedrückt, im gemeinsamen Rückblick an »unsre beßren Tage«: »Auch ich war damals ein gesundes schlankes Bäumchen; und bin itzt ein so fauler knorrichter Stamm! Ach, lieber Freund! diese Scene ist aus! Gern möchte ich Sie freilich noch einmal sprechen.«
Der Jude Daveson, der das Land nicht gefunden hatte, wo es weder Christen noch Juden gibt, war neben und bei ihm am Todestag. Er hatte ihm noch vorgelesen an diesem 15. Februar.

Daveson mußte auch dem Herzog und seinem Hof die Nachricht vom Tode des Hofrats überbringen.
Lessing war mittellos bei seinem Ableben. Der Herzog ordnete an, daß die Beisetzung auf Kosten der fürstlichen Schatulle zu erfolgen habe. Natürlich wußte man immer, wen man hier als Untertan besaß. Man hatte auch immer ein bißchen zugelegt, wenn Angebote anderer Fürsten und Institutionen gemacht worden waren. Als Lessing bei der Rückkehr von der Italienreise einige Zeit in Wien zubringt, werden dort Festaufführungen der »Minna von Barnhelm« und der »Emilia Galotti« angesetzt. Im Theater bereitet man dem Dramatiker wahre Ovationen. Übrigens sieht Lessing bei dieser Gelegenheit zum ersten Mal seine »Emilia Galotti« auf der Bühne. Er wird auch von Maria Theresia und ihrem Mitregenten und Sohn Joseph, von Joseph II. also, in der Hofburg empfangen. Allein er geht nicht auf Angebote des Fürsten Kaunitz ein, obwohl er damals kaum noch genügend Geld besaß für eine bescheidene Lebensführung. Erst im Frühsommer 1776 kommt es zu einer leichten Aufbesserung in Braunschweig, so daß Gotthold Ephraim wenigstens seiner Mutter in Kamenz wieder etwas Geld schicken kann. Die Mutter stirbt im März 1777.
Trotzdem schien Lessing aus dem Scheitern eines Deutschen Nationaltheaters in Hamburg nichts gelernt zu haben, oder wohl eher: der Gedanke an eine Nationale Schaubühne der Deutschen war ihm so wichtig, daß er die neuen Enttäuschungen seit Anbeginn in Kauf nahm. So kam es zu Beginn des Jahres 1777 zu einem neuen Versuch, diesmal in Mannheim. Der Kurfürst von der Pfalz hatte Lessing eingeladen: er solle die Leitung des dortigen Theaters übernehmen, um hier die Hamburger Erfahrungen von neuem zu nutzen. Das aber wird sogleich an Ort und Stelle durch höfische und pfälzische Intrigen verhindert. Die Zusagen sind windig, worauf Lessing die Verhandlungen abbricht. Es kommt zu einem erbitterten Briefwechsel und zum Scheitern des Projekts. In Hamburg war die Frage der nüchternen Rentabilität stärker gewesen als die Freude an einem Bürger-Theater. In Mannheim bestand die Paradoxie darin, daß ein aufgeklärter Feudalismus mit Hilfe des bürgerlichen Denkers Lessing ein gegen-höfisches Theater einzurichten versuchte. Mit

Hartnäckigkeit übrigens, denn fünf Jahre nach Lessings Aufenthalt in der Pfalz erfolgte am Mannheimer Nationaltheater, am 13. Januar 1782, die Uraufführung der »Räuber«. Allein auch Friedrich Schiller ist dann in der Nachfolge Lessings gescheitert. Er hatte mehr zu bieten und größere Erwartungen zu wecken als der gealterte Lessing, den alle ehrten und feierten, dem jedoch kaum einer von den Jungen mehr zu folgen gedachte. Schiller bekam jene Möglichkeiten, die man Lessing sogleich verweigert hatte: einen Verleger, eine Zeitschrift mit dem Titel »Rheinische Thalia«, eine »Mannheimische Dramaturgie«, welche dort fortzufahren gedachte, wo eine »Hamburgische Dramaturgie« abbrechen mußte. Am Ende jedoch erging es auch Schiller nicht anders als Lessing.
Als Lessing am Hamburger Gänsemarkt gestrandet war, muß er die Stadt verlassen und sich mit literarischen Arbeiten und gelegentlichen Versuchen als Verleger durchschlagen. Davon kann man nicht leben. Trotzdem versucht er immer noch, von Hamburg aus zu wirken. Dort wird am 1. und 2. Februar 1769 Lessings Bibliothek versteigert. Die Schulden werden trotzdem nicht gedeckt vom Erlös. Den in Mannheim gescheiterten Friedrich Schiller erreicht die Einladung eines begüterten Juristen in Dresden: Johann Gottfried Körner. Der holt Schiller, nach dem Mannheimer Debakel, ins Dörfchen Gohlis vor den Toren von Leipzig. Im Gartenhäuschen, das heute noch steht, schreibt der fast unfreiwillige Gast die Verse »Freude, schöner Götterfunken«.
Es folgt die Etappe Dresden, das Leben bei Freunden und mit Hilfe von Brotschreiberei, der entnervende Kampf mit dem »Don Carlos«. Als der ausgestanden ist, wirkt Schiller so verzweifelt, daß er zehn Jahre lang auf alle Dramatik verzichtet zugunsten der Geschichte und der Philosophie.
Lessing hat niemals auf die Dramatik ausdrücklich verzichtet, doch wurde er immer wieder abgelenkt von der Ausarbeitung seiner Einfälle durch die gelehrten Abhandlungen, die Polemiken, auch durch eine Hamburgische *Dramaturgie*, die eine Hamburgische *Dramatik* Gotthold Ephraim Lessings eher verhinderte als förderte. Erst gegen Ende seines Lebens, wie bekannt, hielt Lessing durch und schrieb noch einmal ein

Theaterstück zu Ende, noch dazu in einer ganz ungewohnten, doch ungemein folgenreichen Sprachform. Die fünffüßigen Jamben des Schauspiels »Nathan der Weise« haben mehr als ein Jahrhundert lang, im Grunde bis zum Wendepunkt des Naturalismus, das Bild vom deutschen Drama geprägt.
Als Lessing starb an jenem 15. Februar 1781, muß der Herzog von Braunschweig insgeheim erleichtert gewesen sein, denn im November 1780 hatte Lessing durch seinen Souverän erfahren müssen, das gesamte Corpus Evangelicorum, also die Vertreter der protestantischen Mächte beim Reichstag des Heiligen Römischen Reiches Deutscher Nation, gedenke mit Macht anzugehen gegen den Hofrat Lessing als Herausgeber der Fragmente eines Unbekannten mit dem Titel »Von dem Zwecke Jesu und seiner Jünger«.
Was der Herzog seinem Untertan mitzuteilen hatte, war ein »Excitatorium«. Lessing hatte sich zu verantworten vor der gesamten evangelischen Welt, und es war mit einer Bestrafung zu rechnen.
In dieser Konstellation starb Lessing. Sein Tod hat vermutlich einen neuen Skandal innerhalb der deutschen Misere damaliger Zeit verhindert. So ist es auch anderen später ergangen. Der Kammergerichtsrat E. T. A. Hoffmann in Berlin starb im Jahre 1822 während eines schwebenden Verfahrens, das zum Ziel hatte, ihn aus dem Amt zu entfernen. Er war beschuldigt, den politischen Umstürzlern und Demagogen geholfen zu haben: als Jurist wie als Schriftsteller.
Der Hamburger Philosoph und Literaturwissenschaftler Theodor Wilhelm Danzel, einer der bedeutendsten Denker jener nach-goetheschen Ära, starb als Privatdozent der Universität Leipzig, während ein Gerichtsverfahren gegen ihn vorbereitet wurde. Der Grund: Sympathie und Beihilfe während der Revolution von 1848/49. Danzel starb rechtzeitig. Sein Freund aus Schleswig, der Althistoriker Theodor Mommsen, später der erste deutsche Nobelpreisträger für Literatur, wurde gleichfalls verklagt, mußte die Universität Leipzig verlassen und sich zu den Emigranten in Zürich gesellen, zu den Gottfried Semper und Richard Wagner und Georg Herwegh.
Lessings spätes Leben und sein frühes, einsam-trauriges Sterben

lösen immer wieder Erinnerungen aus an andere Lebensläufe: an Schiller und Hölderlin, Hoffmann und Danzel und Theodor Mommsen, wie viele noch – Lessings Schicksal war stellvertretend und ist stellvertretend geblieben in Deutschland: im Großen wie im Schlechten.

Der späte Lessing, im Grunde nur ein Mann von fünfzig Jahren, der kaum etwas von der außerdeutschen Welt gesehen hatte, mit Ausnahme jener kurzen Italienreise, die zu spät für ihn kam, war in eine historische Konstellation geraten, wo er es in der Tat keinem mehr recht machen konnte. Die politischen und religiösen Orthodoxien hatten ihm stets mißtraut. Mit einer etablierten Gelehrsamkeit des Pastors Lange oder des Professors Klotz war er innig verfeindet, weil er sowohl in der Sache meistens recht hatte, wie auch eine Prosa schrieb von tödlichem Witz. Nun aber war eine junge Generation aufgetreten, die man seither nach einem ihrer Theaterstücke, dem Schauspiel »Sturm und Drang« von Maximilian Klinger, als Stürmer und Dränger zu registrieren pflegt. Sie alle waren voller Respekt für Lessing, hielten ihn aber nicht mehr für einen der Ihren. Der Autor einer »Emilia Galotti«, eines Meisterwerks also der formalen Komposition, konnte nur Abscheu empfinden vor der – in Wahrheit durchaus kunstvollen – Unordnung eines Schauspiels über den Ritter Gottfried von Berlichingen. Dem kühlen Rationalismus der Lessing-Prosa mit ihren rhetorischen Gegensätzen und scharfen Schlußfolgerungen mußte das musikalisch-emotionale Strömen in der Unglücksgeschichte des jungen Werther wie eine absolute Antithese vorkommen. Lessing plante demgemäß eine Werther-Parodie, die übrigens nicht als Gegen-Erzählung, sondern als dramatischer Entwurf vor seinen Augen stand, doch gleichfalls nicht ausgeführt wurde.

Worin unterschieden sich die jungen Leute der Siebziger Jahre von ihrem Vorbild Gotthold Ephraim Lessing? Die herkömmlichen Germanisten-Antithesen mit ihrem Klapperspiel vom Rationalismus und Irrationalismus erklären gar nichts, denn Georg Lukács hat mit Recht und großem Nachdruck etabliert, daß der deutsche Sturm und Drang keine Gegenströmung zur Aufklärung der Lessing-Zeit gewesen ist, sondern deren Weiterführung. Der Gegensatz zwischen Lessing und dem jungen

Goethe oder auch Jakob Michael Reinhold Lenz scheint mir durch *Lessings Aufklärungsdoktrin des Kompromisses* bestimmt zu sein. In der Ethik wie der Ästhetik des Aristoteles erhielt der Begriff der Mitte und des Mittelwegs die entscheidende Rolle: die sogenannte Mesotes. Ihr fühlte sich auch Lessing verbunden, der nach wie vor den Aristoteles in der Poetik anerkannte und bloß, im Gegensatz zu den Franzosen und zu Gottsched, der Meinung war, daß man auch den geliebten Shakespeare mit Hilfe von Aristoteles erklären könne. Auch der Dramatiker Lessing hielt es mit der Mitte. Ein Übermaß, sogar in einer an sich schätzenswerten Eigenschaft, vermochte für ihn umzuschlagen in die Negation und damit – in die Tragik. Die allzu große Keuschheit der Emilia Galotti machte die Tragödie möglich; der allzu große Wissensdrang des Doktor Faust, an sich höchst schätzbar für einen Aufklärer, konnte ins Unheil führen, wie man an Lessings Plänen mit dem Faust-Stoff erkennen darf.
Es war nicht allein der Aristoteles, sondern Lessings geschichtliche Bemühung, im zersplitterten Deutschland, mit unentwickelten Städten und einem noch schwachen Bürgertum, wie es sich dem Augenzeugen Lessing in den wichtigsten und stärksten Bürgerstädten damaliger Zeit, in Leipzig und Hamburg, gezeigt hatte, einen bürgerlich-höfischen Kompromiß anzustreben: mit Hilfe aufgeklärter Literatur, eines Bürger-Theaters, einer rational zufriedenstellenden Religion, die sich dem Testat kritischer Vernunft zu unterwerfen hatte.
Allein damit war Lessing, im letzten Jahrzehnt seines Lebens, in eine Konstellation geraten, die kaum einer mit ihm teilen wollte: vielleicht mit Ausnahme von ein paar Juden, die seiner Redlichkeit und emanzipatorischen Gesinnung sich anvertraut hatten.
Im übrigen aber? Der Stürmer und Dränger Lenz schrieb »Anmerkungen übers Theater« gleichsam als Gegenentwurf zur Hamburgischen Dramaturgie. Da wurde der gesamte Aristoteles, ob richtig verstanden oder mißverstanden, als unbrauchbar abgetan. Der bürgerlich-feudale Kompromiß galt als Illusion. Man mußte sich selbst helfen, statt Hilfe zu suchen bei den aufgeklärten Aristokraten. Auf das Volk kam es an, die städtischen Plebejer und die Bauern, die »kleinen Leute«, die Lenz

gleichsam als erster auf das Theater brachte. Was trotzdem nicht ausschloß – und hier wird die deutsche Misere nicht allein in der Lessing-Zeit spürbar, sondern ebenso im Sturm und Drang –, daß auch die wichtigsten Theaterstücke des Sturm und Drang vom bürgerlich-höfischen Kompromiß nicht abgehen können. Sprecher für das Volk und die Aufklärung sind der Ritter Götz von Berlichingen, der Graf Egmont, der Geheimrat von Berg im »Hofmeister« bei Lenz, der Reichsgraf Karl Moor, der Baron Ferdinand von Walter, andere noch.
Auch Lessing hatte in seiner letzten Lebenszeit erkannt, daß seine geistige Welt der Mitte und der Vermittlung an den deutschen Verhältnissen scheitern mußte. Was sich in Lessings Leben als Folge der Auseinandersetzung mit dem Hauptpastor zu St. Catharinen in Hamburg, mit Melchior Goeze, abgespielt hat, ist bis heute als historische Konstellation der deutschen Intellektuellen und ihrer Aufklärung vertraut geblieben. Es ist die Situation eines Mannes der Mitte, der durch die Umstände und gesellschaftlichen Konstellationen zum Radikalen »umfunktioniert« wird, wie man heute zu sagen pflegt. Zuerst von außen: weil die etablierten Orthodoxien der Macht und der Ideologie einen jeden Kompromiß und überhaupt die Aufklärung nicht mehr dulden möchten. Dann auch in sich selbst: weil plötzlich ein Festhalten an den erkannten Wahrheiten dazu zwingt, die bloße Negativität und die Zauberformel der Mitte preiszugeben und *neue Zukunftspläne* zu erdenken.
Das hat Lessing getan in seiner nicht zufällig kaum mehr bekannten späten Schrift über »Die Erziehung des Menschengeschlechtes«. Die Schrift, abgefaßt in hundert Paragraphen, was an die »Ethik« des Spinoza erinnert, zu der sich Lessing um jene Zeit im Gespräch mit Friedrich Heinrich Jacobi so ausdrücklich bekannte, erschien im April 1780 zur Ostermesse. Lessing hatte nicht als Verfasser gezeichnet, doch ist seine Verfasserschaft wohl unbestritten. So schrieb damals übrigens kein anderer Deutscher. Ausgangspunkt ist auch hier, doch nur scheinbar, der Kompromiß zwischen offenbarter Religion und menschlicher Selbstentwicklung. Der Paragraph 2 stipuliert: »Erziehung ist Offenbarung, die dem einzeln Menschen geschieht: und Offenbarung ist Erziehung, die dem Menschengeschlechte geschehen

ist und noch geschieht.« Das wird zunächst am Fortgang vom Alten zum Neuen Testament entwickelt. Ungefähr auch so, wie es die Pfarrer meinen. Dann aber möchte der Autor der Schrift über die Erziehung des Menschengeschlechtes weitergehen. Weitergehen? Also hinaus über die etablierten Lehren christlicher Religion. Lessing stellt sich die Frage im Paragraph 81: »Oder soll das menschliche Geschlecht auf diese höchste Stufe der Aufklärung, der Reinigkeit nie kommen? Nie?« Um so zu antworten im nächsten Paragraphen: »Nie?–, laß mich diese Lästerung nicht denken, Allgütiger! – Die Erziehung hat ihr *Ziel;* bei dem Geschlechte nicht weniger als bei dem Einzeln. Was erzogen wird, wird zu etwas erzogen.«

Und dann noch kühner und enthemmter im Paragraphen 86: »Sie wird gewiß kommen, die Zeit eines *neuen ewigen Evangeliums,* die uns selbst in den Elementarbüchern des Neuen Bundes versprochen.«

Lessing und die konkrete Utopie. Es liest sich wie eine Vorwegnahme entscheidender Gedanken bei Ernst Bloch, wenn bereits Lessing, im weiteren Verlauf und Abschluß seiner Abhandlung, darauf hinweist, daß »vielleicht« auch die Schwärmer und Häretiker des 13. und 14. Jahrhunderts eine Vision jenes Neuen Evangeliums gehabt und verkündet hatten. Das aber hieß, vom Standpunkt einer *jeden* Religion, bei den Vertretern eines *jeden* der drei Ringe aus Lessings Ring-Parabel, den schlimmsten Anstoß erregen. Damit war eine Lehre vom Recht der Häretiker, der Außenseiter, der Neinsager proklamiert. Der körperlich müde und erschöpfte Lessing ist geistig wach und nicht entmutigt. Sein Paragraph 100 schließt mit einer rhetorischen Frage: »Und was habe ich denn zu versäumen? Ist nicht die ganze Ewigkeit mein?«

Am Ende seines Lebens hatte Lessing die Permanenz der Aufklärung verkündet: als einen Prozeß unentwegter Erziehung und Selbsterziehung des Menschengeschlechtes. Zwei Evangelien und Testamente waren durch Offenbarung begründet worden, das dritte Testament oder Evangelium mußte ohne Offenbarung auskommen. Doch würde es und müßte es kommen.

Diese Lehre ist kühner und schroffer noch als die Botschaft des Schauspiels vom Weisen Nathan. Sie vor allem hat Lessings

Weiterwirken auf die Nachwelt begründet. Als Lehre von der relativen Wahrheit, die stets durch eine neue relative Wahrheit oder durch das Suchen danach überwunden werden müsse. Als permanenter Prozeß einer »Dialektik der Aufklärung«.
Was Lessing im Frühjahr 1780 als anonyme Schrift hatte publizieren lassen, die Lehre vom dritten, säkularisierten Evangelium, wurde von einem, der seinen Lessing genau kannte, gut fünfzig Jahre später in folgenden Versen wiederholt:

Auf diesen Felsen bauen wir
Die Kirche von dem dritten,
Dem dritten neuen Testament;
Das Leid ist ausgelitten.

Vernichtet ist das Zweierlei,
Das uns so lang betöret;
Die dumme Leiberquälerei
Hat endlich aufgehöret.

Hörst du den Gott im finstern Meer?
Mit tausend Stimmen spricht er.
Und siehst du über unserm Haupt
Die tausend Gotteslichter?

Der heilge Gott, der ist im Licht
Wie in den Finsternissen;
Und Gott ist alles, was da ist;
Er ist in unsern Küssen.

Das gibt sich als ein harmloses Gedichtlein in der bekannten Art des Lyrikers *Heinrich Heine*. Es steht in der Sammlung seiner »Neuen Gedichte« von 1844, und zwar als Nummer VII in einem Zyklus von fünfzehn Poesien der gleichen oder doch ähnlichen Machart. Die Nummer VI war eine Meerszene wohlbekannter Manier und hätte schon im »Buch der Lieder« stehen können. Auch die Nummer VIII ist eine Meerszene mit unverkennbar pantheistischem Lebens- und Liebesgefühl. In seinem Buch über oder wohl eher: gegen den toten Ludwig Börne hatte Heine im Jahre 1840 das zweite Buch mit Reminiszenzen und

Tagebuchblättern aus Helgoland beginnen lassen: echten oder nachträglich erfundenen, wie immer. Darin beschrieb er, wie er auf Helgoland im Juli 1830 die Nachricht vom Ausbruch der Revolution in Paris erhalten hatte, und wie es damals unter den »Hamburgern und ihren Gemahlinnen, die das Seebad gebrauchen«, zugegangen war. Nämlich so: »In allen Sprachen bringt man den Franzosen ihr wohlverdientes Vivat... Sogar in Hamburg, wie man mir erzählt, in jenem Hamburg, wo der Franzosenhaß am tiefsten wurzelte, herrscht jetzt nichts als Enthusiasmus für Frankreich...« Höchst kunstvoll hatte Heine im Jahre 1840 den traurig-bitteren Rückblick auf jenen Enthusiasmus der Revolutionstage vom Juli-Ende 1830 komponiert. Was war in zehn Jahren eines Bürgerkönigtums in Frankreich mit seiner »giftigen Geldwirtschaft«, wie besagter Ludwig Börne formuliert hatte, verändert worden? Wie wenig, wenn überhaupt, war verändert worden im restaurativen Deutschland der Metternich-Zeit.

In das Buch also über Ludwig Börne hatte der Gegenspieler Heine eine – zurückdatierte – Meerszene eingeschoben. Im Zyklus der »Neuen Gedichte« von 1844 wird eine Vision des utopischen Sozialismus eingeschmuggelt: mitten unter die Liebesszenen am Meer und die anderen halb ernst gemeinten Genrebilder. Zwar mag die Reimtechnik immer noch an das »Buch der Lieder« gemahnen, doch der scheinbar ernste Lyriker von damals, der kleine Lieder destillierte aus den scheinbar großen Schmerzen, leistet sich nunmehr ein fast gemeines Grinsen über die eigenen Gefühle von damals. Die Nummer X des Zyklus ist eine boshafte Persiflage des Buches der Lieder.

Das Fräulein stand am Meere
Und seufzte lang und bang,
Es rührte sie so sehre
Der Sonnenuntergang.

Neuerdings jedoch reagiert er allergisch, der Lyriker Heinrich Heine, wenn andere so seufzen und schwelgen wie weiland Heinrich Heine. Die Dame wird deshalb abgefertigt:

Mein Fräulein! Sein Sie munter,
Das ist ein altes Stück;
Hier vorne geht sie unter
Und kehrt von hinten zurück.

Dies ist eine Absage und Zurücknahme. Das scheinbar so harmlose Gedichtlein aber, das voraufgegangen war, auch als Szene am Meer imaginiert, bedeutet gleichfalls eine Zurücknahme: von einer umfassenden Art.

Vernichtet ist das Zweierlei,
Das uns so lang betöret;
Die dumme Leiberquälerei
Hat endlich aufgehöret.

Dies ist Absage an das Judentum wie an das Christentum. Schon in seinem Buch über Ludwig Börne war Heine von der Zweiteilung aller bisherigen Zivilisationsgeschichte der Menschheit ausgegangen. Die Welt habe bisher nur den Gegensatz zwischen den Nazarenern und den Hellenen erlebt, oder auch, wie Heine gleichfalls formuliert, zwischen den Spiritualisten und den Sensualisten. Spiritualistisch und körperfeindlich waren für Heine sowohl die Anhänger der mosaischen wie der paulinischen Gesetzgebung. Das neue und dritte Testament soll ein Testament der Liebe sein und des Eudämonismus. Eine grausige Ironie der Geschichte hat es gewollt, daß ausgerechnet Heine für diese große, visionäre Menschheitssynthese der Übergipfelung sowohl des Spiritualismus wie des platten und geistfeindlichen Sensualismus auch die Formel fand. Er nannte sie: »Das Dritte Reich«.

Die Entwicklung von Lessings Aufklärung zu jener des späten Heinrich Heine wird evident an diesem Wege von der »Erziehung des Menschengeschlechtes« aus dem Jahre 1780 zu Heinrich Heines Visionen von einem jenseits aller Orthodoxie in Liebe und Lebensgenuß dahinlebenden Menschentum der Zukunft. Zu Zeiten wußte Heine recht gut, wo brutale Aufrichtigkeit geboten war, und wo eine subtile Vorsicht. Als er seine Verse drucken ließ, als Gedicht VIII in einem Zyklus von

Genreszenen am Meer, war ihm bewußt, daß hier nicht bloß verkündet wurde, was man bereits dem Gotthold Ephraim Lessing zu Lebzeiten und erst recht nach dem Tode vorgeworfen hatte: nämlich ein spinozistischer Pantheismus. Der späte Lessing hatte sich ausdrücklich zu Spinoza bekannt, und sein Gesprächspartner Jacobi hielt ihm warnend entgegen: »Spinozismus ist Atheismus.« Der nach Lessings Tod entfachte Streit um Lessings Spinozismus war ein Atheismus-Streit.
Zur Zeit Heinrich Heines und um das Jahr 1840 war der Spinozismus harmlos geworden und gesellschaftsfähig. Überdies erschien in Leipzig im Jahre 1841 ein Buch, das mit einem neuen geistigen Ansatzpunkt, nämlich dem Hegelianismus, die Lehre von der Überwindung des Alten wie des Neuen Testaments anstrebte. In *Ludwig Feuerbachs* Buch »Das Wesen des Christentums« wird die Vision der Liebe innerhalb der Menschheit nicht mehr als Besonderheit des Christentums akzeptiert. Wer immer, so Feuerbach, den Menschen um des Menschen willen liebe, handle wie ein Christ. Mehr noch: er sei ein Christ. Mehr noch: er sei wie Christus.
Heinrich Heines Zukunftsbild vom dritten Testament einer säkularisierten Menschenliebe verrät keine Spur irgendeiner Feuerbach-Lektüre. Es ist auch fraglich, ob Heine in Paris, als er im November 1843 den Dr. Karl Marx kennenlernte, auf Feuerbach und die von Marx geplanten Thesen über Feuerbach hingewiesen wurde.
Die Zukunftsvisionen bei Heinrich Heine sind entscheidend geprägt durch den Utopischen Sozialismus des Père Prosper Enfantin und der Saint-Simonisten. Darüber hat Heine selbst ausführlich geschrieben. Zu dem geächteten Enfantin hat er sich bekannt. Von den Saint-Simonisten her, und im Grunde bereits von Gracchus Babeuf und seinen Anhängern in der Französischen Revolution, bestimmte der späte Heine seinen eigenen Standort im Prozeß der europäischen Aufklärung auf dem Wege zum Dritten Testament und zu einem Dritten Reich, worin der Mensch selbst und sich selbst das höchste Wesen bedeute. »Lessing hat den Luther fortgesetzt«, formuliert Heine in seiner »Geschichte der Religion und Philosophie in Deutschland«. Eine solche These setzt Vertrauen voraus in den Prozeß einer

gleichsam permanenten Aufklärung. Luther als Aufklärer gleichsam der ersten Stunde in der Geschichte der Neuzeit. Lessing als ihr folgerichtiger Fortsetzer, der die Verinnerlichung evangelischer Religion aufhebt und eine zu leistende diesseitige »Erziehung des Menschengeschlechtes« postuliert. Wodurch er mit Notwendigkeit, so hat es Heine mit Recht erkannt, in Konflikt geraten muß nicht allein mit jenem Lutheraner Melchior Goeze, sondern mit dem gesamten »Corpus Evangelicorum«. Allein der nachlebende Heinrich Heine hat auch gewußt, daß in Lessings Todesjahr 1781 die »Kritik der Reinen Vernunft« in Königsberg erschienen war. Weshalb in seinen Bemühungen um eine umfassende Geistes- und Gesellschaftsgeschichte der Deutschen leitmotivisch der Gedanke wiederkehrt, daß die radikalere Revolution in Deutschland konzipiert worden sei, nämlich im Denken von *Immanuel Kant.* Die Radikalität der Kantschen Philosophie wird von Heine immer wieder mit dem in der Praxis radikaleren Revolutionarismus eines Robespierre verglichen: doch stets zum Nachteil der Französischen Revolution. Die erwartete deutsche Revolution der Zukunft, von diesem Gedanken ließ auch der todkranke Heine in seiner Matratzengruft niemals ab, werde auf der Grundlage nicht eines freundlichen Rousseauismus erfolgen, wie bei Robespierre und Saint-Just, sondern als Praxis zur Philosophie von Kant und Hegel. Heine hat auch, nach jener Pariser Bekanntschaft mit Dr. Marx und Friedrich Engels, gleichsam prophetisch angedeutet, daß Männer eines solchen Typs vielleicht die Fortsetzer jener Aufklärung sein könnten: von Luther bis Lessing, von Lessing bis Kant, von Kant bis Hegel, von Hegel bis Heine. Von Heine bis Marx.

Und wie dann weiter? Hier wird man nach der »Aufklärung heute« fragen müssen. Scheinbar nimmt sich alles ganz erträglich aus in unseren Landen, was gleichzeitig wohl heißen muß: in beiden deutschen Landen. Man hat an vielen Orten und in vielfältiger Weise an ihn erinnert, an Gotthold Ephraim Lessing, und es wurde auch an vielen Orten und in vielfältiger Weise daran gedacht, daß Heinrich Heine vor nunmehr 125 Jahren, am 17. Februar 1856, in der Pariser Matratzengruft durch den Tod von den schrecklichen Leiden einer unaufhaltsamen Lähmung

befreit wurde. Zwei Klassiker gleichsam: der eine höchst bereitwillig, fast allzu bereitwillig anerkannt, der andere nach großem Widerstreben.
Der Ruhm Lessings bei der Mitwelt, der ein armes und trauriges Sterben nicht ausschloß, hatte schon am Ausgang des 18. Jahrhunderts genau das bewirkt, was Lessing an der Rezeption Friedrich Gottlieb Klopstocks beklagte. Daß man ihn zwar lobte, doch wenig las, erst recht nicht genau las. Es war sonderbarerweise als ein Lob gemeint, was der klügste Kritiker einer jungen romantischen Schule, Friedrich Schlegel also, formulierte: »Wenige Schriftsteller nennt und lobt man so gern als ihn: ja, es ist eine fast allgemeine Liebhaberei, gelegentlich etwas Bedeutendes über Lessing zu sagen. Wie natürlich: da er, der eigentliche Autor der deutschen Literatur, so vielseitig und so durchgreifend auf das Ganze derselben wirkte, zugleich laut und glänzend für alle, und auf einige tief.« Der Kernsatz des Lessing-Essays von Friedrich Schlegel ist dann immer wieder zitiert worden, offensichtlich mit Zustimmung: »Er selbst war mehr werth, als all seine Talente.« Was heißen sollte: die Gestalt und Wirksamkeit dieses Mannes war einzigartig; was er jedoch gedacht und gelehrt hatte, war vielleicht ebenso entbehrlich wie das Ergebnis seines poetischen Schaffens.
Nicht unähnlich dieser frühen Laudatio, die eigentlich ein Verdikt bedeutete, hat man Lessing als *Gestalt* harmonisiert, und damit alle Brüchigkeiten und Widersprüche durch schönen Faltenwurf überdecken wollen. So wurde die klägliche und arme Geschichte vom abgedankten Major Tellheim und seinem fragwürdigen Anhang eines unverschämten Offiziersburschen und eines söldnerhaften Wachtmeisters inmitten einer Spitzelwelt, worein plötzlich der Sonnenstrahl eines königlichen Handschreibens fällt, als reizendes deutsches Lustspiel deklariert. Nicht einmal die Zeitgenossen, geschweige denn die Nachgeborenen, merkten offensichtlich, daß der witzige und höhnische Dramatiker dem hochstapelnden Riccaut de la Marlinière jene Thesen über und gegen die deutsche Sprache und Literatur in den Mund legte, die König Friedrich selbst verkündet hatte.
Nun gar das Parabelspiel vom weisen Nathan. Ein Bühnenweihfestspiel seit Ende eines Zweiten Weltkriegs: ganz wie »Iphigenie

auf Tauris« oder Beethovens »Fidelio«. In allen drei Fällen wird das exorbitante Wagnis der Werke mit Hilfe von Erbaulichkeit eskamotiert. Denn der Jude Nathan bleibt draußen vor der Tür beim melodramatischen Schluß der schönen Parabel. Er allein ist mit keinem verwandt oder verschwägert. Er blieb der Außenseiter. Lessing kannte seine Moses Mendelssohn und Alexander Daveson. Er wußte, was hier dargestellt wurde. Wir wissen es heute nicht minder.

Die Aufklärung Lessings ist im Verlauf von zweihundert Jahren zuerst durch zweideutiges Lob um ihre Wirkung betrogen worden, dann durch Klassikerausgaben und germanistische Hauptseminare, schließlich durch die Erkenntnis, daß es nicht mehr genügen kann, nach Ablauf von radikalen Revolutionen und der Ausschaltung des bürgerlichen Citoyen durch den Bourgeois, kritiklos zum Toleranzgebot der Ring-Parabel sich zu bekennen. *Toleranz und Repression, das schließt in unseren Tagen einander durchaus nicht aus.* Herbert Marcuse hat scharfsinnig und realistisch das Phänomen einer »repressiven Toleranz« herausgearbeitet. Die hängt mit der Eigentümlichkeit und dialektischen Schwierigkeit aller Aufklärung zusammen.

Sehr scharf ist der Konflikt einer »Aufklärung heute« durch Max Horkheimer und Theodor Adorno gegen Ende des Zweiten Weltkriegs und im amerikanischen Exil formuliert worden: »Da die Vernunft keine inhaltlichen Ziele setzt, sind die Affekte alle gleich weit von ihr entfernt. Sie sind bloß natürlich. Das Prinzip, demzufolge die Vernunft allem Unvernünftigen bloß entgegengesetzt ist, begründet den wahren Gegensatz zwischen Aufklärung und Mythologie.« Aufklärung nämlich, darin liegt ihre vertrackte Dialektik, sollte kein anderes Programm haben als eben sich selbst. Sie widersetzt sich allen Entartungsformen der Unvernunft, der Ideologie, der Mythenbildung im gesellschaftlichen Leben, auch aller Art von Gläubigkeit natürlich. Allem gegenüber hat sie nichts anzubieten als das vernünftige Gespräch, die Verhandlung, auch den Kompromiß, durchaus im Sinne von Lessing. Wo eine Staatsideologie etabliert und verkündet wird, ob als christlicher Ständestaat oder als islamische Republik, als göttliche Verheißung für ein Auserwähltes Volk oder als ideologische Festschreibung und Monumentalisierung

der russischen Oktoberrevolution von 1917, hat man der Aufklärung bewußt entsagt.
Auch Heinrich Heine hatte bereits die Grenzen einer bloß bürgerlichen Aufklärung überschritten. Zwar mochte es für ihn bereits einen »Vorschein« geben, wie Ernst Bloch das zu nennen pflegte, von einer neuen Permanenz der Aufklärung, von einer Welt des Dritten Testaments und einer angstlosen Menschheit. Allein es blieb eine Utopie: als qualitativer Sprung hinweg über die damals sich entfaltende bourgeoise Gesellschaft. Daß seine Freunde vom Schlage des Dr. Marx imstande wären, diese permanente Aufklärung *weiterzuführen,* hielt der späte und ungemein hellsichtige Heine für fraglich. Das berühmte Vorwort zu dem Buch Lutétia ist unmißverständlich.
Es gibt jedoch keine Weiterführung der Aufklärung von Lessing bis Heine und über Heine hinaus, die irgend etwas preisgeben dürfte von den einstigen Errungenschaften einer heftig umkämpften und opfervollen Befreiung der Geister. Eine nachbürgerliche Aufklärung, die bürgerliches Denken preisgibt, statt es dialektisch aufzuheben: die verdient den Namen der Aufklärung wahrhaftig nicht.
Es steht nicht gut um die Aufklärung in unseren Tagen. Alle Aufklärung seit der Renaissance, erst recht seit dem 18. Jahrhundert als einem Jahrhundert der Illumination, widersetzte sich der Folter, der autoritären Willkür, der Menschenverachtung. Noch ein absoluter Monarch wie Friedrich II. von Preußen begann sein Königtum mit einer Abschaffung der Folter, durch das Gespräch mit Voltaire, durch die Vorbereitung eines Gesetzbuches, eines Allgemeinen Preußischen Landrechts. Die Französische Revolution begann als Sturm auf ein Gefängnis, wo man Menschen auf Grund irgendeiner Denunziation und eines irgendwie erschlichenen königlichen Haftbefehls, einer sogenannten »lettre de cachet«, eingesperrt hatte. Wir haben allen Grund zu fragen, *wie wir heute dastehen vor Lessing, und vor Heine, vor der Aufklärung:* in unserer Welt der Folter und Geiselnahme, der schonungslosen Opferung von Menschenleben für irgendeine Ideologie. Alle Aufklärung hat sich seit mehr als zweihundert Jahren im Zeichen der *Kritik* manifestiert. Zunächst als Kritik der Religion und aller Orthodoxie bei

Gotthold Ephraim Lessing. Dann als Kritik der deutschen Philosophie und Literatur bei Heinrich Heine. Darauf als Kritik der Politischen Ökonomie, was heißen soll, der kapitalistischen Gesellschaft, bei Karl Marx. Wir stehen heute in einer Konstellation, die Aufklärung verstehen muß als *Kritik eines widerspruchsfreien Fortschrittsdenkens,* als *Kritik des Quantitätsdenkens* und der Verklärung jeglichen Wachstums, vor allem als *Kritik der Gewalt.*

Aufklärung heute: das kann nicht mehr im Bild einer simplen Progression verstanden werden: Lessing hat den Luther fortgesetzt, Hegel den Lessing, Heine den Hegel, marxistische Aufklärung die bloß bürgerliche, wie immer. Unsere Zukunftsvision ist nicht vertrauensvoll wie in Heines Gedicht vom Dritten Testament. Weit eher erinnert sie an das letzte Kapitel aus dem »Wintermärchen«, wo die deutsche Zukunft erkennbar und »ruchbar« wird im Nachttopf der Göttin Hammonia.

In seinen Thesen zur Geschichtsphilosophie beschrieb Walter Benjamin vor bald fünfzig Jahren den Engel der Geschichte, der *nicht* in die Zukunft schaut, sondern nach rückwärts. Zerzaust im Sturm des Fortschritts blickt er zurück auf die Trümmer bisheriger Geschichte.

Vor fünfzehn Jahren verfaßte Herbert Marcuse ein Nachwort zu Walter Benjamins Arbeiten zur Kritik der Gewalt. Da zitiert auch er jenen Engel, den Angelus Novus, und deutet ihn so: »Der revolutionäre Kampf geht um die Stillegung dessen, was geschieht und geschehen ist – vor allen positiven Zielsetzungen ist diese Negation das erste Positive. Was der Mensch dem Menschen und der Natur angetan hat, muß aufhören, radikal aufhören – dann erst und dann allein können die Freiheit und die Gerechtigkeit anfangen.« Diese Behauptung ist, wie mir scheint, auch heute wahr und gültig geblieben. Negation ist heute das erste Positive, alles andere muß daraus folgen. Negation meint aber heute und hier den permanenten Protest gegen weitere Zerstörungen und Zurücknahmen aller bisherigen Aufklärung. Es gilt *festzuhalten,* was an menschlicher Gesittung überliefert wurde durch die großen Aufklärer in aller Welt.

Heinrich Heine hatte durchaus recht, wenn er die Radikalität im Menschenbild eines Immanuel Kant für schärfer und unerbittlicher hielt als allen Rousseauismus. Kant hatte gefordert, abermals im Zeichen einer Kritik, daß der Mensch für den Mitmenschen niemals ein Mittel sein dürfe, immer nur ein Selbstzweck. Um es noch einmal mit den Worten von Herbert Marcuse zu sagen: »Was der Mensch dem Menschen und der Natur angetan hat, muß aufhören, radikal aufhören – denn erst und dann allein können die Freiheit und die Gerechtigkeit anfangen.«

X. MAX FRISCH IN ZEITLICHER FOLGE

(Zürich, 1981)

Bei jedem neuen Lesen des »Stiller«, ganz wie beim ersten, muß ich innehalten bei einer, stets derselben Stelle. Noch im Anfang der Geschichte, also bei den Aufzeichnungen des angeblichen Amerikaners Mr. White, der nicht Stiller sein will, im Züricher Gefängnis. Es ist eine paradoxe Konstellation, die Stiller (oder Nicht-Stiller) in der Zelle genießt. So daß er notiert: »Drei Wochen in Zürich zu verbringen, wenn man nicht im Gefängnis wohnt, muß köstlich sein, gerade in dieser Jahreszeit.«
Allein solche Freude am erfüllten Augenblick ist selten. Überdruß zumeist, der plötzlich bis zu seinem Ursprung zurückverfolgt werden kann. Ein Satz bloß, gar kein richtiger, fast ein Stammeln: »Meine Angst: die Wiederholung –!«
Das scheint dem Zellenbewohner in seiner Untersuchungshaft vorerst zu genügen: er weiß schließlich, was gemeint ist. Dann wendet sich die Aufmerksamkeit abermals der wieder aufgetauchten oder neu aufgetauchten Frau zu, der Julika Stiller-Tschudy. Stiller oder White erfreut sich am Paradox: am Kennen und Nichtkennen in einem, so daß in der Notiz sogleich auch die lutherische Bedeutung des Wortes »erkennen« auftaucht. Dann jedoch, nach solchen Notizen, die nunmehr wie ein krampfhaftes Von-einer-anderen-Sache-Reden erscheinen, kommt der Tagebuchschreiber zurück zum Phänomen der Wiederholung. Er macht sich etwas klar.
»Wiederholung! Dabei weiß ich: alles hängt davon ab, ob es gelingt, sein Leben nicht außerhalb der Wiederholung zu erwarten, sondern die Wiederholung, die ausweglose, aus freiem Willen (trotz Zwang) zu seinem Leben zu machen, indem man anerkennt: Das bin ich ...«
Hier brach ich ab beim ersten Lesen: das weiß ich noch, und hielt es auch so bei jeder neuen Lektüre. Jetzt nämlich hatte der Erzähler erreicht, daß Neugier auf den Fortgang der Geschichte jäh abbricht, um der Betroffenheit zu weichen. Das ist stets der Augenblick einer stellvertretenden Erzählkunst, ganz gleich

wovon sie berichtet: daß sich ein von einem anderen Erzähltes als Weg zur Selbsterkenntnis erweist. Die Umwelt mag beliebig sein: eine norddeutsche Familiengeschichte in der Hansestadt Lübeck; ein halb reales, halb metaphorisches Schloß irgendwo in Böhmen oder Mähren; ein Tag in Dublin in der fernen Frühe unseres Jahrhunderts, was immer. Betroffenheit tritt an die Stelle der Lesegier.

Allein da ist noch ein anderes, wenn der Leser stutzt, nachdenklich wird bei Stillers Bekenntnis zu seiner Angst vor der Wiederholung. In den großen Erzählwerken nämlich von Thomas Mann oder Kafka, im »Ulysses« wie sogar in der Berliner Geschichte vom Franz Bieberkopf, war die *Einfühlung* möglich, als eine Form der Identifikation. Eben die jedoch wird durch Stiller auch dem Leser verweigert, weil er sich selbst die Identität versagt: die schützende Behausung für ein ratloses Ich.

Auch hier gibt es eine literarische Genealogie: weil in unserer Lebenszeit, in der nunmehr siebzigjährigen Erfahrungsfülle des Verfassers von »Stiller«, neue Formen der Selbsterkenntnis gesucht werden mußten. Als die Zeit »wiedergefunden« wird bei Marcel Proust, ist nichts mehr so, wie es – scheinbar – einmal gewesen sein mochte: keine Individualität und keine gesellschaftliche Konstellation. Gut zwanzig Jahre vor Stiller, der nicht Stiller sein wollte, ließ der englische Erzähler Aldous Huxley eine seiner Kunstfiguren deklarieren: »Ich versuche aufrichtig, die Vielheit von Gestalten zu sein, die in meinem Innern leben und die reihum die Herren meines Geschickes sind.« Der Fall des Bildhauers Stiller, der den Juristen und Polizisten, aber auch all jenen Männern und Frauen so unheimlich ist, die nun einmal zu einer jeden »Biographie« gehören, läßt ahnen, daß es sich bei Stiller um einen Fall Jedermann handeln könnte.

Die Angst Stillers vor der Wiederholung, nämlich vor dem Weiterbestand der eigenen Identität, mußte von den Lesern als verstörend, durchaus nicht als skurril empfunden werden. Auch dafür hatte es früh schon Vorläufer gegeben in der bürgerlichen Gesellschaft. Der Büchner-Preisträger Max Frisch hätte in seiner Dankrede auch das Wort Dantons zu Robespierre zitieren können: »Ich würde mich schämen, dreißig Jahre lang mit der

nämlichen Moralphysiognomie zwischen Himmel und Erde herumzulaufen ...«
Wer das nicht will, wird den *Ausbruch* versuchen: aus Angst vor der Wiederholung. Auch das hat Stiller in seinem Züricher Gefängnis zu Ende gedacht: »Doch immer wieder (auch darin die Wiederholung) genügt ein Wort, eine Miene, die mich erschreckt, eine Landschaft, die mich erinnert, und alles in mir ist Flucht, Flucht ohne Hoffnung, irgendwohin zu kommen, lediglich aus Angst vor Wiederholung.«
Auch darin die Wiederholung. Man kann es nicht genauer ausdrücken. Der Kreislauf eines Menschen, dem es gelang, sich selbst zum Sisyphus zu machen. Übrigens liegen bloß zwölf Jahre zwischen dem »Mythe de Sisyphe« von Camus und dem Erscheinen des »Stiller«. Es scheint teuflisch zuzugehen, also wahrhaft menschlich, wie es Stiller in seiner Zelle erscheinen mag: Man möchte der Identität entgehen, weil sie ausweglose Wiederholung bedeutet. Also versucht man den Ausbruch, eine jede Art der Flucht: um solcher Wiederholung zu entgehen. Allein die permanente Revolte und Icherneuerung ist nicht möglich. Jeder Ausbruch führt irgendwohin: worauf alles von neuem beginnt, nämlich als Wiederholung.
Weshalb Stillers Geschichte zurückführen muß zu Stiller. Er wird zur Strecke gebracht, und muß selbst dabei mithelfen. Der scheinbar so harmlose Schlußsatz ist schrecklich: »Stiller blieb in Glion und lebte allein.« Auch dies ist – unvermeidlicherweise – eine Wiederholung und soll vermutlich an Büchner erinnern und an den Schlußsatz der Erzählung vom Dichter Lenz: »So lebte er hin ...« Drei Jahre nach Max Frisch wurde im Jahre 1961 der Schriftsteller Hans Erich Nossack mit dem Büchner-Preis ausgezeichnet, kam in seiner Rede auf jene Schlußformel des »Lenz« zu sprechen und meinte: »Der Satz ›So lebte er hin‹ ist der endgültigste Abschluß, der sich denken läßt.«
Allein Max Frisch, der wirkliche und lebendige, unser Jubilar, ist *nicht* Stiller. Er ist ebensowenig, um ein beliebtes Mißverständnis aufzuklären, persönlich haftbar zu machen für die Aufzeichnungen in zwei berühmten Tagebuchbänden. Auch »Montauk« trägt den warnenden Untertitel »Eine Erzählung«. Da berichtet ein episches Ich von einem Mann und seiner Umwelt in zwei

Erdteilen. Der Mann selbst spricht von sich, auch in Gedanken, wie von einem Fremden, im Akkusativ, was mit Anklagen zu tun hat. »Trotzdem denkt er an Griechenland, dann wieder an Sylt. Es stört ihn, daß immer Erinnerungen da sind.« Das ist ein Bericht aus Amerika. Immer Erinnerungen. Erinnerungen jedoch sind Wiederholungen.

Dem »Stiller« war ein Zitat aus Kierkegaard vorangestellt worden, und die Germanisten streiten seitdem, ob Stillers Geschichte nun den Kierkegaard bestätigt oder widerlegt. Der »Montauk«-Geschichte wurde ein Motto aus Montaigne beigegeben, und ich möchte vermuten, daß Montaignes Entschluß, durchaus aufrichtig von sich selbst berichten zu wollen, hier zitiert wird, um anzudeuten, daß solche Zuversicht Montaignes vom März des Jahres 1580 nicht mehr geteilt werden kann von einem schreibenden Zeitgenossen, der vierhundert Jahre später lebt, und der nicht mehr zu glauben vermag an das berechenbare, stets zuverlässige Ich.

In all seinen Arbeiten, den scheinbar so privaten und aufrichtigen vor allem, erweist sich dieser Autor als Künstler der Verwandlung, und als Meister des Verschweigens. Wer alles gelesen hat, kennt Max Frisch durchaus nicht besser. Allein er hat viel erfahren und gelernt. Es kommt nämlich hinzu, daß dem grundsätzlichen Sachverhalt vom Kreislauf der Wiederholungen ausdrücklich auch noch eine *ästhetische Nutzanwendung* beigefügt wird, die etwa so lautet: Erleben und Berichten, das ist zweierlei. Jeder Bericht über das Erlebte führt sogleich in die Fiktionen: in den besten (und kritischsten) Fällen in den Bereich der Kunst und der Literatur. Der wirkliche Max Frisch hat das als Redner in Frankfurt am Main im Jahre 1964 an berühmten Beispielen erläutert, gleichsam auch als Nutzanwendung für sich selbst. »Der Autor und das Theater«, so war die Ansprache eines erfolgreichen Dramatikers auf einer Tagung von Dramaturgen betitelt.

Da wird eine These entwickelt, die in jener Zeit, man denke einmal zurück!, im Zeichen allgemeinen Einverständnisses über Weltveränderung mit Hilfe der Künste, ganz schroff und verquer wirken mußte, auch wenn der Redner sich herzlich gab und kameradschaftlich. Er sagte nämlich: »Je näher wir der Gegenwart kommen, je mehr wir die vorhandene Welt kennen, desto deutlicher wird uns, wie unabbildbar sie ist, die komplexe Realität... Wie immer das Theater sich gibt, ist es Kunst: Spiel als Antwort auf die Unabbildbarkeit der Welt.«

Das wird an erlauchten Beispielen erläutert: an Brecht und an Picasso. Nichts wurde in der Wirklichkeit durch sie verändert, so wird man den Redner verstehen müssen, doch wurde etwas geschaffen, was nicht abbildet, sondern für sich selbst steht und stehen muß. Das ist richtig als Einwand gegen alle Lehren von »Widerspiegelung« der Realität durch den Künstler und Schriftsteller. Es verschweigt – aber das weiß Max Frisch weit besser als wir anderen! –, daß ein geschaffenes Werk mithelfen kann, uns selbst und unsere Umwelt anders zu sehen. Vielleicht mit den Augen Picassos, in manchen Lebensaugenblicken. Ich erinnere noch gut die verstörten und verstörenden Gespräche in dieser Stadt Zürich nach der Uraufführung des »Guten Menschen von Sezuan« am 4. Februar 1943. Nicht anders geht es zu zwischen der Literatur und der Wirklichkeit, wenn der absonderliche Fall des Bildhauers Stiller vom Leser als ein Fall Jedermann interpretiert werden kann.

Es ist schon so: Je mehr sich einer mit den Sorgen um die eigene Identität abquält, den angstmachenden Repetitionen entfliehen möchte, um so mehr wird er gezwungen, die gesellschaftliche Umwelt in Rechnung zu setzen. Alle Wiederholung vollzieht sich als ein soziales Ritual. Alle Versuche eines Ausbruchs und einer Flucht spielen sich unter Menschen ab: als Zusammenstoß mit der Umwelt oder als Flucht vor ihr in eine andere Umwelt. Auch das Umgekehrte ist richtig: daß es zwiespältig zugeht in den Relationen zwischen der Wirklichkeit und dem Œuvre eines Künstlers. Das Werk von Max Frisch hat auch dafür ein staunenswertes Exempel anzubieten: den Fall des Grafen Öderland, des Mannes mit der Aktenmappe – doch in der Mappe steckt eine Axt.

Die Moritat (so der Untertitel) fiel durch bei der Züricher Uraufführung am 8. Februar 1951. »Es war mein erster Mißerfolg auf der Bühne«, schrieb der Autor fünf Jahre später, und setzte hinzu: »Mindestens ein Teil des leidenschaftlichen Mißverständnisses, das sich in Zürich ergeben hatte, hing offenbar

nicht mit den Mängeln des Stückes und der Aufführung zusammen, sondern mit anderen Wirklichkeiten ...«
Abermals fünf Jahre später, für eine Berliner Aufführung des »Öderland« im Jahre 1961, wird noch genauer reflektiert: »Was nämlich diesen Grafen Öderland von allen Zeitgenossen unterscheidet, die wie er die Axt schwingen, ist dies: Er kommt uns ohne Programm, ohne Vokabeln des Heils, er kommt mit der blanken Axt, er verbirgt sie in seiner Ledermappe, gewiß, aber nicht in dieser oder jener Ideologie. Das macht ihn zu einer Legende heutzutage, das gibt es ja nicht in der Wirklichkeit.«
Das gibt es ja nicht in der Wirklichkeit? Je nun.
Jeder bedeutende Künstler hat Themen, die er nicht von anderen übernahm, sondern aus dem Zusammenstoß mit seiner Umwelt gewann: nicht allzu viele, doch solche, die in diesem höchst besonderen Fall ein Allgemeines zur Erscheinung brachten. Daran erkennt man, was Goethe den »Stil« eines Künstlers hieß: als Unterscheidung vom Nachahmer irgendeines Realen wie vom Manieristen. *Max Frisch hat Stil.* Angst vor der Wiederholung; vergebliches Ausbrechen; Angst vor dem Untergang des erfüllten Augenblicks im gleichen Moment, da der Erlebende ihn nachschaffen möchte mit Hilfe der Formel »Ich stelle mir vor ...«; die konkrete Gesellschaft, worin immer weniger Spuren aufzufinden sind des Prinzips Hoffnung: daraus entstand ein Werk, das in die Welt gelangt ist, um darin selbst wieder Spuren zu hinterlassen.
Die Einheit dieses Werks, eben sein Stil, ist unverwechselbar. Dennoch – und glücklicherweise – vollzog und vollzieht sich die Auseinandersetzung eines bedeutenden Schriftstellers mit sich selbst, also auch mit seiner Umwelt, als Prozeß. *Max Frisch in zeitlicher Folge.* Zu Beginn ein Mann namens Kilian, von dem der Erzähler bemerkt, er sei »ein Mann, dem wir die Rolle eines erzählenden Ichs überbürdet haben, um keine Namen nennen zu müssen«. Er gesellt sich einem Wesen namens Bin, um in eine traumhafte Ferne des Fernen Ostens zu gelangen, für welche das Sehnsuchtswort Peking einzustehen hat. Es ist eine Reise gleichsam mit der Rückfahrkarte und allem Mentalvorbehalt. »Bin oder Die Reise nach Peking«. Das war 1944, und es war Krieg.
Vorher gab es unsichere, fast stammelnde Anfänge: man will

schreiben, allein man muß auch Geld verdienen, was mit dem Schreiben einstweilen und für geraume Zeit noch undenkbar wäre. Irgendwann wird ein Schlußstrich gezogen. Der gar nicht mehr junge Schriftsteller oder Journalist argumentiert bereits ähnlich wie später der in die Geometrie verliebte Don Juan: »Hast du es nie erlebt, das nüchterne Staunen vor einem Wissen, das stimmt? Zum Beispiel: was ein Kreis ist, das Lautere eines geometrischen Orts. Ich sehne mich nach dem Lauteren, Freund, nach dem Nüchternen, nach dem Genauen: mir graust vor dem Sumpf unserer Stimmungen.«

Ein Studium also, das solchem Bekenntnis halbwegs entgegenkommt: die Architektur. Als es auf den großen Krieg zugeht, die Wehrleute mobilisiert werden, ist abermals ein Ausbrechen fällig. Blätter aus dem Brotsack vorerst; dann wird mehr daraus. Weil abermals etwas erkannt wurde: daß die Welt, vor allem in Zeiten der Not, des Tötens und Sterbens, mehr bedeutet als bloß einen »Sumpf unserer Stimmungen«. Also beides: das Genaue und das Ungenaue, die Architektur und die Literatur. Inzwischen hat sich jemand eingestellt, den man nicht vorzustellen braucht, den man übrigens auch gar nicht vorstellen kann. Er heißt einfach Bin. Trotzdem ist es eine abgefeimte Schutzbehauptung, wenn die Geschichte »Bin oder Die Reise nach Peking« scheinbar selbstverständlich beginnt: »Es ist im Ernst nicht anzunehmen, daß es Leute gibt, die Bin, unseren Freund, nicht kennen.«

Allein wer hat schon einen solchen Hausdämon und spiritus familiaris zur Verfügung? Das weiß der Erzähler natürlich, allein er braucht die kühne These, um Distanz zu schaffen: zwischen sich und dem Reisenden mit Namen Kilian, auch zwischen Kilian und Bin. Zumal Peking auch Utopia heißen könnte. Die Reise ist ein erster Ausbruch aus Angst vor der Wiederholung. Noch ist man vorsichtig. Kilian ist ein »Mann mit der Rolle«, hat vermutlich mit Architektensachen zu tun. Die Rolle muß mit auf die Reise, spielt sogar hinein in die Chinaträume.

Hier wird ein *Sowohl/Als-Auch* versucht: gleichzeitig die Flucht und die alltagsmäßige Wiederholung. Es gibt eine Heimkehr zur Frau und zum neugeborenen Kind. Wo man gewesen sei? »Es war ein elendes Kaff.« Was? Peking?

Das war ein erster *Versuch mit dem Doppelleben.* So haben es die großen bürgerlichen Erzähler des 19. Jahrhunderts häufig gehalten: Storm und Mörike etwa, aber auch die schweizerischen Antipoden Jeremias Gotthelf und Gottfried Keller. Gottfried Benn hat sich ausdrücklich, auch im Titel seiner Lebensübersicht, zum Doppelleben bekannt. Das aber setzt voraus, *beides* zu akzeptieren: die Wiederholung wie das Abenteuer mit Bin, oder wie er sonst heißen mag.
Was Kilian noch für denkbar gehalten hatte, wurde von Stiller als Selbsttäuschung abgetan. Es wartet niemand mehr auf den Rückkehrer aus Peking. Stiller muß Stiller bleiben, der Ausbruch als Mr. White mißlang. Wieder gibt es die Genauigkeit als Kontrast zum »Sumpf unserer Stimmungen«. Bedauerlicherweise für Stiller dominiert jedoch die Nüchternheit und Akribie in den Protokollen und Aussagen von Zeugen, die alle mit dem Ziel arbeiten, das Stiller-Ego zu retablieren. Es bleibt bei der Wiederholung, beim Dahinleben: in Glion oder sonstwo.
Den »Homo faber« habe ich immer für einen Komplementär-Roman zum »Stiller« gehalten. Gleichsam als das *Oder* zu einem *Entweder*: durchaus im Sinne von Kierkegaard, der das Motto zum »Stiller« geliefert hatte. Auch Walter Faber, gleichfalls ein Züricher wie Stiller, ist ein »Mann mit der Rolle«. Dazu ein Mann nach dem Herzen jenes Don Juan, dem die Wahrheit, und damit Schönheit, eines Dreiecks über alles zu gehen scheint. Auch Faber gedenkt selbst zu erzählen. Freilich beginnt er nicht in der Gefängniszelle, sondern startet erst einmal auf dem Flughafen La Guardia in New York. Ein Ingenieur der UNESCO macht sich nichts aus Romanen. Der Untertitel lautet: »Ein Bericht«. Da soll exakt referiert werden. Das naturwissenschaftliche Protokoll bietet sich an. Ein Homo faber möchte berechenbar leben. Die Wiederholung macht ihm nicht Angst, im Gegenteil: sie scheint ihn zu bestätigen. Wiederholungen sind quantifizierbar; damit kommen sie irgendeiner Gesetzlichkeit nahe.
Leider kann man sich nicht einmal auf die Wiederholung verlassen. Wer von sich aus davor keine Angst hatte, dem wird Angst gemacht von außen her. Durch wen? Wer das wüßte. Vielleicht vom sogenannten Schicksal, irgendeiner Anangke oder Tyche.

Walter Faber landet jäh inmitten einer antiken Tragödie, in Griechenland natürlich: als der unheimlich und unberechenbar gebliebenen Welt des Tragischen. Der Golf von Korinth und der Piräus, doch gesehen vom Flugzeug aus. Manche Konstellation aus dem »Oedipus« von Sophokles. Jemand erhängt sich, gleich der Jokaste. Faber-Oedipus aber stirbt nach der Operation im Krankenhaus von Athen. Was übrigblieb von den Figuren seiner »Biographie«, winkt ihm zu vor der Reise zum Styx.

Staunenswert ist die Schöpfer- und Erfindungskraft in jenem Jahrzehnt zwischen 1951 und 1961. Die Grundthemen werden scheinbar bloß variiert: mag es sich um die kleine Welt Stillers oder die große eines Homo faber handeln, um eine überwirkliche und eben dadurch verstörende Traumsphäre in der Moritat vom mythischen Grafen Öderland oder um ein opernhaftes Sevilla für die Komödie vom Don Juan und seiner Liebe zur Geometrie. Wahrscheinlich gibt es für alles auch Fakten und Motivationen im Leben von Max Frisch, doch was wäre damit bewiesen? »Autobiographie ist's immer«, brummt der alte Goethe in Thomas Manns Roman »Lotte in Weimar«, als der Sohn nach den Fortschritten fragt bei Niederschrift von »Dichtung und Wahrheit«. Ein Erzähler wie Thomas Mann kannte sich aus. Wichtiger ist die Frage, *wodurch* diese Stiller und Faber, Öderland und Don Juan Tenorio in die Welt hineinwirken konnten: ganz wie einst Werther in seinem Wetzlar, Heinrich Lee aus Zürich oder die Familie Buddenbrook aus Lübeck.

Auch Öderland und Don Juan sind Komplementärfiguren eines Dramatikers: *abermals als ein Entweder-Oder.* Theatralische Parallelaktionen zudem zu Stiller und Faber, den epischen Protagonisten. Auch Graf Öderland aber und Don Juan werden zur Strecke gebracht durch die Wiederholung. Die exzessivsten Ausbrüche eines Staatsanwalts mit der Axt oder eines Nichterotikers, der sich als Don Juan inszenieren muß samt theatralischer Höllenfahrt, um endlich Ruhe zu haben vor der selbstgeschaffenen Legende: am Schluß steht der Alltag mitsamt einer neuen Daseinsrepetition.

Das Schlußbild der Moritat vom Grafen Öderland trägt die Überschrift »Ruhe und Ordnung werden wieder hergestellt«. Das wurde in der endgültigen Werkfassung von 1961 formuliert.

Wer sieben Jahre später, also 1968, eine Aufführung des »Öderland« im Pariser Théâtre de l'Odéon erleben konnte, weiß, daß hier ein bedeutender Schriftsteller, indem er unablässig von sich sprach und von seiner Umwelt, stellvertretend werden konnte gleich den Autoren von einst.

Noch ein anderer Theaterabend kommt in den Sinn, wenn ich zurückdenke an jenen Pariser Öderland und an seine Zuschauer. Das war in Warschau im Jahre 1962, und man spielte, in polnischer Sprache natürlich, das Stück »Andorra«.

Dem zwölften Bild des Stückes wurde folgende Anweisung vorangestellt: »Platz von Andorra. Der Platz ist umstellt von Soldaten in schwarzer Uniform. Gewehr bei Fuß, reglos. Die Andorraner, wie eine Herde im Pferch, warten stumm, was geschehen soll.« Geschehen soll, wie man weiß, die sogenannte Judenschau. Das Stück »Andorra« ist angelegt als ein Parabelspiel, gleichsam ortlos, trotz des Ortsnamens im Titel. »Andorra ist der Name für ein Modell«, wie der Stückeschreiber mitteilen läßt.

An jenem Abend aber spielte das Stück in Warschau: um das Jahr 1943. Daran zweifelte keiner im Publikum. Sonderbar, das Stück war schon bald nach der Züricher Erstaufführung, die am 2. November 1961 unter Kurt Hirschfelds Spielleitung stattgefunden hatte, nach Polen gelangt. Damals war man dortzulande keineswegs judenfreundlich. Ein neuer Antisemitismus, gleichsam als Amalgam aus Moskauer Direktiven und tradierter polnischer Antipathie, wurde ausgiebig praktiziert. Trotzdem empfand das Publikum die Liquidierung des Andri, der gar kein Jude ist, doch dafür gehalten wird, und die Schändung der angeblichen Judenhure Barblin, mitsamt allen genau mitgeteilten Haltungen von »Der arme Jud« bis zu »Wie er sich wehrt um seine Wertsachen ...«, durchaus als ort- und zeitgebunden. Das war deutsche Besatzung, da standen die SS-Leute auf der Bühne, hier in der Stadt hatte es ein Getto gegeben, dann war dort alles dem Erdboden gleichgemacht worden.

Noch eines habe ich an jenem Theaterabend entdeckt. Das Publikum begriff, daß es sich bei dem Stück »Andorra« *nicht unbedingt um Juden handeln muß.* Just weil ein Modell gezeigt werden sollte, reagierte man in Warschau, als wüßte man

Bescheid über Jean-Paul Sartres Betrachtungen zur Judenfrage vom Jahre 1948, aus einer Zeit also, da man nicht mehr an den Antisemitismus glauben wollte. Sartre hatte damals auseinandergesetzt: der als Jude behandelte Außenseiter müsse nicht immer und allenthalben ein Jude sein. *Jeder* sei ein möglicher Jude für eine andere Gruppe. Das hatte man in Polen bei den Deutschen gelernt, und nicht vergessen.
Man hat den Parabelstücken dieses Dramatikers, vor allem der »Chinesischen Mauer«, den Öderland und Biedermann, auch dem Stück »Andorra« vorgehalten: sie seien zu vieldeutig, erlaubten zu viele Gegnerschaften und Identifikationen: je nachdem. Einer meinte, der Untertitel des »Biedermann«, nämlich »Ein Lehrstück ohne Lehre«, sei ungefähr so etwas wie »Brecht ohne Kommunismus«. Es ist etwas daran, und man wird heute vielleicht sagen dürfen, daß das keinen Nachteil bedeutet.
Einmal nämlich, weil der einstmals von Brecht gezeigte sogenannte »Ausweg« ganz sicher keiner war. Dann vor allem, wie in jener Frankfurter Rede am Beispiel Brechts, dem wahrscheinlich wichtigsten für die Entwicklung des Schriftstellers Max Frisch, demonstriert werden konnte, weil sich bedeutende Literatur stets der Festlegung entzieht. Sie wandert mit den Generationen und ist plötzlich wieder da, auch unter neuen Konstellationen: wie jener Öderland im Pariser Frühling von 1968, oder wie das Modell Andorra, das plötzlich unter den Polen spielte.
Wodurch aber vermochte das Werk eines Menschen, der scheinbar nur von sich selbst sprechen wollte, so stark in die Welt hinein zu wirken? Da war sich einer vom Beginn der Arbeit an darüber klar, daß er keine Romane in der Nachfolge von »Germinal« werde schreiben können, und Theaterstücke wie »Die Weber« oder auch wie »Mutter Courage und ihre Kinder«. Das war keine Frage des Talents und literarischen Wertes. »Der Gehülfe« von Robert Walser vermag durchaus zu bestehen neben »Berlin Alexanderplatz«. Es gibt einen Text von Frisch aus dem Jahre 1956 mit dem skeptischen Titel »Vom Umgang mit dem Einfall«. Das beginnt mit einem Adorno-Zitat, wenn es heißt: »›Der Künstler ist nicht gehalten‹, schreibt Theodor W. Adorno in einem Aufsatz über Kafka, ›sein eigenes Werk zu verstehen‹. Ich weiß nur, daß es im eigenen Fall nie mit einer Idee

angefangen hat. Sobald ich weiß, was ich will, weiß ich auch, daß ich es nicht kann, und der Fall ist erledigt.« Trotzdem nicht so ganz erledigt, denn nun muß die List aushelfen, auch die konstruktive Einbildungskraft, vielleicht sogar der Mann mit der Rolle. Eines jedoch bleibt gültig, wie es weiter heißt in diesem Text: »Was mich zum Schreiben verlockt, sind Bilder, auch vereinzelte Worte, vor allem jedoch Bilder, Situationen.«

Dem ist aufs Wort zu glauben. Solche Bilder und Situationen werden jeweils genau festgehalten. Zunächst vermutlich als Aufzeichnung im Tagebuch. Man hat sich gewundert, daß die großen Ausarbeitungen bereits früh im »Tagebuch 1946-1949« provisorisch fixiert waren. Da gibt es schon den andorranischen Juden, Herrn Gantenbeins Spiel mit dem Blindsein, künftige Totengespräche und erste politische Selbstbefragungen. Ich begegnete Max Frisch in jenen Jahren bei seinen Reisen im zerstörten Deutschland und glaubte zu ahnen, wie solche Bilder und Situationen gehortet werden konnten, um später einmal, verbunden mit neuen Bildern und Lebenskonstellationen, dem zweifelnden Autor die Zuversicht zu geben: Vielleicht kann ich es doch bewältigen!

Die persönliche Erfahrung eines Menschen, hier eines Zürichers vom Jahrgang 1911, wurde niemals in Form einer belanglosen Privatheit ins Werk übernommen. Allen scheinbaren Privatheiten sollte man mißtrauen. Der Lehrmeister Brecht hat einmal erklärt: »Wen immer ihr hier sucht, ich bin es nicht.« Jüngst erst mußte der Autor der Endzeitgeschichte »Der Mensch erscheint im Holozän« in einem Interview jene Leser enttäuschen, die von Max Frischs Haus in Berzona im Tessin und von der sorgsam beschriebenen Landschaft auf den Verfasser als Urbild des Herrn Geiser in jener Geschichte schließen wollten. Abermals war da ein *Bild* gewesen, eine Situation, sogar ein anderer Mensch. Man durfte ihn sogar benennen, jenen Eremiten Armand Schulthess, der mit Hilfe der Formel »Ich stelle mir vor ...« in den Herrn Geiser verwandelt werden konnte.

Das Lebensmaterial wird stets verwandelt und ist fast überall auch als *gesellschaftliche Spannung* dargestellt. Stiller und Öderland oder Don Juan, oder auch jener Herr Geiser aus Basel sind niemals skurrile Spinner. Sie wirken lästig, weil ein allgemeines

Thema durchscheint. Die Angst vor der Wiederholung, der vergebliche Ausbruch, die Reduktion in Form einer neuen Wiederholung: was anderes wird hier immer wieder abgehandelt als *unser aller Problem der Entfremdung und Selbstentfremdung!* Dem keine Reise nach Peking abzuhelfen vermag.
Ähnlich geht es zu beim zweiten Grundthema: *dem Bild von der Bildfeindschaft.* »Du sollst dir kein Bildnis machen!« Das biblische Gebot ist weder bei Max Frisch noch in unserer Gesellschaft als Metapher mißzuverstehen. Bei meinem letzten Besuch in Montagnola erläuterte Max Horkheimer: alles Denken der sogenannten Frankfurter Schule lasse sich zurückführen auf das Bildnisverbot. Das ist richtig: sowohl für die Sozialphilosophie wie für die Literatur. Das fixierte Bildnis von gesellschaftlicher Zukunft, mag es abgeleitet sein aus irgendeiner Religion oder Philosophie, hemmt die Aufklärung, statt sie freizusetzen. Der politische Max Frisch: hier hat er angesetzt. Angst vor der Verkümmerung des Ich und Angst vor den Folgen einer *Zurücknahme der Aufklärung* in unserer Zivilisation.
Darum ist das »Tagebuch 1966-1971« so viel verstörender, manche würden sagen, so viel »unerquicklicher« ausgefallen als jenes andere vom Ausgang der Vierziger Jahre. Bereits der erste Satz, formuliert als erste Frage eines Fragebogens, macht es ahnen. »Sind Sie sicher, daß Sie die Erhaltung des Menschengeschlechts, wenn Sie und alle Ihre Bekannten nicht mehr sind, wirklich interessiert?« So kann nur einer fragen, der auch für sich selbst die Möglichkeit einschließt, daß er mit Nein antworten müßte. »Ehrlich«, wie das verlogene Modewort unserer Umgangssprache zu lauten pflegt.
Der Schreiber des ersten Tagebuches war noch wenig bekannt: das wußte er zu nutzen. So konnte er Situationen festhalten, ohne selbst aufzufallen. Dann wurde er bekannt: gerade durch dieses Tagebuch; dann geriet er unter die very important people, die VIPs. Im Tagebuch der bös ausgehenden Sechziger Jahre fährt er auf der Wolga als Ehrengast der Feiern zum Jubiläum Maxim Gorkis; ein Lunch in der Cafeteria des Weißen Hauses mit Dr. Kissinger; Israel und Warschau und Prag und eine Gastprofessur in New York. Und vor allem die Reflexionen über *Tolstoi.* Nur scheinbar überraschend, denn hinter der Auseinan-

dersetzung eines Erzählers von heute mit der »Kreutzersonate« steht das beiden gemeinsame *Thema der Gewalt und der Gewaltlosigkeit.* Wie kaum ein anderer unter seinen Zeitgenossen hatte sich Lew Nikolajewitsch Tolstoi ausgekannt mit den Wiederholungen und den Ausbruchsversuchen. Beim letzten Fluchtversuch war er gestorben. Die Rückschau auf das Tolstoianertum war gleichsam fällig, wenn man einstmals fasziniert dem Treiben des Grafen Öderland mit der Mordaxt zugeschaut hatte. Als Leser Tolstois stutzt Max Frisch bei dem Satz von der »Vernichtung jener Gewalt, die sich Regierung nennt, und von der die größten Leiden der Menschheit herrühren«. Der Tagebuchschreiber streicht sich das an, wohl auch in Gedanken, weil solche Sätze, wie er notiert, »mir zum Bewußtsein bringen, wie brav ich bin, wie staatsgläubig«.

Dies zweite Tagebuch handelt immerfort von der Macht und ihrem Gegenpol, der Ohnmacht von Zeitgenossen vor einer perfekten Bürokratie. Wie etwa dem Sowjetischen Schriftstellerverband. Im Hause von Präsident Nixon. Als Reflexion nach Ermordung des gewaltlosen Schriftstellers Martin Luther King. Als Fragen eines Schriftstellers nach den eigenen Möglichkeiten, der Mitschuld zu entgehen.

»Manchmal trinkt er gegen Abend«, heißt es im Jahre 1968, »... weil *er* nur weiß, daß es nicht stimmt, was er denkt, was er sagt, was er tut, was er weiß.« Drei Jahre später wird über einen, der auch der Tagebuchschreiber selbst sein könnte, bilanzierend festgestellt: »Laut Dossier haben Sie kaum anders gelebt als andere Nutznießer, die diese Gesellschaft in Ordnung finden.« Stimmt, und stimmt durchaus nicht. Dafür hat sie gesorgt, die vertrackte Dialektik zwischen Leben und Schreiben. Dies zweite Tagebuch mit seinen Themen der Macht und der Ohnmacht und der Schuld von scheinbar Schuldlosen ist abermals an den Grenzen der Aufklärung angelangt. *Allein es möchte diese Grenzen sichern helfen.* Was kann ein Schriftsteller Besseres tun?

Der Bericht über *Montauk, Long Island* nimmt sich beim ersten Lesen aus wie der perfekte Anti-Stiller. Es gibt diese Ortschaft Montauk: man konnte sie im Film besichtigen. Die Leute heißen Max oder Ingeborg und Marianne. Das Wort »gestern« meint den Tag vor dem Schreibvorgang. Alles nimmt sich »echt« aus und »genau«, wie diesmal die Modewörter meinen. Noch dazu eine plakatierte Aufrichtigkeit unter Anrufung des Herrn de Montaigne. Dabei heißt es im Untertitel: »Eine Erzählung«. Ebenso hinterlistig wurde das Buch »Homo faber« als »Ein Bericht« deklariert. Daß der Erzähler Max Frisch heißt und mit unverschlüsselten Lebensfakten aufwartet, ändert am Sachverhalt nichts. Es handelt sich um eine *Kunstfigur* mit Namen Max Frisch. Das ist weder neu noch paradox. Thomas Mann hat es in »Mario und der Zauberer« nicht anders gehalten. Redlichkeit ist Sache des Denkens. Aufrichtigkeit ist Angelegenheit des Zeugen im Prozeß, oder eines Kindes, das die Eltern belügen möchte. Literatur kennt andere Gesetze, wer wüßte das besser als dieser Erzähler.

Er demonstriert es, vier Jahre nach »Montauk«, also 1979, an einer Komplementärgeschichte mit dem Titel *»Der Mensch erscheint im Holozän«*. Scheinbar größte Welt- und Lebensnähe in der amerikanischen Story, höchste Entäußerung in der Fremdfigur des Herrn Geiser aus Basel, der bald vierundsiebzig werden soll und dessen Geschichte gegen das Ende hin folgerichtig im Perfekt erzählt wird. Es ist eine Endzeitgeschichte, geschrieben von einem, der nicht an die Endzeit glaubt, doch ihre Möglichkeit nicht ausschließen möchte. Herr Geiser verwechselt, gleich anderen alten Leuten, das Lebensende mit dem Ende des Lebens. Deshalb heftet er bereitwillig eine Definition aus dem Lexikon an die Wand: »Eschatologie: Lehre von den Letzten Dingen, d. h. vom Endschicksal des einzelnen Menschen u. der Welt.« Herr Geiser hätte ganz gewiß die erste Frage aus dem Tagebuch von 1966 mit einem mürrischen Nein beantwortet. Nicht interessiert am Fortbestand der Menschheit. Aber das Leben geht weiter, auch oben im Tessin. »Alles in allem kein totes Tal; es gibt Schmetterlinge, es gibt Vipern, aber man sieht selten eine, und wo Menschen wohnen, gibt es Hühner.« Also doch keine Endzeit. Immerhin wäre der Titel ergänzungsfähig. »Der Mensch erscheint im Holozän« ... und stirbt aus im technisch-wissenschaftlichen Zeitalter. Vielleicht doch nicht so sonderbar, daß diese vorerst letzte Erzählung von Max Frisch großen Eindruck machen konnte auf amerikanische Leser.

Das erste Bild des dramatischen *Triptychon* muß ungefähr

gleichzeitig mit dem Abschluß der Geschichte des Herrn Geiser entstanden sein. Man darf es fast wie ein Satyrspiel bezeichnen. Da ist einer gestorben, doch Endzeit bedeutet das wahrhaftig nicht. Es geht gräßlich zu, und sehr komisch, also sehr alltäglich bei der Totenfeier. Nimmt man das Dreiergebilde jedoch als literarische Einheit, so verblüfft die Nähe zu Bin und Kilian, vor allem zu Stiller. Totengespräche hatte es auch im Zeichen von Bin gegeben. Ich habe hier im Schauspielhaus, tief bewegt, am 29. März 1945 die Uraufführung von »Nun singen sie wieder« erlebt. Es war zu verstehen als »Versuch eines Requiems«. Allein die Toten im »Triptychon« sind auch daran zu erkennen, daß sie keine Angst mehr haben und haben müssen vor der Wiederholung. Nun werden sie vom Dramatiker konfrontiert mit Lebenden, die sich auch nicht sorgen um die Wiederholung, weil sie fragenlos und unbesorgt dahinleben.
Diese drei Szenen handeln jedoch gar nicht vom Tod, *sondern vom Dahinleben.* Die Wiederholung und die Angst davor bedeutete bereits für Stiller ein Vielfaches: die Repetition des Alltäglichen; die Reduktion eines Menschenlebens auf die Ewige Wiederkehr des Gleichen; nicht zuletzt die *tödliche Gefahr der Reproduktion.* Die war doppelt zu fürchten, vor allem für einen Schriftsteller. Dann nämlich, wenn er sich gleichschaltete, wie im zweiten Tagebuch analysiert wird; und auch dann, wenn er sich nicht Klarheit zu verschaffen weiß in einer Welt der Reproduktion, also auch, wie Walter Benjamin einst erläuterte, über das Kunstwerk im Zeitalter der Reproduktion. Max Frisch möchte aber *nicht* dahinleben gleich den Toten seines Triptychons. So wird man ihn wohl verstehen müssen.
Lieber Max Frisch! Als Sie im Jahre 1958 in Darmstadt den Büchner-Preis entgegennahmen, kamen Sie auf den Emigranten Büchner in Zürich zu sprechen und meinten: »Wir sind Emigranten geworden, ohne unsere Vaterländer zu verlassen...« Man habe nicht Büchners Genie, aber man habe Talente: »Schon das ist Auftrag.« Es gab auch ein Versprechen in eigener Sache: »Wir wollen nicht versprechen, Märtyrer zu sein, aber Schriftsteller so lange wie irgend möglich.« Daran haben Sie sich gehalten. Im Leben wie im Werk. Dafür danken Ihnen viele, viele Menschen in aller Welt. Auch heute und hier.

XI. REDE AUF PETER WEISS

(Köln, 1981)

Ein Gesamtwerk soll geehrt werden, und es ist wirklich eines. Doch wie ist es zu verstehen, erst recht zu deuten? Allen Vergleichen scheint es sich zu entziehen. Kategorien der literarischen Alltagspraxis kommen nicht zurecht mit dieser verstörenden Vielfalt der Stile und Gattungen, und damit auch nicht mit dem Mann, der sich in all diesen Stilen versuchte: mit Peter Weiss.

Eines wird sogleich deutlich, wenn man sich damit einläßt: dieses Œuvre ist ein *Werk der Grenzüberschreitung*. In jeglichem Verstande, durchaus auch im Wortsinne eines Werkes, das nicht unterzubringen ist innerhalb von Landes- und Sprachgrenzen. Peter Weiss ist ein bemerkenswerter Schriftsteller der deutschen Sprache, er gehört zur deutschen Literatur im 20. Jahrhundert, das wird ihm keiner abstreiten. Ist er aber ein Deutscher? Geboren vor den Toren von Berlin. Der Vater ein Jude aus der Donaumonarchie, ein Offizier der Habsburger; die Familie der Mutter ist »einwandfrei« in den Augen von Rasseforschern, wenngleich verdächtige Spuren ins Elsaß führen, und auch in die Schweiz. Da sind Kinder aus einer ersten Verbindung der Mutter: die sind nicht unrein. Der Vater möchte sein wie jene.

Warum hier davon gesprochen wird? Weil diese Ursprungskonstellation eines jungen Menschen, der nirgendwo dazugehört, weder zu den Deutschen noch zu den Juden, später auch nicht zu den Tschechen, den Engländern oder Schweden, produktiv gemacht werden mußte, wollte man weiterleben. Peter Weiss ist niemals davon losgekommen. Freigeschrieben hat er sich mit der Erzählung »Abschied von den Eltern« aus dem Jahre 1961: da war er fünfundvierzig.

Ein Werk zwischen den Zuordnungen, dennoch ein Werk der deutschen Literatur. Heinrich Vormweg, der sich, wie mir scheint, am genauesten mit Peter Weiss und seinem Werk eingelassen hat, geht den ersten Versuchen einer Selbsterlösung durch das Werk in einem Deutungsversuch nach, dessen Kapitelüberschrift, mit gutem Grund, als ein Zitat von James Joyce verstanden werden muß: »Der Autor als junger Künstler«. Der Unterschied jedoch zu Joyce wird eben dadurch evident, daß hier der Autor, also der Schriftsteller, nämlich Peter Weiss, als »Künstler« vorgestellt wird, was heißen soll: als *bildender Künstler.* Womit eine weitere Grenzüberschreitung benannt ist. Peter Weiss gehört zu den Leuten vom Fach in der deutschen Gegenwartsliteratur, ganz wie etwa Günter Grass oder Wolfgang Hildesheimer, die erst auf dem Wege, durchaus nicht Umwege, eines Künstlers zum Schreiben gelangten, also Fachleute sind in der Bildenden Kunst, keine Hobbymaler. Weiss hat Zeichen- und Malerschulen noch in Deutschland und als Halbwüchsiger besucht, später die Kunstakademie in Prag. Sein erstes Buch in der Bundesrepublik, das ihn sogleich im Kreise der Literaten bekannt machte, hieß: »Der Schatten des Körpers des Kutschers«. Ein Gebilde aus experimenteller Prosa und Collagen des Graphikers Peter Weiss. Übrigens ein gut lesbares, aufregendes Buch. Es handelte abermals von der Selbstbefreiung.

Im »Abschied von den Eltern« wird beschrieben, wie die Eltern ratlos vor einer Ausstellung von Bildern des Sohnes stehen, die er irgendwo, in einem Abseits des Elternhauses, vorbereitet hat und nun vorweist. »Du kannst so nicht weiterleben, sagte mein Vater, du kannst mir nicht länger zur Last liegen ...« Es ist eine wohlbekannte Geschichte, gerade auch in der deutschen Literatur: dieser Umweg eines Schriftstellers, die Visionen vorerst als Bilder festhalten zu wollen. Fast immer aus der Not, einer Umwelt und sich selbst zu beweisen, daß man trotzdem zu etwas taugt. Der Weg Gottfried Kellers wie Hermann Hesses. Mir ist es kein Zufall, daß sich der suchende Peter Weiss später nach Montagnola wandte, zu Hesse, und daß ihm der Autor des »Demian« half, aus dem Ei zu kriechen.

Allein es mußte noch ein Weg zur Sprache gefunden werden. Seit 1939 lebte der Emigrant Weiss in Schweden, arbeitete in des Vaters Textilfabrik, als Holzarbeiter, später immerhin als Musterzeichner. Er spricht Schwedisch, ist Schwede geworden, seine erste Ausstellung kommt dort zustande, sein erstes Buch »Von Insel zu Insel« erscheint 1947 in schwedischer Sprache. Das

Buch eines 31jährigen Debütanten, der jedoch in jenem unbeirrbaren Eigensinn, der zu Weiss gehört, und der, wie ich meine, ein Element seiner Größe ausmacht, nach wie vor entschlossen scheint, das eigentliche Schreiben *als ein Schreiben in deutscher Sprache* zu verstehen. In einer Sprache mithin, die man halb verlernt hat, auch niemals so beherrschte, daß an Literatur zu denken war.

In dem Roman »Fluchtpunkt« wird dieser Vorgang nacherzählt: »Um zu den Worten zu gelangen, die ich in der Kindheit gelernt hatte, und die mir zum Schreiben noch anwendbar schienen, mußte ich mich erst mit einer Anspannung des Willens von der Sprache entfernen, die mich umgab, und die ich täglich benutzte.« Noch grausamer, und übrigens treffender, heißt es kurz darauf im »Fluchtpunkt«, um die fast absurde Anstrengung des Schreibenden zu benennen: »Ich wollte mit dem Schreiben beginnen an einem Punkt, da mir klar wurde, daß ich keine einheitliche Sprache mehr besaß, und da es nahelag, daß ich mich auch eines Südseeidioms bedienen könnte, wenn ich zufällig in den Archipelen Tahitis gelandet wäre. An eine Rückkehr in das Land meiner Herkunft glaubte ich nicht...«

Dann jedoch wird etwas geschildert, am Schluß des »Fluchtpunkt«, was nach wie vor zur Romanwelt gehört, zu einem Bildungsroman, der in reiner, wiedergelernter deutscher Prosa erzählt ist, doch vom Autor Peter Weiss berichtet, weil man so nicht erzählen kann, wenn es kein Vorbild gab in dem, was der Vater von Peter Weiss, wie so viele Väter, als das »reale Leben« zu bezeichnen pflegte. Jemand hat sich ganz frei gemacht, er fühlt sich, mit Sartre zu reden, zu dieser Freiheit gleichsam »verurteilt«. Da ist ein Tag in Paris, am Ufer der Seine, es ist das ganz Andere, und es bewirkt eben dadurch die Erweckung zu seinem Gegensatz. Peter Weiss findet sie plötzlich für sich wieder, die verlorene Sprache: »Die Freiheit war absolut, ich konnte mich darin verlieren und ich konnte mich darin wiederfinden, ich konnte alles aufgegeben, alle Bestrebungen, alle Zusammengehörigkeit, und ich konnte wieder beginnen zu sprechen. Und die Sprache, die sich jetzt einstellte, war die Sprache, die ich am Anfang meines Lebens gelernt hatte, die natürliche Sprache, die mein Werkzeug war, die nur noch mir selbst gehörte...« Und weiter: »An diesem Abend, im Frühjahr 1947, auf dem Seinedamm in Paris, im Alter von dreißig Jahren, sah ich, daß es sich auf der Erde leben und arbeiten ließ und daß ich teilhaben konnte an einem Austausch von Gedanken, der ringsum stattfand, an kein Land gebunden.« Hier endet das Buch »Fluchtpunkt« aus dem Jahr 1962.

So entstand ein Gesamtwerk, ein Œuvre, das hier und in dieser Stunde dankbar geehrt werden soll. Es ist nicht heiter, wie zu erwarten stand, besitzt bisweilen aber Momente einer bösartigen Lustigkeit, vor allem, wenn sich der Schreibende ganz sicher ist seiner Sache im Angriff. Angriff bedeutet für Peter Weiss immer wieder, nach wie vor, die Bekämpfung jener Umstände und Zustände, die schuld waren an seinen jungen Leiden, an der Fremde und der Entfremdung, an einem Leben zwischen den Ländern und Sprachen. Bösartig heiter ist insbesondere ein Werk des Dramatikers, das heute ungerechterweise vergessen scheint für den Augenblick und das ein bißchen mithalf, unwürdige Zustände zu verändern. Ich meine den »Gesang vom Lusitanischen Popanz« aus dem Jahr 1967. Was dort auf der Bühne gefeiert wurde, ich sah die unvergeßliche Berliner Aufführung, war nichts anderes als die szenische Vorwegnahme der portugiesischen Revolution und einer Befreiung der Kolonien. Eine schöne dramatische Ballade, die später in der Wirklichkeit so fragwürdig und unschön nachgespielt wurde, wenn wir an den Ort der Handlung des »Popanz« denken: Angola.

In jedem Gesamtwerk eines bedeutenden Autors, sieht man ab von den unbegreiflichen Grenzfällen, etwa vom Fall des Franz Kafka, gibt es das Geglückte, das Halbgeglückte, das Mißglückte, was man nicht verwechseln sollte mit dem Erfolg oder Mißerfolg. Auch im Werk von Weiss gibt es diese Skala zwischen dem Scheitern und dem Gelingen. Dieser Dramatiker hat eines der großen Theaterstücke unseres Jahrhunderts geschrieben: das Stück mit dem langen Titel, den »Marat/Sade«, wie die Theaterleute in aller Welt abzukürzen pflegen. Auch in der »Ermittlung« fand Peter Weiss die mögliche dramatische Form: dieses Stück wird wiederkommen, weil es nach wie vor in der Gegenwart spielt. Es gibt jedoch Arbeiten dieses Verfassers, die ein erstaunliches Nebeneinander von Gelingen und Mißlingen aufweisen,

inmitten desselben Werkes. Ein Beispiel dieser Art scheint mir das Stück »Trotzki im Exil« zu sein, von 1970.
In diesem nicht gelungenen Stück gibt es eine grandiose Szene. Sie schildert erfundene Historie, die jedoch, wie stets bei dem rastlosen Arbeiter und Forscher Weiss, genau nach Quellen gearbeitet wurde. Trotzki wird zurückversetzt, und zwar der gestürzte Revolutionär, der Trotzki des Exils, in die Phase eines früheren Exils. Zürich, Erster Weltkrieg, Ecke der Spiegelgasse, DADA und Café Voltaire. Lenin und Trotzki werden auf dem Theater konfrontiert mit den Dadaisten und künftigen Surrealisten. Tristan Tzara belehrt: »Ich, Tristan Tzara, und Janco, und Emmy Hennings und Hugo Ball, und Richard Huelsenbeck, und das Strichmädchen von der Ecke, Anna Blume, und Max Ernst, und der Duchamp in New York, merkt euch die Namen. Eine Internationale. Wir werden in die Geschichte eingehen wie ihr.«
Hugo Ball ergänzt: »Ihr müßt euch verbünden mit uns, ihr Rationalisten, ihr Revolutionsingenieure... Wir müssen zusammengehen. Wir, die Emotionalen, die Unberechenbaren, und ihr, die Planer, die Konstrukteure. Keine Trennung. Sonst werden unsere Revolutionen im Sand versickern. Der neue Mensch muß ein Schöpfer sein. Die neue Kunst ist Leben.«
In dieser Szene lehnt Lenin entrüstet eine solche Allianz ab. Trotzki wird nachdenklich. Auch dies ist reale Geschichte. Das letzte Manifest des Surrealismus hat André Breton, der Begründer dieser Ästhetik, gemeinsam mit dem exilierten Trotzki in Mexico geschrieben, wie man heute weiß. Die Szene in einem vorerst mißglückten Theaterstück behandelt nach wie vor die Gegensätze im Kunstschaffen der westlichen Welt und der sowjetischen Ästhetik; sie ist aber auch, gleichfalls nach wie vor, ein Schlüssel zu den Leitmotiven im Werk von Peter Weiss.
Es handelt sich, wie mir scheint, um den Grundgedanken einer *zweifachen Praxis der gesellschaftlichen Veränderung*: einmal durch die politische und gesellschaftliche Revolution, ob gewaltsam oder gewaltlos, wie immer, zum anderen als Revolutionierung des Fühlens und Empfindens durch Vermittlung der Kunst und der Künstler.
Nur von dieser Position her, die immer wiederkehrt bei Peter

Weiss, läßt sich der Grundentwurf seines Werks verstehen. Ein Dualismus zwischen der politischen und der künstlerischen Existenz. Als Alternative zwischen Marat und dem Marquis de Sade. Zwischen Lenin und den Dadaisten. Als Konfrontation von Hölderlin und Dr. Marx.

Die vorläufig letzte Fassung dieser Vision von der zweifachen Veränderung unserer Zustände, und damit der Menschen, ist bereits im Titel jenes Erzählwerks programmatisch angekündigt, das Weiss jetzt abgeschlossen hat: nach neunjähriger Arbeit. *»Die Ästhetik des Widerstands. Roman«.* In den Notizbüchern, die er zusammen mit dem dritten Band des Romans vorlegte, kann nachgelesen werden, wie dieser Titel erst langsam gefunden werden mußte, weil er eng mit dem Arbeitsprozeß zusammenhing. Der politische Widerstand *und* sein künstlerisches Korrelat in den großen, gleichfalls die Menschen und ihr Bewußtsein verändernden Werken der Bildenden Kunst: vom Pergamonaltar bis zum Guernicabild von Pablo Picasso.

Ich hatte mich diesem Werk von Weiss lange versagt, wozu es verschweigen? Er hat es gewußt und bedauert, wie man nachlesen kann. Der dritte Band, zusammen mit den Notizbüchern, hat mir geholfen, den Weg von der frühen Prosa über die Theaterstücke bis hin zu dieser einzigartigen Prosaballade deutlicher zu sehen. Die »Ästhetik des Widerstands«, dieser Roman, der alles sein möchte und wohl auch ist, Essay und Bericht über Taten wie Untaten, der den spanischen Bürgerkrieg, den Widerstand im Dritten Reich, nicht minder jedoch die tragische Geschichte der Revolutionäre in einer nicht mehr revolutionären Sowjetunion gleichzeitig zu erzählen und zu deuten unternimmt, stellt einen Versuch dar, das eigene Ich des Autors Peter Weiss gleichzeitig aufzugeben *und* zu bewahren. Der Erzähler im Roman erhält eine Lebensgeschichte, die Peter Weiss nicht gehabt hat und nicht haben konnte. Auch dies ist ein – schöpferischer – Versuch mit der Ästhetik des Widerstands.

Ein solches Buch ist mit keinem anderen zu vergleichen, das heute in unserer Sprache geschrieben wurde. Literaturkritik im Alltagssinne muß davor versagen. Seien wir froh, daß unser Freund, eigensinnig wie immer, die Arbeit zu Ende brachte. Sie erst hat sein bisheriges Werk abgerundet.

Lieber Peter,

Die Stadt Köln, meine Vaterstadt, ehrt heute Dein Lebenswerk mit dem von ihr gestifteten Literaturpreis. Starkes Gefühl ist den Kölnern nicht fremd, doch versagen sie sich gern der gefühlvollen Rede. Da pflegt man zu untertreiben. Wenn man einem gratulieren will in dieser Stadt und sich über ihn freut, so hat man eine einfache Formel bereit. Auch ich möchte sie benutzen, indem ich einfach schließe mit den Worten:

»Mach so weiter!«

XII. DIE LITERATUR UND DER SCHEITERHAUFEN BÜCHERVERBRENNUNG NACH FÜNFZIG JAHREN

(Zürich, 1983)

Maria Becker gewidmet

In Shakespeares letztem Theaterstück, dem »Sturm«, einer Komödie bekanntlich, verabredet Caliban mit seinen bewunderten weißen Göttern Stephano und Trinculo die Ermordung des zaubermächtigen Gebieters und Bücherlesers Prospero. Caliban ist, wie Shakespeare schreibt, a savage and deformed slave, was bei Schlegel-Tieck mit »ein wilder und mißgestalter Sklave« übersetzt wird. Stephano ist ein meist betrunkener Kellner, Trinculo ein professioneller Spaßmacher. Zwei Gestalten aus einer verlotterten Stadt- und Adelsgesellschaft, die durch Prosperos Zauberstab hierher, in den Inselbereich, gezwungen wurden. Daß sie keine Bücherleser sind, hat der schlaue Caliban, der bei seinem Meister Prospero sogar gelernt hat, in Versen zu sprechen, bald heraus. Um so besser taugen sie ihm als Partner beim Mordgeschäft.

Im Dritten Akt schärft er ihnen ein, wie man den Zauberer erledigen kann: im Schlaf nämlich. Das ist ein Motiv, von welchem Shakespeare nicht loskommt. Macbeth mordet den Schlaf. Der Vater Hamlets wurde im Nachmittagsschlaf durch den Bruder Claudius getötet. Auch Prospero soll es so ergehen: allein der »Sturm« ist eine Komödie. Caliban kennt viele Möglichkeiten: man kann dem Verhaßten den Schädel einschlagen, man kann ihn pfählen, das Messer an seine Kehle setzen. Wichtig ist eines nur: man muß vorher seine Bücher vernichten. Dreimal schärft es der Wilde den Spießgesellen ein. Man muß sich seiner Bücher bemächtigen, heißt es zuerst. Dann noch dringlicher:

> Denk dran, dich erst der Bücher zu bemeistern,
> Denn ohne sie ist er nur so ein Dummkopf,
> Wie ich bin.

Ohne Bücher sei Prospero machtlos. Kein Zaubergeist stehe ihm dann noch zu Gebot. Folglich: »Burn but his books!« – Verbrenn ihm nur die Bücher!, heißt es in der romantischen deutschen Übersetzung.
Caliban und Prospero. In ihnen hat Shakespeare einen Grundkonflikt der Neuzeit geformt und gleichsam vorgeformt: die Antinomie einer magischen und einer rational-aufgeklärten Lebensweise. Im Namen Caliban erkennt man noch die Herkunft von jenen Kannibalen, denen Montaigne, wie der Montaigne-Kenner und Bücherleser Shakespeare wußte, ein wesentliches Kapitel in seinen Essays eingeräumt hatte. Aufgetreten war der Konflikt in der Wirklichkeit einer frühen Neuzeit nach den großen Entdeckungsreisen der Europäer, als man sich die Frage stellen mußte, als Philosoph, als Politiker, nicht zuletzt auch als Jurist: ob diese Wilden in Ost- oder Westindien eigentlich Menschen seien, und als solche zu behandeln. Montaigne war ihnen gewogen, nicht so Shakespeare. Der Konflikt geht weiter und weist hinüber in die große bürgerliche Aufklärung des 18. Jahrhunderts. Voller Bitterkeit empfindet sich König Thoas von Tauris vor Iphigenie immer noch als ein Nachfahre des Caliban. Er solle handeln wie ein humaner Mensch, das werde von ihm verlangt, allein Atreus der Grieche könne nicht als Vorbild dienen. Iphigenie antwortet unter Berufung auf die Einheit einer Wahrheit, die gültig sei für alle Menschen. Sarastro steht immer noch zornig und gebietend vor Monostatos, dem Caliban im Gefolge der Nächtlichen Königin.
Immanuel Kant hatte in seiner Schrift »Entstehung des Begriffs einer Menschenrasse« all diese angeblichen Antinomien zwischen Prospero und Caliban als willkürlich und unbeweisbar abgetan: »Die Klasse der Weissen ist nicht als besondere Art in der Menschengattung von den Schwarzen unterschieden; und es gibt gar keine verschiedene Arten von Menschen. Dadurch würde die Einheit des Stammes, woraus sie hätten entspringen können, abgeleugnet, wozu man, wie aus der unausbleiblichen Anerbung ihrer klassischen Charaktere bewiesen worden, keinen Grund, vielmehr einen sehr wichtigen zum Gegenteil hat.«

Wir sind heute und in einem Hause, das dem Dienst an großen dramatischen Texten gewidmet ist, also an Büchern, zusammengekommen, um an jene Bücherverbrennung zu erinnern, die am 10. Mai 1933 in vielen deutschen Städten zelebriert wurde. Ein Minister für Volksaufklärung und Propaganda – als wären das nicht Gegenbegriffe! – hatte die einheitliche Dramaturgie entworfen. Alles war straff organisiert. Man hatte aus Büchern gelernt, wie man Bücher verbrennen kann. Man wußte, was das ist: ein Autodafé. Das Ereignis selbst, mit besonderer Sorgfalt inszeniert: in Berlin auf dem freien Platz vor der Hedwigskirche, neben dem Opernhaus, das Knobelsdorff entwarf für Friedrich von Preußen und, gegenüber jener Berliner Universität, die Wilhelm von Humboldt geplant und entworfen hatte, wurde so pathetisch vollzogen, daß der Umschlag in Komik erfolgen mußte. Erich Kästner hat darüber berichtet. Er war als Ohren- und Augenzeuge dabei, als Erich Kästners Bücher mit markigen Verwünschungen ins Feuer geworfen wurden. Manche der Umstehenden hatten ihn erkannt. Sie waren eher betreten und verstört, keiner tat ihm etwas an. Daß Germanisten, also Professoren und Studenten der deutschen Sprache und Literatur, bei diesem Vorgang als Henkersknechte fungierten, war absonderlich. In Göttingen sprach ein habilitierter Germanist die Verdammungsurteile. Die Paradoxie seines Verhaltens an jenem 10. Mai vor fünfzig Jahren hat nicht verhindert, daß er später, nach dem Zweiten Weltkrieg, an einer großen Universität der Bundesrepublik Deutschland abermals auf einen Lehrstuhl berufen wurde: mit der Verpflichtung, den jungen Menschen einer neuen Generation das sorgfältige Lesen der Bücher und den Respekt vor dem geschriebenen Wort beizubringen.
Merkwürdig, jenes Spektakel war vergleichsweise harmlos, wenn man bedenkt, was vor fünfzig Jahren sonst noch geschah und erst recht: was nachfolgen sollte. Was war das Autodafé an Büchern von Heinrich Mann und Kurt Tucholsky, von Brecht und Kästner, Alfred Kerr und Walter Mehring, Erich Maria Remarque und Lion Feuchtwanger im Vergleich zu den Öfen von Auschwitz und Maidanek. Dennoch ist, und mit Fug, das geschmacklose Schauspiel der brennenden Bücher bis heute unvergessen geblieben. An jenem Tage war mehr geschehen als

die bloße Einäscherung von bedruckten Papierseiten. Noch lebten die Autoren, deren Texte damals verdammt und den Flammen übergeben wurden. Noch waren sie nicht umgebracht, exiliert, freiwillig aus dem Leben geschieden, um der Folter zu entgehen. Noch fanden sich andere Exemplare ihrer Bücher in den Wohnungen und Privatbibliotheken, selbst wenn die öffentlichen Büchereien sich auf Geheiß des Literaten Goebbels dieses literarischen Schmutzes von nun an entledigen mußten.
Die Bücher sind wieder da, man kann sie lesen. Sie alle haben das Autodafé nach einem halben Jahrhundert mühelos überstanden; offensichtlich hatte ein gutes literarisches Urteil die negative Selektion bestimmt. Die damals verbrannten Bücher hatten es in sich, wie man auch heute noch weiß. Der »Untertan« von Heinrich Mann blieb virulent bis heute. Der »Fabian« von Erich Kästner, ein Roman vom Jahre 1931 und mit dem Untertitel »Die Geschichte eines Moralisten«, ist immer noch ein Text von heute, kein historisches Dokument, das man kopfschüttelnd und unbeteiligt beiseite legt.
Auch die Erinnerung an jenen 10. Mai 1933 blieb verstörend nach wie vor, *weil hier in geschmackloser, doch genau durchdachter Zelebrierung eine deutsche Absage gefeiert wurde an alle Traditionen der europäischen Aufklärung*. Das wird evident, wenn man den geschichtlichen Zusammenhang aus der Erinnerung rekonstruiert.
Die erste Jahreshälfte 1933 habe ich damals als ein Geächteter, seit dem 30. Januar, in Deutschland erlebt. Ich befand mich am 10. Mai 1933 auch in Berlin, doch wäre es mir nicht in den Sinn gekommen, gleich dem bewunderten Erich Kästner, meine einstige Universität Unter den Linden aufzusuchen, um in die Flammen zu schauen. Zu Hause in Köln hatte es bereits die Haussuchung gegeben, allein man wußte glücklicherweise nicht, wo ich war. Auch einen Teil meiner Bücher hatte man zornig weggeschleppt. Später wurde mir berichtet, besonderen Anstoß bei den braunen Plünderern habe ein Buch von Arnold Zweig erregt mit dem Titel »Juden auf der deutschen Bühne«. Auf dem Titel gab es die Photographie eines großen Schauspielers in einer großen Rolle. Fritz Kortner als Shylock.
Wer jene Monate erleben, erdulden, erleiden mußte, denkt daran

zurück als an eine Mischung aus Groteske und Horrorspiel. Wie dort selbstgefällig die siegreiche Schar der braunen Bataillone mitsamt ihren Führern und Unterführern praktizieren durfte, was der Soziologe Max Weber kühl die »Prämie auf den Machtbesitz« genannt hat. Thomas Mann faßte es voller Abscheu in seinen Tagebüchern in zwei herrlichen Sätzen zusammen. Ungemein treffsicher, weil er sich dabei des Vokabulars eines kleinbürgerlichen Wohlergehens bediente. Auch er war bereits im Exil, hier in der Schweiz. An eine Rückkehr nach München war nicht zu denken. Alles erfuhr er aus den Zeitungen, die frei und ungeschminkt berichteten, und er notierte: »Man versagt sich nichts. Man gönnt sich alles.«

Man gönnte sich die Selbstfeier *und* die Marterung der Feinde, die nach wie vor zahlreich waren. Immanuel Kants Behauptung, zwischen den menschlichen Rassen seien naturgegebene Unterschiede des Wertes und der Fähigkeit nicht festzustellen, wurde auf Führerbefehl als Irrlehre beseitigt. Es gab Herrenmenschen und Untermenschen: von Natur aus.

Die Todesstrafe war aufrechterhalten worden auch in der Weimarer Republik. Man hatte jedoch die Exekution durch die Guillotine auf wenige Verbrecher einer besonderen Art beschränkt, auf Massenmörder wie Haarmann und Kürten. Nun sollte gezeigt werden, was Abschreckung bedeutet. Nicht umsonst hatten die braunen Führer schon lange vor der Machtergreifung von einer »Nacht der langen Messer« geträumt und die Losung ausgegeben: »Köpfe werden rollen«. Nun war es soweit. Das Fallbeil war eine welsche Erfindung, undeutsch also. Die neue Reichsregierung ordnete mit Hilfe ihrer Ermächtigungsgesetze an, daß die Exekution von nun an durch das Handbeil erfolgen müsse. Ungefähr um die Zeit der Bücherverbrennung kam es dazu. Da man im Zuge der Neuordnung eines erwachten Deutschland auch ein Gesinnungs-Strafrecht eingeführt hatte, schleppte man die politischen Gegner von gestern an den Block, um sie zu köpfen. Auch eine Frau war darunter.

Absage in jenen Wochen und Monaten an alle Denkweisen sowohl des bürgerlichen Humanismus wie erst recht der Grundpostulate einer deutschen Arbeiterbewegung. Beseitigung des Rechtsstaates und der Gewaltenteilung. Als später, am 30. Juni

1934, der von einer Vorsehung gesandte Führer seine einstigen Kampfgefährten als angebliche Rebellen über den Haufen schießen ließ, wobei man nicht kleinlich vorging bei der Auswahl der Opfer, so daß auch der Vorgänger des jetzigen Reichskanzlers, der General Kurt von Schleicher, erschossen wurde, oder der Leiter einer Katholischen Jugendbewegung, definierte der Staatsrat Professor Carl Schmitt, die Maßnahmen seien »Rechtens«: aus dem originären Recht des »Führers«.

Handbeil und Folter; Gesinnungsstrafen und Konzentrationslager als Stätten einer sogenannten Schutzhaft, weil man natürlich, aus purer Menschlichkeit, die Feinde des Neuen Deutschland vor dem Volkszorn zu schützen hatte; spektakuläres Judenpogrom am 1. April 1933 *und* Bücherverbrennung am 10. Mai: alles gehörte zusammen. Nur von diesem geschichtlichen Kontext her läßt sich das Ereignis genauer verstehen. Allein eben daran wird offenbar, warum jene kindische Feuerspielerei auch heute noch mehr abverlangen muß als eine verächtliche Handbewegung.

Calibans Wunsch, die Bücher zu verbrennen und damit die Zaubermacht des Prospero zu bannen, um anschließend einen Nagel durch den Kopf des schlafenden Zauberers zu treiben, darf nicht dazu führen, jenes Geschehen vor einem halben Jahrhundert voller Gleichmut und in der Fülle eines geschichtlichen Wissens einzuordnen in dunkle Traditionen der Menschengeschichte, die voll sind des Grauens, der Wut und des Geschreis. »Full of sound and fury«, heißt es bei Shakespeare: diesmal in einer Tragödie, die vieles dergleichen vorzeigt. In der Bundesrepublik Deutschland gibt es gerade jetzt merkwürdige Bestrebungen der Archivisten, an jenen 10. Mai 1933 dadurch zu erinnern, daß man gleichsam ein Geschichtsmuseum historischer Autodafés zuammenstellt. Mit dem Kalifen Omar, der die Bibliothek der antiken Welt zu Alexandria einäschern ließ im Namen des islamischen Fundamentalismus, und vielen anderen Zeugnissen einer entsetzensvollen Geschichte der Menschheit. *Solchem Tun muß widersprochen werden.* Dadurch wird das Nachdenken über jene bis heute weiterwirkende und unheilvoll gebliebene Frühgeschichte eines Dritten Reichs historistisch geglättet und als bloßes Moment irgendwelcher Geschichtsprozesse bagatellisiert. Wer sich hier, gleichmütig und hegelisierend, auf Prozesse des Weltgeistes berufen möchte, mag daran erinnert werden, daß sich just bei Hegel auch die Formel findet von einer »Nacht, worin alle Katzen grau erscheinen müssen«. So einfach darf man es nicht abtun.

Es ist durchaus nicht damit getan, nur jene eine Seite damaliger Vorgänge zu erinnern: die Regression als Zurücknahme der europäischen Aufklärung, die abschätzige Beschimpfung humanistischer Überlieferung als einer bloßen Humanitätsduselei. Der einstige Expressionist Hanns Johst hatte in einem Theaterstück »Schlageter« einer »positiven« Heldenfigur den Satz in den Mund gelegt: »Wenn ich das Wort Kultur höre, dann entsichere ich meinen Browning!« Das Stück ist vergessen, Hanns Johst als späterer Dichterfürst eines Dritten Reiches wohl ebenfalls. Den Satz jedoch hat sich eine Mitwelt gemerkt, und sie hat ihn der Nachwelt überliefert.

Dieser Gegenaufklärung aber und Großen Zurücknahme entsprach ein anderer Prozeß, der durchaus nicht ungleichzeitig war, sondern gleichzeitig und gesellschaftlich zeitgenössisch in höchstem Grade. Dr. Goebbels war kein Caliban, und er war auch kein später Nachfahre der deutschen Romantik. Seine gebildeten Romantizismen waren Zitat, Versatzstück, höchst zeitgenössisches Theaterspiel außerhalb des Theaters. Was er trieb, war weder primitiv noch simpler Rückfall in Barbareien von einst, sondern hat – insgesamt – eine neue Phase in der Geschichte des 20. Jahrhunderts eröffnet: *nicht allein in der deutschen Geschichte.*

Man kennt jene berühmte Alternative, die zuerst im 19. Jahrhundert aufkam und ihre klassische Formulierung im »Kommunistischen Manifest« von 1848 gefunden hat. Damals war der Fortschrittsglaube einer bürgerlichen Aufklärung noch unerschüttert. Die Theoretiker des Proletariats und einer proletarischen Revolution empfanden sich als Erben einer solchen bürgerlichen Illumination: auf einer dialektisch höheren Stufe. Die Arbeiterbewegung als Erbin des bürgerlichen Humanismus. Daher die Alternative, man habe sich zu entscheiden zwischen einem Vorwärtsgehen zum Sozialismus und einem »Rückfall in die Barbarei«. Darunter zu verstehen waren offensichtlich das

angeblich »finstere« Mittelalter wie auch der Feudalismus und Feudal-Absolutismus.
Dialektik der Aufklärung äußert sich vor allem darin, daß absolute Regressionen nicht möglich sind. Friedrich Schillers Traum von einer ewigen Wiederholung im Leben einer alternden Menschheit, dem sein Idealismus zu begegnen suchte mit dem Vertrauen auf eine ewig jung bleibende Phantasie, also auf die Zeitlosigkeit der Kunstgebilde, kann von uns nicht mitgeträumt werden. Nichts wiederholt sich im Leben. Das scheinbar Gleiche ist von Grund auf ungleich. Weshalb alle Barbarismen in der Frühgeschichte des Dritten Reiches keine Wiederholung darstellten, also auch keinen Rückfall, sondern *die neue Form einer höchst modernen Inhumanität.* Eben darum ist bis heute das Phänomen dieses deutschen Dritten Reiches unheimlich und, bei allen Interpretationsversuchen, auch unerklärlich geblieben.
Es hat bis heute keine zulängliche Theorie des sogenannten *Faschismus* gegeben. Im Gegenteil möchte ich meinen, daß der Versuch einer Generalisierung und Nivellierung: Mussolini und Hitler zusammenzuwerfen und zu verknüpfen mit irgendwelchen Militärdiktaturen in Europa oder erst recht in Lateinamerika, in Wirklichkeit für jeden einzelnen Sonderfall eine falsche Deutung abgibt, sogar eine allzu harmlose Interpretation. Man subsumiert die neu auftretenden und verstörenden Vorgänge eines staatlichen Terrorismus, eines Verbots der Bücher und des Bücherschreibens, der Einrichtung von Lagern für Mißliebige und ohne jeglichen Rechtsschutz für die Häftlinge, dem angeblich wohlbekannten Phänomen »Faschismus«. Gemeinsam freilich ist all diesen Phänomenen von vorgestern, gestern und heute und wohl auch von morgen, daß die Aufklärung dabei zurückgenommen und verhindert werden soll. Allein es sind nicht mehr Calibans am Werke, die zuerst die Bücher wegschaffen möchten, um anschließend zu pfählen, zu strangulieren, den Genickschuß zu applizieren.
Die Geschichte des Dritten Reiches ist bedrängend und virulent geblieben, weil sie zum ersten Mal in Reinheit das durchaus neue Phänomen einer Gegenaufklärung sichtbar machen sollte: *eine Barbarei aus Kunststoff, verchromt und in der Stromlinie.* Das haben wir inzwischen zur Kenntnis nehmen müssen. Eben

deshalb ist die Formel vom »Rückfall in die Barbarei« nichts als ein freundlicher Euphemismus. Wer die tägliche Zeitung liest und seine Einbildungskraft ein bißchen spielen läßt, wird es bestätigen müssen.

Noch ein anderes Phänomen hat sich zum ersten Mal vor fünfzig Jahren offenbart und damit Anlaß gegeben für unsere Anstrengung des Begriffs: das Auseinanderfallen der geschichtswissenschaftlichen und der naturwissenschaftlichen Begriffsbildung. Seit langem ist der von Heinrich Rickert zuerst analysierte Dualismus in der akademischen Erörterung wohlbekannt. Nach dem Zweiten Weltkrieg hat der Engländer C. P. Snow die Auseinandersetzung weitergeführt durch seine Bemerkungen über die sogenannten »zwei Kulturen«: eine humanistische und eine am Schicksal von Menschen angeblich kaum mehr interessierte naturwissenschaftlich-technologische Denkweise nebst Praxis.

Auch im Dritten Reich vollzog sich, von 1933 bis 1945, die Absage einer deutschen Wirklichkeit, auf allen Gebieten, an jegliche Tradition einer bürgerlich-humanistischen Überlieferung. Die Perfektion der Vernichtungsfabriken von Auschwitz war unmittelbare Folgerung aus einer politischen Dezision, die scheinbar harmlos, ein bißchen läppisch und ein bißchen grauenhaft, begonnen hatte mit dem Handbeil und dem Verbrennen mißliebiger Bücher.

Geist und Politik des Hexenhammers bedeuten die bewußte Abkehr von Vernunft, Wissenschaft und Humanität. Es hat eine tiefe Bedeutung, wenn Thomas Mann in seinem Roman vom Dr. Faustus, der unter anderem auch ein Roman vom sogenannten deutschen Faschismus ist, eine seiner Figuren, einen vom totalitären Denken angekränkelten deutschen Intellektuellen, mit dem Namen Dr. Institoris versieht. Den gleichen Namen trug der Verfasser des Buches »Hexenhammer« aus dem Jahre 1487. Wir erkennen also hinter der Bücherverbrennung des 10. Mai 1933 das Gesamtsystem aus Terror und Propaganda, Hexengeist, Folter und spektakulärer Schaustellung.

Allein dieser Rückblick kann nicht genügen. Man muß weiterfragen, wie es zu jenem Bücherbrand kommen konnte, und dann weiter zu einer Eskalation des Grauens, die wir alle kennen: die

meisten aus eigenem Erleben. Wie konnte das möglich werden in Deutschland? Worin unterschieden sich jene Studenten des Jahres 1933, die offenbar bereitwillig, ganz erfüllt vom Geist einer Neuen Zeit, die Bücher herbeischleppten und auf Kommando ins Feuer warfen, von jenen deutschen Studenten des Hambacher Festes von 1832, die im Zeichen des bürgerlichen Humanismus und Demokratismus den aus Paris nach Deutschland zurückgekehrten jüdischen Emigranten Dr. Ludwig Börne als Festredner bejubelt hatten?
Es erweist sich, wie unzulänglich bis heute alle wissenschaftlichen Bemühungen um eine Theorie des »Faschismus« geblieben sind: wofern sie mehr geben wollten als eine gut recherchierte Zusammenstellung von Tatsachen. Auch die Literatur hat versagt, also die Einbildungskraft. Mit ihr natürlich die Literaturwissenschaft.
Man machte es sich ein bißchen leicht mit der literarischen Interpretation der deutschen Ereignisse. Zwei Autoren von Rang hatten stellvertretend eine Deutung versucht. In *Carl Zuckmayers* Schauspiel »Des Teufels General« waren eigentlich alle anständigen Leute dagegen, vermochten sich aber nicht durchzusetzen gegen die paar wirklichen Nazis und ihr Regime. Daran mußе auch der anständige Kampfflieger General Harras schließlich zugrunde gehen. In dem Roman »Das siebte Kreuz« von *Anna Seghers* scheint eine Mehrheit der Bevölkerung gleichfalls dagegen zu sein. Die Vorgänge im Konzentrationslager Osthofen wurden unmittelbar in einem schönen und scheinbar friedhaften Rheinhessen situiert. Den Flüchtlingen hilft man weiter, wagt auch ein bißchen, doch nicht allzu viel. Die Macht ist zu gegenwärtig und zu stark.
Soweit ich sehe, hat zuerst Siegfried Lenz in einem Theaterstück, das nicht einmal literarisch zu seinen besten Arbeiten gehört, eine Frage gestellt, die bei ihm auch den Titel abgibt. »Die Schuld der Schuldlosen.« Wobei offenbleiben muß, ob es sich, dem Bewußtsein nach, um angeblich oder wirklich Schuldlose handeln mochte. Ohne sie jedoch wäre nichts möglich gewesen in Deutschland, und damit in der Welt, und damit für uns alle, denn nach wie vor laborieren wir an jenen Phänomenen. Sonst hätte die Bücherverbrennung dramaturgisch nicht so einwandfrei

funktionieren können, auch nicht die Finanzierung, die Technologie, die Logistik von Auschwitz.

Seitdem hat sich viel verändert in Deutschland, übrigens nicht bloß in der Bundesrepublik, sondern auch, wie man erfährt, in der Deutschen Demokratischen Republik. Hinter den Auseinandersetzungen in deutschen Familien, zwischen der jungen und der älteren Generation, steht die Frage nach einer solchen Schuld der Schuldlosen. Wie konntet Ihr damals ...? Dieser Einwand kehrt immer wieder, fast wie ein Wagnerisches Leitmotiv. Weil es auf eine solche Befragung keine schlüssige Antwort geben kann, außer vielleicht im einzelnen Fall, erweist sich die Bemühung, in diesem Jahr 1983 immer wieder zurückdenken zu müssen an die Ereignisse vor einem halben Jahrhundert, als ebenso verstörend wie unzulänglich. Was wäre in der Tat zu erwidern auf die neue Evokation der Fackelzüge vom 30. Januar 1933; auf den Reichstagsbrand und das Verhalten der politischen Parteien vor dem neuen Führer und Reichskanzler; auf das Glockenspiel von Potsdam nach der Melodie »Üb' immer Treu und Redlichkeit ...«; auf den Judenpogrom vom 1. April, die Auflösung der Gewerkschaften, das Spektakel einer zackig dahinmarschierenden Klassengemeinschaft aus Wirtschaftsführern und Gefolgsleuten am 1. Mai jenes Jahres?

Fortsetzung gleich darauf bei der Bücherverbrennung. Hier wurde vor allem, wie man heute beim Rückblick erkennen darf, das fragwürdige Verhältnis, eher: *das deutsche Unverhältnis zur Literatur* von neuem evident. Es scheint mir wichtig, gerade hierüber, und aus dem gegebenen Anlaß, in der Stadt des weiland Stadtschreibers Gottfried Keller sprechen zu dürfen. Jene bedrückende Antinomie von »Geist und Macht«, wie Heinrich Mann das immer wieder benannt hat, findet sich, soweit ich sehe, in solcher Schärfe nirgendwo unter den europäischen Nationen und Zivilisationen. Wann hätte ein Intellektueller, gar ein Literat, wie man bei uns zu Lande abschätzig zu sagen pflegt, teilhaben dürfen, auch wenn er dazu in jeder Weise befähigt war, an der Entscheidung über die öffentlichen Dinge? Als man zu Beginn der Dreißiger Jahre offenbar nur die Wahl hatte, sich zwischen den Kandidaturen des sehr betagten Generalfeldmarschalls und bisherigen Reichspräsidenten von Hindenburg und dem Mann aus Braunau am Inn zu entscheiden, kam von irgendeiner Seite der Vorschlag: man solle die Kandidatur eines so bedeutenden Schriftstellers und politischen Denkers wie Heinrich Mann erwägen. Allgemeines Hohngelächter in der Öffentlichkeit. Wiedergewählt wurde der Marschall, der nicht ohne Stolz öffentlich bekannt hatte, er habe seit seiner Kadettenzeit außer dem Gesangbuch nur Bücher der Militärwissenschaft gelesen.

Natürlich hat sich nach dem Zweiten Weltkrieg und einer beispiellosen deutschen Katastrophe manches geändert. Die Bedeutung der Literatur, und damit auch der Schriftsteller, ist größer geworden im öffentlichen Leben, wenn man die Bundesrepublik Deutschland mit der Weimarer Republik vergleicht. Trotzdem werden die Büchermacher, falls sie Unliebsames aufschreiben und verkünden, in merkwürdiger Insistenz bald als Pinscher, bald als Ratten und Schmeißfliegen bezeichnet von den jeweiligen Inhabern einer durch Wahl delegierten Macht.

Als der Schriftsteller Jean-Paul Sartre wieder einmal als politischer Essayist in Widerspruch geriet zur Staatsdoktrin und dabei auch die Rechtswidrigkeit seines Verhaltens in Kauf nahm, wollten Bürokraten seine Verhaftung erwirken. Der Präsident und General Charles de Gaulle antwortete mit einem berühmt gewordenen Satz: »On n'arrête pas Voltaire!« So kann man nur sprechen im Bewußtsein einer großen literarisch-politischen Tradition. Die hat es in Deutschland nicht gegeben: aus Gründen einer geschichtlichen Entwicklung, wie man weiß. Ein solcher Ausspruch wäre auch heute nicht möglich: in keinem der beiden deutschen Staaten. *Irgendeine Form der Bücherverbrennung bleibt nach wie vor möglich.* Allein es gibt heute auch die Gegenwelt und Gegenwehr. So ohne weiteres läßt sich das Spektakel vom 10. Mai 1933 nicht wiederholen.

Damit führt unsere Rückschau und Betrachtung zu der gleichfalls viel gestellten und kaum beantwortbaren *Frage nach der gesellschaftlichen Wirksamkeit von Literatur.* Mußten sie wirklich die Bücher und Bücherleser fürchten: der Wilde Caliban, Sohn des Setebus und der Hexe Sycorax, und der promovierte Germanist Dr. phil. Joseph Goebbels?

Natürlich haben Bücher die Welt verändert und mitgeholfen, unser Gegenwärtiges zu prägen: im guten wie im unguten. Es hat wenig Sinn, mit Beispielen zu prunken. Die Bibel Alten und Neuen Testaments, die Reden des Buddha und der Koran, die Schriften der Naturwissenschaftler von Galilei und Newton und Einstein bis zu den schrecklichen Magiern von heute; Darwin und Marx und Freud. Es wäre trivial, dies alles wieder einmal zu erinnern.

Am 10. Mai 1933 hingegen verbrannte man in Deutschland die Werke der *Schriftsteller*, nicht der Religionsstifter und der Astronomen, der Soziologen oder Psychologen. Man warf die Werke einer sogenannten Belletristik ins Feuer. Einer Schönen Literatur, wie man früher zu sagen und zu schreiben pflegte: nach der ein bißchen einfältigen Formel, denn »schön« pflegte es bei den großen Autoren der Weltliteratur niemals zuzugehen. Trotzdem schrieb Friedrich Schiller eine Abhandlung mit dem Titel »Über den Grund des Vergnügens an tragischen Gegenständen«.

Nun denn, war jene damals verbrannte Belletristik in der Tat furchterweckend? Dr. Goebbels wollte die Republik von Weimar zerstört wissen von Grund auf. Die von ihm für das Autodafé ausgesuchten Bücher repräsentierten in seinen Augen den Geist jener ersten deutschen Republik, der sogenannten Systemzeit, wie der nazistische Sprachgebrauch zu lauten pflegte.

In der heutigen Bundesrepublik Deutschland aber taucht, wiederum mit merkwürdiger Insistenz, eine Argumentationsweise auf, die im Grunde, freilich vom Standpunkt ausgerechnet einer Verteidigung der Weimarer Republik, viel Ähnlichkeit hat mit den Argumenten der Büchertöter. Immer wieder behaupten Zeithistoriker und Publizisten mit demokratischer Gesinnung: die Weimarer Republik sei unter anderem zugrunde gegangen an der Negativität und kritischen Destruktionsarbeit der damaligen Schriftsteller. Also der Tucholsky und Brecht, Walter Mehring und Erich Kästner, der Leute von der »Weltbühne« und vom »Tagebuch«, der Heinrich Mann und Lion Feuchtwanger. Goebbels sprach damals von den »Juden und Judengenossen«. Die Argumentationsweise ist nicht neu, nur allzu wohlbekannt. *Immer wieder die Verwechslung der Krankheit mit der Dia-*

gnose. Wahrhaftige Literatur war niemals angepaßt und »ausgewogen«, wie man heute in Deutschland so gern zu sagen pflegt. Die »Iphigenie auf Tauris« ist nicht langweilig-erhaben, sondern fast unzumutbar hart in ihrem Wahrheitsgebot. Der »Wilhelm Tell« handelt vom terroristischen Selbsthelfertum und seinen Grenzen, von der Niederreißung der Burg Zwing-Uri, die alle Zeitgenossen des Dramatikers erinnern sollte an den 14. Juli 1789: den Sturm auf die Bastille. Gottfried Kellers Gedicht über die »Öffentlichen Verleumder« haben wir Emigranten uns damals immer wieder vorgesagt: voller Haß und Hoffnung.

Große Literatur, mit Friedrich Nietzsche zu reden, ist undenkbar ohne die »intellektuelle Redlichkeit«. Sie bedeutet mithin den unbedingten Gegensatz zum Opportunismus und erst recht zur Propaganda: nicht allein zu jener des Dr. Goebbels. Deshalb sei es erlaubt, am Schluß dieser Rede über den Scheiterhaufen an das *Gegenbild* einer Literatur der intellektuellen Redlichkeit und an einen redlichen Umgang mit dieser Literatur aus eigener Erfahrung zu erinnern.

Es ist für mich ein großer und bewegender Augenblick, an dieser Stelle zu Ihnen sprechen zu dürfen. So viel Geisterhaftes wird plötzlich spürbar. So viele Erinnerungen, auch viel Anlaß zur Dankbarkeit. Wie wäre es mir möglich, hier zu sprechen, ohne an *Kurt Hirschfeld* zu erinnern, der in diesem Hause gezeigt hat, als Dramaturg und literarischer Berater, was wahrhaftige Literatur auszurichten vermag. Für mich war er ein erster Mentor und Förderer. Der erste Lektor meines Buches über »Georg Büchner und seine Zeit«. Im Programmheft des Schauspielhauses Zürich erschien ein Textabdruck meines Buches aus Anlaß einer Neuinszenierung von »Dantons Tod«. Emil Oprecht und Teo Otto, Ernst Ginsberg und Therese Giehse, Wolfgang Langhoff und Kurt Horwitz und Heinrich Gretler, dessen Darstellung des Wilhelm Tell ein politisches und patriotisches Ereignis gewesen ist in diesem Lande. Lassen Sie mich ein Wort zitieren, das ich damals auf Einladung von Kurt Hirschfeld für eine Werbeschrift des Schauspielhauses zur Saison 1945/46 geschrieben habe. Da hieß es im Rückblick: »Kein Thesendrama ›Nie wieder Krieg‹ hätte leisten können, was die Gesamtheit dieses planenden und planvollen Kriegstheaters bieten konnte... Es war bürgerliches

Theater, das war nicht zu bezweifeln ... Der Stabilität der sozialen Verhältnisse und der politischen Demokratie in der Schweiz entsprach nur ein Theater, in dem sich die konkreten Menschen wieder zu erkennen vermögen – und das mußte ein bürgerliches Theater in dem Sinne sein, daß es Diskussionsfreiheit bot.«

Indem jedoch solche Sätze aus dem Jahre 1945 heute wiederholt werden, ist gleichzeitig auch das Spannungsverhältnis deutlich geworden, ausgedrückt in drei Jahreszahlen: 1933 – 1945 – 1983. So viele Hoffnungen damals nach dem Ende jenes Zweiten Weltkriegs, so viele Entwürfe, so viele verlorene Illusionen.

Der hier zu Ihnen spricht, ist ein Überlebender von damals. Er hat zwei Weltkriege mitansehen müssen, besitzt Erinnerungen des Grauens, der Angst, der Dankbarkeit und auch des Vertrauens in Menschen. Zwei Künstlern, denen er begegnen durfte, und die einander nicht sonderlich liebten, hat er vieles im eigenen Denken und Arbeiten zu verdanken: Thomas Mann und Bertolt Brecht.

Nie werde ich den Augenblick vergessen, da in diesem Hause, mitten im Krieg, die Streitgespräche aus dem »Leben des Galilei« von Brecht auf der Bühne vorgeführt wurden. Der kleine Mönch fragt den großen Physiker, ob es nicht möglich sei, daß sich die Wahrheit durchsetze, auch ohne uns. Galilei antwortet heftig: »Nein, nein, nein. Es setzt sich nur so viel Wahrheit durch, als wir durchsetzen; der Sieg der Vernunft kann nur der Sieg der Vernünftigen sein.« Und schließlich der Abschied Galileis von seinem Schüler Andrea, der die Geheimschrift der »Discorsi« hinausschmuggeln wird. Leonard Steckel und Wolfgang Langhoff. Wir verstanden den Satz des Galilei: »Gib acht auf dich, wenn du durch Deutschland kommst, die Wahrheit unter dem Rock.«

Allein die deutsche Wahrheit hatte sich damals nicht aus eigener Kraft durchsetzen können. Wenn wir eines in jenen Jahren für unser Leben gelernt haben, so dies: *Es gibt nichts, was selbstverständlich wäre.* Alles ist möglich. Im guten wie im unguten. Beides ist stets gleichzeitig vorhanden. Es gibt die Nachfolger der Bücherverbrennung von damals, *und* es gibt nach wie vor die Wahrheit der großen Literatur und derer, die für sie eintreten.

Als Thomas Mann im August des Jahres 1949 zum ersten Mal aus dem Exil nach Deutschland zurückkehrte, hatte er eine »Ansprache im Goethejahr 1949« vorbereitet. Er hielt sie im gleichen Wortlaut in der Paulskirche von Frankfurt und im Weimarer Nationaltheater. Die Schlußsätze meinten Goethe, und damit eine Welt, die auch Gegenwelt sein mußte und muß. Auch heute und für uns. Thomas Mann schloß mit den Worten: »Das ›gute Deutschland‹, das ist die Kraft, gesegnet durchs Musische, gesittete Größe. So konnte ein Deutscher musterhaft werden, Vorbild und Vollender seines Volkes nicht nur, sondern der Menschheit, zu deren Selbst er sein Selbst erweiterte.«

XIII. WIDERSPRÜCHE EINER EUROPÄISCHEN LITERATUR

(Frankfurt, 1983)

Stimmt es denn, so wird man bei Eröffnung einer Internationalen Buchmesse fragen dürfen, daß sich auch die Literatur den Gesetzen des Wachstums unterworfen hat: also der Progression von der Hauswirtschaft zur Weltwirtschaft? Gleichsam als Fortschreiten zwar nicht »im Bewußtsein der Freiheit«, doch von der Hausliteratur zur Weltliteratur. Hat es sich also verhalten, dann hat es der große Frankfurter bereits vorausgesagt.

Der Ausdruck Weltliteratur stammt vermutlich von Goethe; jedenfalls wurde er durch ihn bekannt, so wie ihm auch der Terminus »Autobiographie« die Karriere verdankt. Es hat in der Tat mit einem noch unangefochtenen Karrieredenken zu tun, wenn man in Weimar und im Jahre 1827 nachsinnt über die Möglichkeiten einer künftigen Weltliteratur. Fortschrittshoffnung scheint noch keinen Unterschied zu sehen zwischen der Markterweiterung und der Literaturerweiterung. Goethes Denken ist auch hier gebannt vom Bild einer Einheit.

Das liest sich so: »Überall hört und liest man von dem Vorschreiten des Menschengeschlechts, von den weiteren Aussichten der Welt- und Menschenverhältnisse. Wie es auch im ganzen hiemit beschaffen sein mag, ... will ich doch von meiner Seite meine Freunde aufmerksam machen, daß ich überzeugt sei, es bilde sich eine allgemeine Weltliteratur, worin uns Deutschen eine ehrenvolle Rolle vorbehalten ist.«

Das Zitat ist wohlbekannt, fast allzusehr. Eben darum sollte man ihm, als einem Argument für das Wachstumsdenken, eher mißtrauen. Lassen wir den Bereich der Sach- und der Zweckbücher, auch der Wissenschaft. Sprechen wir von dem, was Goethe vor allem wichtig erschien: von der sogenannt Schönen Literatur, wie man damals unbekümmert zu sagen pflegte, als man auch noch von einem »guten Buch« zu sprechen wagte – und dabei in den meisten Fällen danebengriff. Belletristik heißt das wohl auch heute noch.

Nun denn: Marschiert sie wirklich im Schritt und Tritt der Welt- und der Mondfahrer, vielleicht mit der von Linguisten eingeräumten Alternative, daß sich Literatur der Sprache eines »code élaboré« bedient? Goethe jedenfalls hatte es sich anders vorgestellt. Seine lieben Deutschen sollten einen ehrenvollen Platz einnehmen in der künftigen Weltliteratur. Also doch wohl *als Deutsche*, und als Schöpfer wie Leser einer Literatur unserer deutschen Sprache. Eine große Synthese der Verschiedenartigkeiten wurde erstrebt. Begegnung auch im Dissens, auch im Mißverstehen. Wobei die Begegnung zwar keinen Konsens bewirken würde, doch ein Verstehen der Anderen, und damit auch der eigenen Besonderheit. Das nur konnte Weltliteratur für ihn bedeuten, und nichts anderes.

Am 5. April 1830 kommt man in Weimar noch einmal auf das offenbar bedrängende Thema zurück. Damals hatte Goethe kaum noch zwei Jahre zu leben. Er formulierte klar und in Kenntnis aller künftigen Disharmonien: »Denn daraus nur kann endlich die allgemeine Weltliteratur entspringen, daß die Nationen die Verhältnisse aller gegen alle kennenlernen, und so wird es nicht fehlen, daß jede in der anderen etwas Annehmliches und etwas Widerwärtiges, etwas Nachahmenswertes und etwas zu Meidendes antreffen wird.« Etwas Annehmliches und etwas Widerwärtiges... Man kann es nicht besser sagen.

Es stimmt aber nicht. Nicht biblisch geht es zu in der Literatur: Prüfet alles und behaltet das Beste. Was ist das Beste jeweils: für den Anderen und die andere Nation? Merkwürdig, das harmonisierende Schreiben, das beredt vom Glück im Winkel und von den Vorzügen einfachen Lebens zu schwärmen weiß, hat jeweils bloß für den Augenblick gewirkt, und nichts bewirkt. Fußnoten der Literaturgeschichte. An der Liste der Nobelpreisträger läßt es sich manchmal illustrieren. Nichts hat der Stockholmer Akademie solche Schwierigkeiten bereitet wie die Formel in Alfred Nobels Testament, daß man eine Literatur des »Idealismus« auszeichnen möge. Idealistische Literatur ist nur selten gute Literatur. Das böse Wort des französischen Akademikers und guten Dichters Paul Valéry stimmt in den meisten Fällen: »Die Optimisten schreiben schlecht.«

Just das »Widerwärtige«, mit Goethe zu sprechen, dominiert in der Literaturgeschichte aller Sprachen und Völker. Weltliteratur: das waren zumeist die Neinsager und Nestbeschmutzer. Der hochangesehene Paul Valéry, um ihn abermals zu nennen, hielt in Genf und im Herbst 1939, als Botschafter französischer Literatur in der befreundeten Schweiz, einen offiziellen Vortrag. Ich habe ihn gehört. Valéry sprach über »Villon und Verlaine«. Also über einen Galgenvogel aus dem 15. und ein mieses Subjekt aus dem bürgerlichen 19. Jahrhundert.

Auch bei Übernahme von Werken einer Nationalliteratur, um diesen fragwürdigen Ausdruck zu gebrauchen, in eine andere Sprache und Literatur geht es ganz ungoetheanisch zu. Man übernimmt, wie sich erweist, durchaus nicht das Angenehme und Nachahmenswerte, um das Widerwärtige zu meiden. Keineswegs: man rezipiert und reflektiert das Widerwärtige. Auch für ihn selbst, auch für Goethe, gilt das nach wie vor. Irritierend und faszinierend bleibt, gerade außerhalb deutscher Bereiche, die zornige Unmutsdichtung des »West-östlichen Divan«, das unverkäufliche Skandalwerk der »Wahlverwandtschaften«, die Obszönität und Blasphemie des »Faust«. Goethe wußte, warum er den Zweiten Faust versiegelte und erst post mortem zu edieren befahl.

Man bewundert die kostbaren und vielbesuchten Ausstellungen des Europarats: wie oft feierten sie die Skandale von einst. Königin Christine von Schweden und ihr Gast Descartes. Ein Ereignis als Stockholmer Ausstellung. Ärgernis aber durch und durch im 17. Jahrhundert: moralisch, philosophisch, theologisch.

»Tendenzen der Zwanziger Jahre« in Berlin. Auch ein Projekt der europäischen Integration. Da hatte man sie alle zusammen: die Neinsager und Pinscher, die Entarteten, die vaterlandslosen Gesellen. Künftige Horrorobjekte, als Abschreckung demonstriert und aus den Museen entfernt. Künftige Emigranten und KZler. Erschlagen, verboten und verbrannt.

Es gibt *noch eine andere Paradoxie* zu bedenken, fragt man nach den Möglichkeiten einer europäischen Literatur. Ebensowenig wie der nachahmenswerten und wohlmeinenden Literatur ist nämlich die große Karriere einem Schreiben vergönnt, welches betont weltfreundlich und kosmopolitisch daherkommt. Auflagen und Honorare täuschen manchmal darüber hinweg. Der Emigrant Emil Ludwig konnte behaglich in der Schweiz leben. Robert Musil hatte nicht viel zu beißen, und dabehalten wollte man ihn auch nicht, in der Eidgenossenschaft. Emil Ludwig schrieb über Napoleon und Goethe, auch über den Menschensohn. Musil kam nicht von Kakanien los, von einem ersten Vorkrieg, von den verjährten Verbrechen und den fast vergessenen Dummheiten oder Bosheiten der Politiker und der Snobs. Heute ist Emil Ludwig zur Fußnote geworden, und Musil, was er übrigens voraussah, zu einem der verhaßten Großschriftsteller.

Wie ging das zu? Es hat nicht allein mit Dimensionen des Talents zu tun, sondern demonstriert einen sonderbaren Sachverhalt der literarischen Rezeption. Man muß ihn bedenken, wenn von grenzüberschreitender Literatur gesprochen werden soll. Die Grenzen nämlich des eigenen Milieus, der vertrauten Landschaft, sogar der eigenen Sprache überschreitet Literatur dann am ehesten, *wenn sie es nicht gewollt hat.* Es gibt eine schöne, übrigens wahre Geschichte, die das illustriert. Thomas Mann hat sie aufgezeichnet. Es war beim Bankett für die Nobelpreisträger des Jahres 1929. Der Laureat Thomas Mann saß neben der schwedischen Nobelpreisträgerin Selma Lagerlöf. Man sprach über »Buddenbrooks« und »Gösta Berling«. Die einstige Lehrerin aus dem Värmland bekannte, beim Schreiben ihres ersten Romans habe sie geglaubt, das sei »etwas zum Lachen«. Sie war 32, als der »Gösta Berling« im Jahre 1891 erschien. Fünf Jahre später lag diese entlegene Geschichte aus einer fast unbekannten Landschaft bereits in deutscher Übersetzung vor. Ein Weltbuch. Nobelpreis im Jahre 1909. Der Laureat von 1929 hörte es voller Freude. Auch er hielt, beim Schreiben von »Buddenbrooks«, sein Geschreibe für ein Erzählen von lokaler Bedeutung, das der Familie großen Spaß machte, wenn der Vierundzwanzigjährige daraus vorlas und man an Tante Elisabeth dachte, sobald Toni Buddenbrook auftrat. Auch diese Familiengeschichte aus Lübeck, worin der Name der Stadt niemals fällt, ging hinaus in die Welt, überschritt Grenzen, paßte sich den Sprachen aller Kontinente an.

Das wiederholt sich immer wieder. Die sorgfältig beschriebene

Nähe hat alle Ferne in sich aufgenommen und damit zugleich dialektisch aufgehoben. William Faulkners Erzählen aus der Nähe des amerikanischen Staates Mississippi; die Brücke über die Drina bei Ivo Andrić; das kolumbianische Heimatdorf des Nobelpreisträgers Gabriel García Márquez, das er »Maconda« nennt.

Immer wieder kleine Nähe und Einsamkeit, Unglück im Winkel: aufgenommen von Lesern, die sich wiedererkennen, noch in der Ferne. So entsteht Weltliteratur, ganz gewiß. Allein sie entäußert sich vorerst nur in den Lesern – und in der synthetischen Überschau der Handbücher.

Läßt sich mehr wollen und erreichen? Eine literarische Gemeinschaft nämlich, die sich als zusammengehörig empfindet und danach handelt? Ein Konsens zwischen den Neinsagern und den Einsamen einer fernen Nähe? Ist sie überhaupt wünschenswert? Mit Wachstumsplänen jedenfalls hat sie wenig zu tun, auch nicht, das wissen wir alle, mit den Aufgaben einer Buchmesse.

Dennoch hat es das einmal gegeben in unserem Jahrhundert: *eine gemeinsame und engagierte europäische Literatur.* Keineswegs am Vorabend des Ersten Weltkriegs. Zwar erschienen im ersten Halbjahr 1914 zwei Erzählwerke, die alles voraussagten. In Paris von Anatole France die »Révolte des Anges«, worin sich voltairianische Aufklärung anlegt mit dem Gott des Alten Testamentes und mit seinen französisch-wohlmeinenden Bourgeois. Auch der »Untertan« von Heinrich Mann war rechtzeitig fertig geworden zur letzten Phase dieses Kaisers und seiner Gefolgschaft. Ein Teilabdruck war noch möglich: dann mußte man mit der Publikation bis zur Niederlage von 1918 warten. Anatole France erhielt den Nobelpreis 1921 für das Buch vom Frühjahr 1914. Beide Male blieb das einsame Literatur, die niemand wahrhaft ernst nahm. Zu schweigen von irgendeiner Gemeinsamkeit zwischen France und Heinrich Mann. Der Autor des »Untertan« äußerte sich mehr traurig als befriedigt, wenn er nach der deutschen Katastrophe von 1945 feststellte: »Jedesmal wenn Deutschland einen Krieg verliert, wird mein ›Untertan‹ neu aufgelegt.«

Der PEN-Club, den man in den Zwanziger Jahren gründete, um wenigstens das Gespräch anzustreben zwischen den Autoren der

Welt, hat schon damals wenig ausgerichtet. Man war zu weit voneinander entfernt: innerhalb wie außerhalb der nationalen Klubs. *Pluralismus ist keine Synthese.* Auch das Jahr 1933 verstrich, ohne daß es Solidarität gegeben hätte: nicht bloß mit einzelnen Emigranten oder Häftlingen des Terrors, sondern gegen die Büttel einer Politik der literarischen Brandopfer. Die offiziellen Dithyrambiker eines erwachten deutschen »Schrifttums«, wie man damals formulierte, weil der Ausdruck »Literatur« zu dekadent war, wurden hinausgeworfen aus dem PEN-Club. Das immerhin, nachdem der Emigrant Ernst Toller in Dubrovnik seinen Kollegen Bericht gab. Mehr konnten sie nicht tun, die Literaten, in einer Zeitströmung des blinden oder auch scharfsichtigen Appeasement.

Dann aber marschierte der General Franco mit vier Kolonnen gegen Madrid, um die spanische Demokratie zu beseitigen. Eine Fünfte Kolonne stand gleichfalls bereit: mitten im republikanischen Lager. Damals geschah, was singulär geblieben ist, aber durchaus nicht folgenlos im literarischen Leben und Bewußtsein unseres Jahrhunderts. *Solidarität der großen Schriftsteller*: über Grenzen der Sprache, der Tradition, des jeweiligen Ausdruckszwanges hinweg. Solidarität womit? Durchaus nicht mit der Revolte, sondern als Verteidigung einer bedrohten, zugleich jedoch brüchigen Demokratie; mit einer spanischen Freiheit, das wußten die meisten ihrer Verteidiger, die besser hätte sein können. Die Neinsager standen zusammen zur Verteidigung und damit auch zur Affirmation. Sie standen zusammen nicht allein mit ihren Büchern, sondern mit Leib und Seele: in Spanien.

Vielleicht wird deutlich, was hier erinnert werden soll, wenn Namen aufgerufen werden und Buchtitel: »Wem die Stunde schlägt« von Hemingway und der Roman »L'Espoir« von André Malraux, dem Freund unseres Freundes Manès Sperber. Brechts »Gewehre der Frau Carrar« und Stephen Spenders »Poems from Spain«; Sartres meisterhafte Erzählung »Le mur« und das »Spanische Testament« von Arthur Koestler. Ludwig Renn und Willi Bredel, jener Engländer Eric Blair, der unter dem Namen George Orwell schrieb und noch vor der großen Rückschau auf die Erfahrungen in Iberien, auch die Erfahrung einer schweren

Verwundung, dankbaren Abschied nahm von den besiegten und verratenen Republikanern mit seinem Buch »Homage to Catalonia« von 1938.
Besiegt und verraten. Besiegt durch die Fünf Kolonnen und die Legion Condor. Nicht ich allein verspüre, wie ich weiß, ein Zucken der Seele, wenn ich die schmucken Luftgefährte mit diesem Namen auf dem Flugplatz erblicke. Abflugbereit für Reisen an den Ebro und nach Valencia, nach Burgos oder Badajoz. Damals Namen von der ersten Seite der Zeitungen: für die Menschen meiner Generation.
Besiegt auch von innen. Nicht allein durch die Fünfte Kolonne, sondern auch durch den Stalinismus, dem es, je länger der spanische Krieg andauerte, weit mehr darauf anzukommen schien, nicht die aufständischen Generale zu besiegen, sondern die »Trotzkisten«, was immer das sein mochte. Auch daran zerbrach diese singuläre europäische Literatur einer Verteidigung der Demokratie. Es ist gut, *denkt man an das heutige Spanien,* dies alles zu erinnern. Es ist auch notwendig, wie mir scheint. Diese europäische Literatur, besiegelt mit dem Blut eines großen Dichters: *Federico García Lorca,* hat die wütende Verzweiflung von damals nicht vergessen können: bis heute nicht. Spender und Auden und Malraux und Koestler, wie viele noch, mißtrauten fortan allen Aufrufen und Manifesten. Sie konnten die politischen Kommissare einer ideologischen Rechtgläubigkeit nicht vergessen, die überall in ihren Büchern vorkommen: auch bei Hemingway, wenn man zu lesen versteht.
Als Folge entstand jene heutige *Weltliteratur der Gegenutopien.* Als Literatur der Verlorenen Illusionen: unbereit, noch einmal den Versuch zu machen mit dem Prinzip Hoffnung und mit einer Gemeinschaft der Literaten, der Künstler und der Intellektuellen. Zwei weltberühmte Bücher sind undenkbar ohne die spanischen Erfahrungen ihrer Schreiber: »Darkness at noon«, also »Sonnenfinsternis« von Arthur Koestler, und die »Animal Farm« von George Orwell, die so bekannt wurde, daß ein Kernsatz daraus zitiert zu werden pflegt, ohne daß man im allgemeinen weiß, wer ihn niedergeschrieben hat. Der als Parodie einstiger Menschenrechtsverkündigung formulierte bittere

Satz: »All animals are equal – but some animals are more equal than others.«
Einem aus der glanzvollen Schar jener hoffnungsvollen, dann desillusionierten Schriftsteller wird man in diesem Jahr den Friedenspreis des Deutschen Buchhandels überreichen. Ich möchte, nach fast fünfzig Jahren der Bekanntschaft, der Nähe und Ferne, der Weimarer Zeit und des Exils, auch gemeinsamer Arbeit, die schließlich Freundschaft wurde, meinem Zeitgenossen *Manès Sperber* von Herzen Glück wünschen. Also doch nicht als »Träne im Ozean«.
Noch ein anderes weltberühmtes Buch, von dem hier zum Abschluß gesprochen werden soll, ist undenkbar ohne jene europäischen Erfahrungen der Dreißiger und Vierziger Jahre. Kaum ein Dutzend Wochen trennen uns und unsere Buchmesse vom Jahr 1984, dem Orwell-Jahr, wie allenthalben bereits geraunt wird. Ein politischer Kommentator sagte neulich im Rundfunk: »Das Orwell-Jahr klopft an die Pforten!« Nun, das ist genau jenes »newspeak« aus George Orwells Roman »Nineteen Eighty-Four«, den er als todkranker Mann in einem Jahr mit fast ähnlicher Zahlenkombination zu Ende schrieb, nämlich im Jahre 1948. Newspeak ist ein Gemisch aus Gequatsche und Klischee. Es soll die Sprache so vereinfachen, daß sie kein Denken mehr zuläßt, damit auch kein Nachdenken, und damit auch keine Literatur. Das »newspeak« dient, wie jeder Orwell-Leser weiß, dem »doublethink«, also einem Denken mit auswechselbaren Überzeugungen. Das mag beginnen unter der allgegenwärtigen Aufsicht des Großen Bruders, doch wird es sich mit der Zeit verinnerlichen. Man paßt dann die Meinungen, die noch übriggeblieben sein sollten, von selber den jeweiligen Gegebenheiten an. Unser deutscher Fachausdruck »Freiwillige Selbstkontrolle« ist bester Orwell, *nach* Orwell. Dies ist vielleicht der tiefste Widerspruch in aller heutigen Literatur: daß sie nicht mehr weiß, ob es das in der Zukunft noch geben wird: ein Schreiben, das hoffen möchte, etwas aus der Sterblichkeit ins Überleben zu transportieren. Günter Grass fragte vor kurzem sehr mit Recht, ob es noch sinnvoll sei zu schreiben: im Angesicht einer Gefahr, daß nichts davon auf irgendeine Nachwelt kommen wird. Alle Literatur ist insofern utopisch, als sie

sich anstemmt, mit Ernst Bloch zu sprechen, »gegen die härteste Nicht-Utopie«, gegen den Tod. Beides sollte nicht vergessen werden – weder die Gefahr der freiwilligen Selbstzensur, noch jene eines möglichen Endes aller Literatur.

Vielleicht wiederholt sich demnächst, unter glücklicheren Auspizien, das einzigartige Phänomen einer Gemeinschaft der europäischen Literatur: in Erkenntnis einer gemeinsamen Gefahr. Große Brüder gibt es allenthalben in der Welt, das wissen wir. Allein es gibt nur *eine* Literatur, eine freie nämlich: ohne newspeak und doublethink. Auch, und gerade, wenn sie bedroht ist.

XIV. DAS GEDÄCHTNIS UND DIE GESCHICHTE
GEDANKEN BEIM AUFSCHREIBEN VON ERINNERUNGEN

(Jerusalem, 1983)

Wir sind nach Jerusalem gekommen, um mit unseren israelischen Freunden und Kollegen nachzudenken über die Geschehnisse und Erleidnisse einer jüdisch-deutschen Literaturgeschichte. Die aber gehört, um den Ausdruck unseres verstorbenen Kollegen Walter Muschg zu verwenden, zum Bereich einer »Tragischen Literaturgeschichte«. So viele Hoffnungen, so viele Entwürfe, so viel Vergeblichkeit, und bei alledem: so viel gültige Leistung. Wäre es anders, so daß im Gedächtnis bloß noch das Scheitern bliebe, die Verlorene Illusion: dann freilich bliebe unser geplantes Symposion ohne eigentliche Substanz.
Es hat sie aber gegeben: die jüdisch-deutsche Literatursymbiose. Man wird sie geschichtlich situieren können. Das Ende ist datierbar. Es kam vor fünfzig Jahren: am 30. Januar 1933. Davon möchte ich ausführlicher berichten: aus eigener Erinnerung. Wo jedoch soll man die Anfänge erblicken? In der deutschen, fast um ein Jahrhundert historisch verspäteten Aufklärung, das ist unbestreitbar. Ein Geschichtsprozeß aber mit seinen Widersprüchen kann nicht genau fixiert werden. Da gibt es keinen Schicksalstag, und wohl auch kein Schicksalsbuch.
Mein Versuch, die Anfänge einer jüdisch-deutschen Literaturgeschichte zu situieren, greift zurück auf das einstmals Gelernte aus dem Barmitzwah-Unterricht. Da lernten wir, im Jahre 1920, es gäbe drei große Abschnitte in der jüdischen Geistegeschichte: stets verbunden mit dem Namen Mosche. Zuerst der Gesetzgeber und Prophet; dann Mosche ben Maimon; schließlich Mosche ben Mendel. Vielleicht hat es Moses Mendelssohn selbst ähnlich verstanden, denn in seinem »Phädon«, also den als Adaption Platons verstandenen »Gesprächen über die Unsterblichkeit der Seele«, beruft er sich erstaunlicherweise sowohl auf Plotin wie auf Maimonides. Dazu auf Leibniz natürlich, und auf Christian Wolff, nicht minder natürlich.

Vielleicht ist dieser *»Phädon« von Moses Mendelssohn* in der Tat so etwas wie ein Anfangsdokument im Bereich der Literatur. Dann wäre das Jahr 1767, als der »Phädon« bei Friedrich Nicolai in Berlin herauskam, mit einem schönen Eingangskupfer, das den Sokrates im Kerker zeigt, gleichsam als Gründungsjahr einer jüdisch-deutschen Symbiose im Bereich der deutschen Sprache und Literatur zu verstehen. Synchron folglich mit Lessings Hamburgischer Dramaturgie, und mit der »Minna von Barnhelm«. Fünf Jahre später, im Jahre 1772, gibt es bereits die »Gedichte von einem Polnischen Juden« nebst Goethes Rezension in den »Frankfurter Gelehrten Anzeigen«. Der deutsche Sturm und Drang aber ist, wie bereits das Spätwerk Lessings, fast undenkbar ohne die Wirkungen des Baruch Spinoza. Lavater berichtet in seinem Tagebuch einer Frühlingsreise mit Goethe unter dem 28. Juni 1774: »Goethe erzählt immer viel von Spinoza und seinen Schriften... Er rezitierte viel von seinem ewigen Juden. Ein seltsames Ding in Knittelversen.« Wir kennen das epische Fragment, das versucht, alle Menschengeschichte als Geschichte der Jüdischen Wanderschaft zu interpretieren.
Als der junge Lessing in dem Einakter »Die Juden« die jüdisch-deutsche Symbiose als zwar wünschbar, doch unmöglich geschildert hatte, widersprach ihm sogar ein Mann wie der Göttinger Professor Michaelis. Er sah hinter Lessings idealisiertem »Reisenden« die reale Judenschaft und schloß daraus, eine Symbiose sei nicht allein unmöglich, sondern sogar undenkbar. Zwanzig Jahre später, etwa um 1770, wurde sie nicht allein von Lessing und Mendelssohn, sondern von vielen in beiden Bereichen, dem deutschen wie dem jüdischen, für wünschbar gehalten. Gedauert hat sie dann, mit allen Höhen und Tiefen, etwas mehr als einhundertsechzig Jahre, und wurde abgelöst von einem Tausendjährigen Reich.
Lassen Sie mich vom jähen Ende berichten. Jetzt wirken sie für mich zusammen: *das Gedächtnis und die Geschichte*. Wir kennen den Unterschied zwischen der kontrollierbar ablaufenden Uhrzeit und den Unwägbarkeiten unserer eigenen, durch Angst und Erwartung bestimmten Erlebniszeit. Ein französischer Jude, Henri Bergson, unterschied in dem Buch »Matière et Mémoire« zwischen dem Temps und der Durée. Er mißtraute

dem quantitativen Verfahren, hielt die subjektive Intuition inmitten des Lebensstroms für fruchtbarer als alle Rationalität der Aufklärung, und wurde so, in seiner »Zeit-Ekstasis außerhalb der quantitativ-mechanisch gemessenen Uhrzeit«, wie Ernst Bloch kritisch anmerkt, zu einem Denker der Gegenaufklärung und fast zum geistigen Nachbarn jener, die den alten Mann, den Nobelpreisträger und Stolz Frankreichs, am Lebensende zwangen, mit dem gelben Stern in Paris herumzulaufen. Trotzdem wird man nicht ohne sie auskommen können im eigenen Leben: *ohne das Zeiterlebnis und ohne die Erlebniszeit.* Beide aber wurden durch Bergson, und mit Recht, dem Gedächtnis zugeordnet, dem Bereich der »Mémoire«, der zugleich ein Bereich aller Memoiren gewesen ist.
Nun denn, was hat sich in meinem Erinnern erhalten von jenem Tag des Endes, vom 30. Januar vor fünfzig Jahren? Ich will versuchen, dies einsame und höchst persönliche Erinnern zu ergänzen durch andere Erinnerungsberichte damaliger Zeitgenossen. Vielleicht ergibt sich dabei, durch Zusammenschau verschiedener Formen des Zeiterlebens, etwas vom Grauen, auch von der grausigen Komik jenes Tages, als alles zu Ende war. Was keiner von uns wußte.
Lassen Sie mich einen Augenblick erzählen. Am 9. April 1970 saßen sechs Menschen vor den Mikrophonen und Kameras des Senders Freies Berlin, um einander, und damit den Hörern und Zuschauern im Lande, zu berichten, wie sie diesen 30. Januar erlebt oder in Erinnerung behalten hatten. Eine Frau und sechs Männer. Der Älteste war Jahrgang 1900 und hieß *Hermann Kesten.* Er hatte zwei Tage vor Berufung jener neuen Reichsregierung seinen 33. Geburtstag feiern können: auf lange Zeit hin den letzten in seinem Heimatland. Der Jüngste unter uns, *Heinrich Böll,* hat im Dezember Geburtstag: er war fünfzehn an jenem kalten Januartag: krank und hungrig, wie er uns berichtete. Der Leiter unserer Gespräche hieß *Hans Werner Richter.* Jahrgang 1908. Ich selbst bin Jahrgang 1907. *Wolfgang Koeppen* kam am 23. Juni 1906 in Greifswald zur Welt. *Erika von Hornstein* war neunzehn gewesen, damals im Januar. Sie stammte aus Potsdam. Richter und Koeppen waren Pommern. Böll und ich wuchsen in Köln auf. Hermann Kesten, der andere

Jude am Tisch des Fernsehstudios, konnte nichts ahnen von der bevorstehenden Geschichte seiner Vaterstadt: von Nürnberger Parteitagen und Nürnberger Gesetzen, auch von den Nürnberger Prozessen.
Ich will versuchen zu erinnern, was wir damals an jenem Tisch als Erinnerung einzubringen hatten an jenen letzten Tag einer säkularen jüdisch-deutschen Symbiose. Es ist ein *Erinnern des Erinnerns,* ich weiß. Allein es soll mithelfen, die Beziehungen zwischen dem Gedächtnis und der Geschichte deutlicher zu machen. Weshalb ich nicht daran denken mochte, mir die Tonbandaufzeichnung von damals vorspielen zu lassen. Ich wollte mich erinnern an unser Erinnern.
Was war erinnernswert geblieben, wenn wir zurückdachten an diese Anfänge eines Erwachten Deutschland? Hatte man unsere sechs Berichte angehört, es waren monologische Berichte, so wurde evident, *daß keiner von uns begriffen hatte, was kommen würde.* Das war um so merkwürdiger, als wir alle bei jenem Fernsehgespräch beisammensaßen als *Überlebende,* die noch einmal davongekommen waren. Die Erfahrung des Exils bei Kesten und bei mir. Krieg und Gefangenschaft bei Richter und bei Böll. Koeppen als Schriftsteller, der nicht schreiben darf. Das Mädchen Erika von Hornstein-Biethingen aus preußischem Adel, das sich loslösen mußte von seinen Ursprüngen. »Abschied vom Junker« war der Titel einer ihrer späteren Arbeiten.
Wir alle wußten also, während wir erzählten, was damals angerichtet worden war für unser künftiges Leben und Überleben. Trotzdem weigerte sich das Gedächtnis in allen Fällen, ein pathetisches Spektakel zu evozieren. Etwa nach dem Schema: »Ich wußte plötzlich...« oder »Nun wurde mir klar...« oder »Von nun an, das spürte ich...«.
Nichts dergleichen. Es war trotz allem ein Alltag gewesen, mit gewissen Ahnungen vielleicht, ganz ohne irgendeine Vision des Kommenden. Ich halte diese Erfahrung im Fernsehstudio für wichtig, weil sie mithilft, das sonst Unbegreifliche zu deuten: daß man in Deutschland blieb trotz des ersten Judenpogroms vom 1. April 1933; trotz des 9. Novembers 1938. Bis es zu spät war. Man hatte es sich nicht vorstellen können. Noch glaubte

man, immer noch, an die Wiederkehr einer jüdisch-deutschen Symbiose. Man glaubte an die Formel: »Das geht nicht.« Das kann man doch nicht machen. *Wolfgang Koeppen* hat in seinem wohl bedeutendsten Buch, in dem Roman »Tauben im Gras«, aus der Formel »Das geht nicht« das Ende dieser Vertrauenshaltung dargestellt: »Es ging nicht, daß der Vater seinen Namen Friedrich Wilhelm Cohen behielt; es ging, daß er Israel Cohen genannt wurde ... Es ging, daß sie zu den ersten Juden gehörten, die abtransportiert wurden: zum letzten Mal traten sie aus dem Haus am Kupfergraben, in der Abenddämmerung, sie stiegen in ein Polizeiauto, und Israel Friedrich Wilhelm, korrekt, stäubchenfrei, ruhig in friderizianischer Zucht, half ihr hinauf, Sarah Gretchen, die weinte, und dann schloß sich die Tür des Polizeiautos, und man hörte, nichts Persönliches zwar, nur das Allgemeine, die Gesichtslosigkeit des Schicksals, die Landläufigkeit des Todes genügte.«
Allein wie hatte er selbst, der Erzähler Wolfgang Koeppen, den Tag im Gedächtnis behalten, da alles zu Ende war? Er machte sich und uns nichts vor. Koeppen war Redakteur beim Berliner Börsen-Courier, einem »Judenblatt« also, wie man wußte, wo im Feuilleton, dem Koeppen angehörte, die »entartete« Kunst und Literatur gepriesen wurde: Bert Brecht vor allem. Koeppen kam aus München am 30. Januar, ruhte sich am Morgen aus von der langen Fahrt nach Berlin, erschien in der Redaktion. Etwas Bedrückung, viel Gelächter: Der als Reichskanzler! Das wird nicht lange dauern, und es wird nicht gutgehen! – Es hat dreizehn Jahre gedauert.
Leichtfertiges hatte auch Hermann Kesten zu berichten. Er gehörte als Lektor zu Gustav Kiepenheuers Verlag. Gleichfalls ein verjudetes und entartetes Unternehmen. Auch im Verlag nahm man die Ereignisse nicht besonders ernst. Im Gedächtnis blieb, daß an jenem Tage der vor kurzem noch pazifistische und epigonal-expressionistische Dramatiker Eberhard Wolfgang Moeller zum erstenmal in brauner Uniform und mit zackiger Attitüde im Verlag erschienen war. Auch hier ein bedrücktes Gelächter. Es »ging« aber auch in diesem Falle, was angeblich nicht ging. Der pazifistische Moeller vom Kiepenheuer Verlag hatte inzwischen ein Hörspiel geschrieben mit allen Finessen der

neuen politischen Konstellation. »Rothschild siegt bei Waterloo«. Ich habe es noch gehört in Köln, im April 1933. Das erste massiv antisemitische Machwerk auf allen deutschen Sendern. Der Weg war frei für den Film vom Juden Süß.

Die Familie der Erika von Hornstein, das berichtete sie in jenem Gespräch, verwaltete damals die Vermögenswerte des Hauses Hohenzollern. Man war stramm deutschnational. In der neuen Reichsregierung vom 30. Januar saßen auch die Deutschnationalen mit dem kleinen, so mächtigen und verhängnisvollen Geheimrat Alfred Hugenberg, dem einstigen Krupp-Direktor. Also war auch hier Grund zum Feiern und zum organisierten Jubel. Hornsteins durften die Fackelzüge sogar in der Regierungsstraße von Berlin, der Wilhelmstraße, bewundern. Dem Mädchen Erika jedoch schärfte man ein: sie dürfe bei den obligaten Geldsammlungen für die Nationale Erhebung nur Geld spenden für die Büchsen des deutschnationalen Stahlhelms, nicht für die Schnorrer im Braunhemd.

Insgeheim unernst ging es an jenem Abend auch auf der Linken zu. Darüber wußte ich zu berichten. In meinem Erinnerungsbuch »Ein Deutscher auf Widerruf« habe ich beschrieben, wie ich in den letzten Jahren der Weimarer Republik bemüht war, mitzuwirken bei einem Zusammengehen der Arbeiterparteien, um die braune Diktatur, die sich immer bedrohlicher ankündigte, zu verhindern. Im Jahre 1920 war es gelungen, durch einen Generalstreik den Staatsstreich von rechts zu verhindern. Inzwischen aber hatte Stalin im Kreml entdeckt, der Hauptfeind der Arbeiterklasse sei nicht der Faschismus, sondern der sogenannte »Sozialfaschismus« der deutschen Sozialdemokratie. Demzufolge waren Veranstaltungen möglich, wo Walter Ulbricht öffentlich mit Joseph Goebbels diskutieren durfte; eine Einheitsfront aus Sozialdemokraten und Kommunisten hingegen kam nicht zustande.

Für den 30. Januar hatten die Kommunisten, natürlich ohne Kenntnis dessen, was sich ereignen sollte, eine Massenkundgebung in der riesigen Kölner Rheinlandhalle angekündigt. Die Halle war nur mäßig gefüllt. Viele Kölner wollten den Fackelzug zu Ehren des neuen Reichskanzlers begaffen. Mancher Kommunist, das zeigte sich bald darauf, stand im Begriff, die Farbe zu wechseln. Braun statt Rot. Wir waren hingegangen, um zu erfahren, was die Kommunisten vorzuschlagen hätten. Sie hatten gar nichts vorzuschlagen. Der Redner war ein Reichstagsabgeordneter, ein Jude, Werner Hirsch, den man später totgeschlagen hat. Er höhnte: die solle man ruhig abwirtschaften lassen. Das werde bald zu Ende sein. »Und dann kommen wir!« So lautete die offizielle Direktive des Zentralkomitees. In seinen Erinnerungen hat es Manès Sperber, damals noch ein Mitglied der Kommunistischen Partei, fast genauso geschildert.

Unverständnis auf der bürgerlichen Rechten wie auf der proletarischen Linken, zu schweigen von den Journalisten und Literaten der bürgerlichen Mitte. Am Rundfunk jubelten bereits die vertrauten Reporter zusammen mit den bestellten Jublern des Dr. Goebbels. Das Ende war da, doch wir hatten es nicht gemerkt.

Man hatte so viele Reichsregierungen kommen und gehen sehen seit vier Jahren. Wie sollte man ahnen, daß diesmal ein neuer Mechanismus eingebaut wurde. Der demokratische Mechanismus mit Reichstag und Wahlen und Sturz der Regierung durch das Mißtrauen der Volksvertreter mußte verbrannt werden. Und er brannte. Daran hatten wir nicht gedacht. Das »ging« doch nicht.

Es gab sechs Millionen Arbeitslose in Deutschland. Daß die meisten von ihnen, hungrig und verzweifelt, wenn sie »ausgesteuert« waren, wie der Fachausdruck lautete, die politischen Evolutionen kaum beachten mochten neben der Not und Sorge um den nächsten Lebenstag, wurde bei jenem Fernsehgespräch deutlich, als Hans Werner Richter erzählte, und nach ihm Heinrich Böll. Der spätere Begründer und Leiter der »Gruppe 47« war Sohn eines Fischers und Gelegenheitsarbeiters von der Ostseeinsel Rügen, er hatte nur die Volksschule besuchen können. Buchhandlungsgehilfe in Berlin, seit 1930 arbeitslos. Kommunist, dann aber ausgeschlossen als Trotzkist. An jenem 30. Januar wird die Habe der Eltern, die nach Berlin gezogen waren, versteigert. Richter ist damals 25: da weiß man anscheinend, was die neue Regierung bedeutet, doch weiß man es im Grunde ebensowenig, wie wir anderen es ahnen mochten. Hans Werner Richter behielt den Tag in Erinnerung, weil man zusehen mußte,

wie der Hausrat feilgeboten wurde. Dergleichen bleibt im Gedächtnis.
Bei dem fünfzehnjährigen Heinrich Böll war es ein Wort der Mutter. Der Junge hatte die Grippe, lag im Hinterzimmer. Der Rundfunk war gesperrt. Man konnte die Gebühren nicht mehr bezahlen. Die Mutter erfuhr bei den Nachbarn, was in Berlin getrieben wurde. Sie brachte die Nachricht und sagte: »Das bedeutet den Krieg.« Hier möge man nicht eine nachträgliche Pointe des Erzählers Böll vermuten. Wir alle wußten, und sagten es auch, daß eine Regierung unter dem Hakenkreuz den Krieg bedeuten würde. Übrigens sagten sie es selbst ganz unverhüllt und unverfroren. Ein Wahlplakat bei der letzten Wahl des Reichspräsidenten hatte klar vorausgesagt: wer den Generalfeldmarschall von neuem wähle, habe insgeheim den Braunauer gewählt, und dessen Wahl bedeute den Krieg. So war es, und so ist es gekommen. Die Mutter Böll sprach nur aus, was alle hätten wissen können.
So also, ungefähr so, ist es wohl zugegangen im Deutschen Reich am letzten Tage einer jüdisch-deutschen geistigen Gemeinschaft. Dann brannte der Reichstag, und es gab Wahlen unter staatlichem Terror der neuen Regierung. Sie bekam trotzdem keine Mehrheit, aber das machte nichts: da nämlich die gewählten kommunistischen Abgeordneten entweder bereits verhaftet oder versteckt waren, konnten sie nicht im Parlament erscheinen. Ihre Stimmen fehlten, und nun gab es Ermächtigungsgesetze, die alles zuließen. Nun war alles möglich. Am 1. April bereits der große Judenboykott, den man vorerst, in triefender Großmut, auf einen Tag begrenzte.
So begann, wie mir scheint, und so endete jene Epoche einer jüdisch-deutschen Symbiose, die von uns in den nächsten Tagen reflektiert und am besten wohl auch meditiert werden sollte. Es war ein sonderbarer Weg *von Berlin nach Berlin*. In dieser Stadt, der Hauptstadt des preußischen Königs, hatte die Akademie der Wissenschaften im Jahre 1763 eine philosophische Arbeit gekrönt mit dem Titel »Abhandlung über die Evidenz in den metaphysischen Wissenschaften«. Ihr Verfasser und Laureat war Moses Mendelssohn. Hier in Berlin erschien, wie schon angemerkt, vier Jahre später sein Buch »Phädon oder Über die

Unsterblichkeit der Seele«. Die jüdisch-deutsche Literaturgeschichte ist weitgehend auch Geistesgeschichte der Stadt Berlin. Die Stadt der Rahel Levin, Walter Benjamins und unseres großen Freundes *Gershom Scholem*. Er hat genau gewußt, wie er alles zu bedenken pflegte, warum er seinem Erinnerungsbuch den Titel gab: »Von Berlin nach Jerusalem«. Am Ende aber standen, auch und gerade in Berlin, die Abtransporte. Die sehr alte Frau in ihrem berühmten Haus am Pariser Platz, die Witwe Max Liebermanns, nahm Gift, um hier, in dieser Stadt, wenigstens sterben zu können.

Immer wieder: das Gedächtnis und die Geschichte. Man hat erlebt und man erinnert sich, doch pflegt man den Anfang und das Ende einer geschichtlichen Ära nur in seltenen Fällen als solche zu erleben. »Nichts Besonderes«, schrieb Ludwig XVI. am Abend des 14. Juli 1789 in sein Tagebuch. Ehrlich gestanden: ich glaube auch nicht recht an Goethes berühmten Ausspruch am Abend der Schlacht von Valmy: »Endlich rief man mich auf, was ich dazu denke, denn ich hatte die Schar gewöhnlich mit kurzen Sprüchen erheitert und erquickt; diesmal sagte ich: ›Von hier und heute geht eine neue Epoche der Weltgeschichte aus, und ihr könnt sagen, ihr seid dabei gewesen.‹« Die »Campagne in Frankreich« erschien erst 1822: dreißig Jahre nach Valmy.

Damit wird die *Problematik einer jeden Erinnerungsliteratur* evident, vielleicht jeglichen Erinnerns. Den schärfsten Agnostizismus hat in jüngster Zeit der Schweizer *Friedrich Dürrenmatt* bekundet, als er sein Buch »Stoffe« aus dem Jahre 1981 so beginnen ließ: »Es ist immer wieder von irgend jemandem versucht worden, sein eigenes Leben zu beschreiben. Ich halte das Unterfangen für unmöglich, wenn auch für verständlich. Je älter man wird, desto stärker wird der Wunsch, Bilanz zu ziehen. Der Tod rückt näher, das Leben verflüchtigt sich. Indem es sich verflüchtigt, will man es gestalten; indem man es gestaltet, verfälscht man es: So kommen die falschen Bilanzen zustande, die wir Lebensbeschreibungen nennen, manchmal große Dichtungen – die Weltliteratur beweist es –, leider oft für bare statt für kostbare Münze genommen.« Vier Seiten später jedoch erzählt

Dürrenmatt bereits von seinem Heimatdorf im Emmenthal, vom Vater Pfarrer und den Erinnerungen eines Dreijährigen.
Ich halte es, im nachhinein überdacht, für keinen Zufall, daß ich hier in Jerusalem plötzlich den Wunsch verspürte, und ihm nachgab, von meinem Leben zu erzählen: von Herkunft und Jugend, vom Leben als Jude unter den Deutschen, was ich damals nicht begriff, von der Vertreibung, vom Exil, und von der Heimkehr in eine Fremde im Herbst des Jahres 1945. Ich schrieb die ersten Seiten, die Berichte von meiner Jugend im deutschen Kaiserreich und in der Weimarer Republik, hier im Bet Belgia, im Gästehaus der Hebräischen Universität, im Sonnenlicht der ersten Monate des Jahres 1979. Im Hause unseres Freundes und Gastgebers Stéphane Moses las ich das Geschriebene vor, um an den Reaktionen abzulesen, ob ich weitermachen solle. Fanja und Gershom Scholem waren unter den Zuhörern.
Daß eine Autobiographie so nicht entstehen könne, war mir jederzeit klar. Da kann man Dürrenmatt nicht widersprechen. Erinnerungsarbeit und Arbeit des Historikers, der im Grunde stets ein Nachlebender sein wird: das ist zweierlei. Auch Goethe mag es gewußt haben. Als er sich selbst objektivierte und historisierte, mußte er das Gedächtnis reglementieren: in »Dichtung und Wahrheit« steht kaum etwas über Goethes Inspirationen und Schaffensprozesse, nur einiges übers Geschaffene.
Erzählzeit war Heute: Man konnte nicht die Ahnungslosigkeit von einst nachspielen. Man wußte, und man schreibt aus heutigem Wissen. So mußte ich die letzten Jahre des jüdisch-deutschen Zusammenlebens, meine Jugendjahre, von nun an sehen und beschreiben. Die Erinnerung half aus. Im Bet Belgia fanden sich plötzlich Lebensmomente ein, die man vergessen, nicht gewollt, meinethalben verdrängt hatte. Man schaute zurück, das Gedächtnis half aus, man hatte zu urteilen und zu beurteilen. War diese jüdisch-deutsche Symbiose, so mußte man sich fragen, jemals etwas anderes gewesen als eine jüdische Hoffnung, gar Utopie? Geteilt von wenigen Deutschen, die gleich Lessing zu leben und zu handeln gedachten, und denen es meistens heimgezahlt wurde.
War er denn unvermeidlich, der Zusammenbruch im Jahre 1933,

auch bei Fehlen der Protagonisten von damals? Max Horkheimer schrieb im Exil des Jahres 1939 eine Abhandlung über »Die Juden und Europa«, worin es heißt: »Heute gegen den Faschismus auf die liberalistische Denkart des 19. Jahrhunderts sich berufen, heißt an die Instanz appellieren, durch die er gesiegt hat.« In einem seiner letzten Briefe an Walter Benjamin hat sich Gershom Scholem mit Recht über diese Analyse empört. Richtig bleibt jedoch, daß jene Symbiose undenkbar gewesen wäre ohne das Funktionieren der Zentralkategorien eines liberalen und toleranten Bürgertums: *ohne Bildung und Besitz.* Das ist bereits dem jungen Lessing klar gewesen. Sein jüdischer »Reisender« hat Geld und liest Bücher. In seiner Antwort an den Professor Michaelis, die Lessing in seine Schriften aufnahm, wird dies Postulat ausdrücklich vorgetragen. Auch Moses Mendelssohn hat es wohl nicht anders verstanden.

Die kleinen jüdischen Handwerker und Arbeiter in Deutschland mißtrauten diesen Postulaten von jeher. Sie glaubten nicht an die Symbiose. Auch ich habe bereits als junger Mensch die wohlmeinende Prosa eines »Central-Vereins deutscher Staatsbürger jüdischen Glaubens« widerwillig abgelehnt. Den marxistischen Sozialismus, den Stalin dann zur Unkenntlichkeit verändern sollte, hielt ich, gleich vielen meinesgleichen, für eine Alternative. Nicht Symbiose, sondern unterschiedslose Gleichheit.

Vielleicht ist jene geschichtliche Symbiose auch daran gescheitert, daß sie – von der nichtjüdischen und nichtdeutschen Außenwelt her gesehen – als unmögliche Gemeinschaft von zwei Außenseiterpositionen zustande gekommen war. Auf die merkwürdigen *Parallelismen von Deutschtum und Judentum* hat Heinrich Heine immer von neuem hingewiesen. Mir scheint, daß man sich dieser Frage in den nächsten Tagen stellen sollte, obwohl, zu meiner Verwunderung, kein Heine-Referat auf unserem Programm zu finden ist.

Täuschen wir uns nicht: Indem man den Ursachen für das Scheitern einer jüdisch-deutschen Lebensgemeinschaft, nicht bloß Literaturgemeinschaft, nachsinnt, hat man die *Frage nach dem Scheitern der Weimarer Republik gestellt*: dieser ersten deutschen Republik und Demokratie. Kein Thema erscheint heute all jenen Deutschen, die nicht bereit sind, bloß nach den

Maximen der zynischen Vernunft zu existieren, als drängender und bedrückender. Da nichts geklärt oder gar gelöst wurde, ist alles noch und wieder da. Weil auch der Wohlstand nicht mehr selbstverständlich erscheint, entdecken Menschen meiner Generation plötzlich wieder die allzu vertrauten Verhaltensformen und Denunziationen von einst. Man erfindet sich neue Juden, auch wenn es nicht mehr Juden sein müssen. Noch gibt es, vom Grundgesetz und vom Rechtsstaat her, starke Gegenkräfte. Allein die wohlmeinende Beteuerung »Bonn ist nicht Weimar« muß begründet und verteidigt werden.

Für die Menschen meiner Generation und mit ähnlichem Lebenslauf bedeutet das Jahr 1933 die Zäsur schlechthin. Was ich vor fünfzig Jahren mitansehen mußte, veranlaßt mich insgeheim, bei jeder neuen Begegnung in Deutschland mich zu fragen: »Wie hätte der sich damals verhalten?« Ich war froh und bestätigt, als ich jüngst bei *Albrecht Schöne* ganz ähnliche Überlegungen entdeckte. In seiner Rede zur »Göttinger Bücherverbrennung 1933« wird nicht allein, so wie hier und heute abend, gefragt, warum die Weimarer Republik zusammenbrechen konnte wie ein Bauwerk, das den Gesetzen der Statik nicht entsprach. Schöne analysiert das Verhalten der Professoren und Studenten von damals und stellt fest: »Willentlich oder unwillentlich, wissentlich oder unwissentlich haben sie dem, was da heraufzog, in vielfacher Hinsicht Vorschub geleistet. Im übrigen haben sie geschehen lassen, was jetzt geschah.«

Das ist die Antwort des Historikers. Sie führt aber redlicherweise sogleich zur Frage ad se ipsum: »Anzunehmen, daß wir heute Lebenden insgesamt anders uns verhalten hätten als die früheren, sofern wir aufgewachsen wären unter gleichen Bedingungen, unter den gleichen Einflüssen, mit den gleichen Erfahrungen, gibt es keinen zureichenden Grund.«

Auch das genügt noch nicht, kann nicht genügen. Albrecht Schöne fährt also fort: »Schärfer gefragt: Würde man unter gänzlich gleichen Voraussetzungen (mit deren Wiederkehr doch keiner ernsthaft rechnen will) in gleicher Weise sich verhalten?« Die Frage bleibt ohne Antwort, und es kann sie auch keiner von uns Heutigen beantworten.

Hier ist Jerusalem. Hier spielt die Geschichte vom Weisen Nathan, vom Sultan Saladin, vom Tempelherrn: als eine Parabel, worin Feinde zu Freunden werden können. Wenn irgendwo, so fand sich hier, in Lessings Text, das Grundgesetz der jüdisch-deutschen Lebensgemeinschaft. Selbst darin, daß der weise zugleich ein reicher Nathan ist, so daß der Tempelherr höhnen darf:

Seinem Volk ist reich und weise
Vielleicht das Nämliche.

Wie schrecklich sehen wir sie heute verwandelt: die islamische, die jüdische und die christliche Welt. Wir aber müssen an die Arbeit gehen. Die neudeutsche Floskel von der »Bewältigung« einer Vergangenheit ist mir tief zuwider. Abermals Gewalt nebst Sieg des Stärkeren. Nichts wurde bewältigt, und Forscher können nicht damit rechnen, daß man ihr Erforschtes beherzigt.

Es gibt in »Nathan der Weise« eine kaum beachtete, vielleicht schreckliche Replik. Nathan und der Tempelherr sind, aus unterschiedlichen Impulsen, auf der Suche nach der Vergangenheit. Ahnungsvoll meint der junge Christ vor dem Abgehen:

Der Blick des Forschers fand
Nicht selten mehr, als er zu finden wünschte.

Nathan überdenkt den Satz, zitiert ihn abermals, um dann fortzufahren:

»Der Forscher fand nicht selten mehr, als er
Zu finden wünschte.« – Ist es doch, als ob
In meiner Seel' er lese! – Wahrlich ja;
Das könnt' auch mir begegnen.

XV. SCHOPENHAUER ALS ERZIEHER

(Frankfurt, 1983)

Schopenhauer als Erzieher. Der Titel unseres Eröffnungsvortrags ist ein Zitat, wie man weiß. So lautete im Jahre 1874 die Überschrift einer »Unzeitgemäßen Betrachtung« von Friedrich Nietzsche. Geplant hatte der damals dreißigjährige Philologe und Philosoph fast ein Dutzend solcher Traktate über (oder zumeist gegen) wichtige Phänomene eines »zeitgemäßen« Kulturbetriebs. Nietzsche war ein großer Planer und Projektierer. In seinem Nachlaß fanden sich einige Vorreden zu Büchern, die dann nicht geschrieben wurden.
Niedergeschrieben aber, fast dürfte man sagen: komponiert wurden vier Unzeitgemäße Betrachtungen. Die ersten beiden Stücke sind polemisch und negierend. In dem Theologen und Kulturkritiker David Friedrich Strauß entdeckte der junge Nietzsche bereits einen frühen Repräsentanten von Hermann Hesses »Feuilletonistischem Zeitalter«. Das zweite Stück über »Nutzen und Nachteil der Historie für das Leben« legt sich an mit dem überhaupt nicht wertenden, bloß noch registrierenden und klassifizierenden Historismus des damaligen Bildungslebens. Vom Nutzen der Historie ist kaum die Rede in jenem Traktat, sehr viel vom Nachteil. Offen bleibt trotzdem, was man sich unter der Formel »für das Leben« zu denken habe. Die Abrechnung nämlich mit dem Historismus im zweiten Stück entsteht ungefähr gleichzeitig mit einer Position Friedrich Nietzsches nach so viel Negativität: mit der Betrachtung über »Schopenhauer als Erzieher«.
Heute erkennt man, daß damals auch schon das vierte (und damit letzte) Stück einer scheinbar anachronistischen Betrachtungsweise von Nietzsche konzipiert worden war: seine merkwürdige und bis heute verstörende Untersuchung über das Phänomen »Richard Wagner in Bayreuth«.
Arthur Schopenhauer und Richard Wagner: beide wurden als Affirmation verstanden und als Konfrontation mit dem Feuilletonismus und dem anachronistisch gewordenen Historismus.

Übrigens wird der Zusammenhang bereits in den Schlußworten des ersten Absatzes der Untersuchung über »Schopenhauer als Erzieher« angedeutet. Die Andeutung kann heute verstanden werden, wenn Nietzsche seinen Plan bekanntgibt: »Und so will ich denn heute des einen Lehrers und Zuchtmeisters, dessen ich mich zu rühmen habe, eingedenk sein, *Arthur Schopenhauers* – um später anderer zu gedenken.« Sie gehörten schon damals für ihn zusammen, die beiden Erzieher: der Philosoph einer intellektuellen Redlichkeit – und der Meister von Bayreuth.
Bemerkenswert ist, von heute aus gesehen, also »im Lichte unserer Erfahrung«, wie Thomas Mann aus Anlaß von Nietzsche im Jahre 1947 formulieren sollte, daß Nietzsche damals bereits *insgeheim abtrünnig geworden war von Schopenhauer wie von Wagner.* Am Schluß des »Zarathustra« schaut der neue Lehrer und »Erzieher« gleichsam verächtlich zurück auf die eigenen Anfänge, und damit auf den einstigen Erzieher Schopenhauer. »Und noch einmal versank Zarathustra in sich und setzte sich wieder auf den großen Stein nieder und sann nach. Plötzlich sprang er empor, –
›*Mitleiden! Das Mitleiden mit dem höheren Menschen!*‹ schrie er auf, und sein Antlitz verwandelte sich in Erz. ›Wohlan! *Das* – hatte seine Zeit!‹
Mein Leid und mein Mitleiden – was liegt daran! Trachte ich denn nach Glücke? Ich trachte nach meinem *Werke*!«
Das – hatte seine Zeit! Das war der Lehrer und Erzieher Arthur Schopenhauer. Schnöder noch mokierte sich der späte Nietzsche, am Ende seines Schaffens, über die einstige Jugendsünde Schopenhauer, in dem Buch »Ecce homo«. Auch hier faßt er die Traktate über Wagner und Schopenhauer für sich zusammen, nämlich so: »Die Schrift ›Wagner in Bayreuth‹ ist eine Vision meiner Zukunft, dagegen ist in ›Schopenhauer als Erzieher‹ meine innerste Geschichte, mein *Werden* eingeschrieben. Vor allem mein *Gelöbnis*!...« Was so zu verstehen ist: die Betrachtung über Wagner nimmt alle spätere Abkehr von Wagner und Bayreuth schon voraus, wenn man die Vierte Unzeitgemäße Betrachtung genau zu lesen versteht. Der Traktat über »Schopenhauer als Erzieher« wird nur noch als Abrechnung mit einem Damals und Einst verstanden. Hochmütig formuliert der Verfas-

ser diese Rückschau auf sein Werk und Werden wie folgt: »...daß hier im Grunde nicht ›Schopenhauer als Erzieher‹, sondern sein *Gegensatz*, ›Nietzsche als Erzieher‹ zu Worte kommt.«

Ganz so war es wohl doch nicht. Rückschau verfälscht die Zusammenhänge von einst. Richtig ist zwar, liest man heute die Schrift über »Schopenhauer als Erzieher«, daß Nietzsche nur gelegentlich, nahezu mit Unwillen, den angeblichen Erzieher Schopenhauer zu Wort kommen läßt. Er scheint sich, beim explosiven Versuch einer Identitätsfindung, nur gegen das Ende der einzelnen Abschnitte hin an den angeblichen Meister und Lehrer zu erinnern. Auch ist nicht ersichtlich, *welche Aspekte der Philosophie Arthur Schopenhauers* als fruchtbar und befolgenswert postuliert werden sollen. Der Lebenslauf Schopenhauers scheint dem ich-besessenen Schüler wichtiger zu sein als alle Meditation über den »Satz vom Grunde«, die »Freiheit des menschlichen Willens« und die »Grundlage der Moral«. Zu schweigen, sonderbar genug, von der »Welt als Wille und Vorstellung«. Wenn Nietzsche von den »Gefahren der Konstitution« spricht, »die Schopenhauer bedrohten«, so ergänzt er sofort, daß sie auch »uns alle« bedrohen. Es seien Gefahren, »die aus seiner Zeit an ihn herankamen; und diese Unterscheidung zwischen Konstitutionsgefahren und Zeitgefahren ist wesentlich, um das Vorbildliche und Erzieherische in Schopenhauers Natur zu begreifen«.

Hier wird die geistige Einheit aller vier Betrachtungen zur damaligen Kultur in Deutschland evident. Deutsche Zeitgefahr ist und bleibt für Nietzsche der Feuilletonismus mitsamt dem optimistischen Kulturgeschwätz. Nietzsche schreibt wenige Jahre nach der deutschen Reichsgründung vom 18. Januar 1871. Schopenhauer ist bereits zur Mode von gestern geworden. Im Jubel über Reichsgründung und materielle Prosperität verkündet man die These, der philosophische Pessimismus habe von nun an ausgespielt. Insofern ist Nietzsches Schrift über »Schopenhauer als Erzieher« trotz allem sowohl mutig und redlich wie auch in merkwürdig dialektischer Weise in der Tat »unzeitgemäß«. Während sich die drei anderen Betrachtungen zum Anachronismus insoweit bekennen, als sie ein Nochnicht ver-

künden und mit den gegenwärtigen Moden konfrontieren, muß man die Schrift über »Schopenhauer als Erzieher« als Bekenntnis zu einem von der geistigen Mode abgelehnten und abgetanen Nichtmehr interpretieren.
Beim Wiederlesen der Schrift »Schopenhauer als Erzieher« wird evident, wie sehr alle uns heute überlieferten Zeugnisse von Bekenntnissen zu Arthur Schopenhauer wie von leidenschaftlicher Gegnerschaft im Zusammenhang stehen mit geschichtlichen Konstellationen der deutschen Entwicklung im 19. und auch im 20. Jahrhundert. Schopenhauer, mit Marx zu reden, als Phänomen der deutschen Misere.
Erst wenn an einigen markanten Beispielen, zu denen Nietzsche vor allen anderen gehört, das eigentümliche Wechselspiel von Hinwendung und Abwendung, Schülerschaft und Ableugnung erkannt wurde, kann die Frage gestellt werden: ob heute schon wieder, vielleicht immer noch, eine Untersuchung denkbar wäre mit dem Titel »Schopenhauer als Erzieher«. Das wäre dann in der Tat eine Untersuchung über zeitgenössisches Philosophieren: weit mehr als bloß eine Rückschau auf die Rezeptionsgeschichte Arthur Schopenhauers und seiner Philosophie.
Allein auch Nietzsche war nicht stehengeblieben bei diesem bösen Wort Zarathustras im Gedenken an Schopenhauer: »*Das* – hatte seine Zeit!« Eines seiner Gedichte kennt eine andere Bilanz. Die Form ist parodistisch: lutherisch-altdeutsch, eine von vielen Masken des Umwerters aller Werte. Da heißt es:

> Was er *lehrte,* ist abgethan,
> Was er *lebte,* bleibt bestahn, –
> Seht ihn nur an!
> Niemandem war er unterthan.

Selbst hier gibt es Herablassung, auch Mißverständnis, denn Schopenhauers Lebensführung wäre undenkbar ohne sein Philosophieren, ohne seine Maximen zur Lebensweisheit. In bedenklicher Weise versucht sich Nietzsche seines Lehrers zu erwehren. Es gibt eine Parallele, die durchaus zur Sache gehört. In ähnlicher Weise hat sich Friedrich Schlegel, noch dazu in einem umfangreichen Essay, des gewaltigen Vorbilds Gotthold Ephraim Lessings

zu erwehren gesucht: gleichfalls in Herablassung. »Er selbst war mehr werth als alle seine Talente.«
In seinem Schopenhauer-Essay von 1938 hat *Thomas Mann* jene Verszeilen Nietzsches gleichfalls zitiert, und mit Recht angemerkt, man könne nicht behaupten, Schopenhauers Lehre sei »abgetan«. Die »Dynamik ihrer Wahrheit«, wie Thomas Mann formuliert, sei niemals abgetan.
Trotzdem gibt es gerade auch bei Thomas Mann, wie bei Nietzsche und seither bei so vielen, die sich mit Schopenhauer eingelassen hatten, diesen Nexus von Enthusiasmus und verächtlich-verlegener Abkehr. Das frühe Erlebnis Schopenhauers hatte Thomas Mann, wie bekannt, dem wichtigsten Werk seiner Jugend integriert, den »Buddenbrooks«. Der verzweifelte, insgeheim todessüchtige Senator Thomas Buddenbrook war auf ein Buch gestoßen, »das halb gesucht, halb zufällig in seine Hände geraten war...«, wie der Erzähler berichtet. »Ein ziemlich umfangreiches, auf dünnem und gelblichem Papier schlecht gedrucktes und schlecht geheftetes Werk, der zweite Teil nur eines berühmten metaphysischen Systems...«.
Die Lektüre wird ihm zur Erweckung, allein zu was? Der Senator war, wie berichtet wird, bloß an den Zweiten Band des Hauptwerkes geraten, an Schopenhauers Ergänzungen zum vierten Buch der »Welt als Wille und Vorstellung«. Kapitel 41: »Über den Tod und sein Verhältnis zur Unzerstörbarkeit unseres Wesens an sich.« Wo es Sätze gibt wie: »Was also dringt sich unwiderstehlicher auf, als der Gedanke, daß jenes Entstehn und Vergehn nicht das eigentliche Wesen der Dinge treffe, sondern dieses davon unberührt bleibe, also unvergänglich sei, daher denn Alles und Jedes, was daseyn *will,* wirklich fortwährend und ohne Ende daist.« Daseyn will. Das »will« hat Schopenhauer unterstrichen. Wie es aber mit diesem Wollen bestellt sei, wird sich der in Todesfurcht und Todessucht lebende Senator Buddenbrook gefragt haben, um so belehrt zu werden: »In der Erscheinung und mittels deren Formen, Zeit und Raum, als principium individuationis, stellt es sich so dar, daß das menschliche Individuum untergeht, hingegen das Menschengeschlecht immerfort bleibt und lebt. Allein im Wesen an sich der Dinge, als welches von diesen Formen frei ist, fällt auch der ganze Unter-

schied zwischen dem Individuo und dem Geschlechte weg, und sind Beide unmittelbar Eins. Der ganze Wille zum Leben ist im Individuo, wie er im Geschlechte ist, und daher ist die Fortdauer der Gattung bloß das Bild der Unzerstörbarkeit des Individui.«
Nun hat Thomas Buddenbrook vermutlich begriffen, warum die Überschrift des Kapitels 41 von der »Unzerstörbarkeit unseres Wesens an sich« gesprochen hatte. Der Senator findet sich in wunderbarer, tief ergreifender Weise getröstet: »Ich werde leben!, sagte Thomas Buddenbrook beinahe laut und fühlte wie seine Brust dabei vor innerlichem Schluchzen erzitterte. Dies ist es, daß ich leben werde! Es wird leben ... und daß dieses Es nicht ich bin, das ist nur eine Täuschung, das war ein Irrtum, den der Tod berichtigen wird. So ist es, so ist es!« Allein der nächste Satz des Erzählers fährt dann so fort, nach diesem »So ist es!...«: »Warum? Und bei dieser Frage schlug die Nacht wieder vor seinen Augen zusammen.«
Ambivalenz zwischen hingerissener Schülerschaft und ironischer Skepsis also bereits beim jungen Schopenhauerianer Thomas Mann. Beinahe Widerwillen des Autors spürt man beim großen Schopenhauer-Essay von Thomas Mann aus dem Jahre 1938. Ein Text der Exilzeit. Ein amerikanischer Verleger hatte philosophische Texte in einer Massenauflage herausbringen wollen: jeweils eingeleitet nicht durch Fachphilosophen, sondern durch sehr bekannte Schriftsteller, die sich ihren Autor aussuchen sollten. So edierte André Gide einen Montaigne. Heinrich Mann blieb auch jetzt, gleichfalls im Exil, seinem Nietzsche treu. Thomas Mann fand zurück zu Thomas Buddenbrook und zu Schopenhauer. Doch es ist ein verwandeltes Verhältnis. Schopenhauer sei recht sehr etwas für junge Leute. Vielleicht weil die »Welt als Wille und Vorstellung« ursprünglich gleichfalls ein genialisches Jugendwerk gewesen sei. Es sind auch nicht mehr die Gedanken von der Unzerstörbarkeit unseres Wesens »an sich«, die sich am Vorabend eines Weltkriegs aufdrängen, da bereits die Frage angebracht scheint, ob man Schopenhauers Vertrauen in den Fortbestand der species humana noch teilen dürfe. Auch hier Schopenhauer als Erzieher, gleichsam ex negativo ...
Noch weicht Thomas Mann dieser Denkhypothese aus. Am

Ende seines Lebens, wenige Monate vor seinem Tode, in dem Schiller-Essay vom Frühjahr 1955, klingt es wenig schopenhauerisch: »Wut und Angst, abergläubischer Haß, panischer Schrekken und wilde Verfolgungssucht beherrschen eine Menschheit, welcher der kosmische Raum gerade recht ist strategische Basen darin anzulegen ... eine von Verdummung trunkene, verwahrloste Menschheit taumelt ihrem schon gar nicht mehr ungewollten Untergange entgegen.«

Allein in sonderbarer, nun doch wieder vermittelter Verknüpfung steht diese Schreckensvision des achtzigjährigen Thomas Mann, zur Sprache gebracht vor nunmehr achtundzwanzig Jahren, im Banne des Philosophen seiner Jugendjahre. Der philosophische Pessimismus Schopenhauers hat es ihm nach wie vor angetan. In dem einleitenden Text zu seiner Schopenhauer-Auswahl von 1938 hieß es bereits: »Das eigentliche Thema einer heutigen Rekapitulation und Betrachtung des Schopenhauerschen Weltbildes, das Motiv für die erinnerungsvolle Beschwörung seiner geistigen Gestalt vor einer Generation, die wenig mehr von ihm weiß, ist das Verhältnis von Pessimismus und Humanität: Es ist der Wunsch, einer Gegenwart, deren Humanitätsgefühl sich in schwerer Krise befindet, das Erlebnis der eigenartigen Verbindung zu überliefern, welche Melancholie und Menschenstolz in dieser Philosophie eingegangen sind. Schopenhauers Pessimismus, das ist seine Humanität.«

Pessimismus als Humanität. Humane Verbindung von Melancholie und Menschenstolz. Eine merkwürdige Abwandlung des immer beibehaltenen Themas »Schopenhauer als Erzieher«, allein es ist eine nachdenkliche Deutung der Lebensleistung unseres Philosophen.

Zur Begründung führt Thomas Mann weiter aus, die Welterklärung aus dem Willen sei als Element eines anti-klassischen, vielleicht inhumanen Denkens zu interpretieren. Allein daß gerade Schopenhauer den Menschen, vor aller anderen Kreatur als Wesen anspreche, welches fähig sei zur Willensumkehr, das müsse als seine Humanität, sein pessimistisches Humanum festgehalten werden. Der Mensch Schopenhauers, verstanden von Thomas Mann und mit seinen Worten aus dem Jahre 1938, als »möglicher Heiland aller Kreatur«.

Es gibt hierzu eine scharfe, nahezu schrille Gegenposition. Sie klingt so: »Pessimismus bedeutet vor allem: philosophische Begründung der Sinnlosigkeit eines jeglichen politischen Handelns. Das ist ja die soziale Funktion der indirekten Apologetik. Um zu dieser Folgerung zu gelangen, müssen vor allem Gesellschaft und Geschichte philosophisch entwertet werden.« Da *Georg Lukács,* aus dessen Buch »Die Zerstörung der Vernunft« hier zitiert wird, die Philosophie Arthur Schopenhauers, vor allem ihre Rezeption nach der Niederlage der Revolution von 1848/49, als eine »spätere, höhere Form der Apologetik des Kapitalismus« interpretiert, die nicht mehr den Kapitalismus anpreist, sondern miesmacht, mitsamt aller menschlichen Existenz, was Lukács als »indirekte Apologetik« abtut, muß daran erinnert werden, gleichfalls zur historischen Konkretion, daß es sich bei der »Zerstörung der Vernunft« von Lukács um ein Buch aus dem Jahre 1952 handelt: also aus der Hoch- und Endphase des Stalinismus. Schopenhauer als Apologet nicht allein der Entpolitisierung, sondern als Vorläufer zu Schlimmerem. Wörtlich heißt es: »So beginnt mit Schopenhauer die verhängnisvolle Rolle der deutschen Philosophie: ideologische Führerin der äußersten Reaktion zu sein.«

Lukács macht es sich nicht leicht. Er kennt seinen Schopenhauer; außerdem weiß er, daß er sich hier mit dem bewunderten und aus der Ferne geliebten Thomas Mann anlegen muß, der ihn nicht wiederliebt. Er weicht dennoch der Auseinandersetzung nicht aus. Sie entzündet sich an Schopenhauers scheinbarer Lebensmaxime, die er einem betrunkenen Studenten aus Auerbachs Keller entlehnte: »Denn ›ich danke Gott an jedem Morgen, daß ich nicht brauch' für's Röm'sche Reich zu sorgen‹ – ist stets mein Wahlspruch gewesen.« Auch Thomas Mann hatte sich die Bosheit nicht entgehen lassen und kopfschüttelnd gerügt in dem Essay von 1938. Sie sei »eine wahre Philisterei und Drückebergerei und eine Devise, von der man kaum versteht, wie ein geistiger Kämpfer gleich Schopenhauer sie sich zu eigen machen konnte«.

»Falsch«, hätte hier vermutlich der kleine Naphta aus dem »Zauberberg« gezischt. Bei Lukács heißt es: »Thomas Mann irrt sich hier. Bei Schopenhauer erscheint dieses Verhalten allerdings in einer grotesk-skurrilen Form, seinem sozialen Wesen nach ist es jedoch für die bürgerliche Intelligenz typisch, ja man kann sagen, mit der Entwicklung des Kapitalismus in steigendem Maße typisch.«

Das klingt arg grobschlächtig, ist nicht mehr, nietzscheanisch, »mit dem Hammer« philosophiert, sondern eher mit dem Holzhammer, der natürlich auch ein Hammer ist. Allein was hier so »grotesk-skurril« klingt, ist in seiner Gedankenführung, wenn man sich darauf einläßt, durchaus subtil aufgebaut. Die Beziehung zwischen Schopenhauer und einer angeblich indirekten Apologetik der bürgerlich-kapitalistischen Gesellschaft erblickt Lukács natürlich nicht in der stilisierten Philisterei einer einbekannten Entpolitisierung. Er entgeht sogar der Versuchung, gegen Thomas Mann nachzuweisen, daß Schopenhauers Pessimismus mitnichten seine Humanität bedeute, sondern umgekehrt seine Inhumanität. Er verdammt weder alles pessimistische Denken, noch ist er vom Optimismus kritiklos entzückt. Es komme jeweils auf die gesellschaftliche Konkretheit an. Der Pessimismus des englischen Ökonomen David Ricardo sei nicht reaktionär, sondern realistisch. Wogegen Schopenhauer die Berufung auf Goethe und Voltaire von Lukács nicht abgenommen wird. Das Verdikt lautet: »Es ist evident, daß der Schopenhauersche Pessimismus ein ideologischer Reflex der Restaurationsperiode ist.« Es ist evident... Und selbst wenn dem so wäre, was wäre damit demonstriert?

Das scheint auch der Ideologiekritiker zu spüren. Er demonstriert die Beziehung Schopenhauers zum Apologetentum weit weniger an der Erkenntnistheorie oder an Schopenhauers Metaphysik, sondern an seiner Moral und Anthropologie. Der Mensch der Schopenhauer-Philosophie sei das bürgerliche Individuum, das absolut gesetzt werde: als Menschentum schlechthin. *Schopenhauers Reflektieren über den Egoismus* mache es deutlich. Damit hat Lukács, sieht man ab von allem Schematismus, in der Tat jene Denkweise benannt, die unser heutiges Denken am meisten berührt, wenn wir die Frage nach dem Erziehertum Arthur Schopenhauers auch für uns stellen.

Gehen wir deshalb vom Text aus. Am eindrucksvollsten hat sich unser Philosoph in der – erfolglosen – Preisschrift über die »Grundlage der Moral« geäußert: »Es giebt überhaupt nur *drei*

Grund-Triebfedern der menschlichen Handlungen: und allein durch Erregung derselben wirken alle irgend möglichen Motive. Sie sind:

a) Egoismus; der das eigene Wohl will (ist gränzenlos),
b) Bosheit; die das fremde Wehe will (geht bis zur äussersten Grausamkeit),
c) Mitleid; welches das fremde Wohl will (geht bis zum Edelmuth und zur Grossmuth).

Jede menschliche Handlung muss auf eine dieser Triebfedern zurückzuführen seyn; wiewohl auch zwei derselben vereint wirken können.«

Besonders diese letzte Anmerkung ist hellsichtig und bestürzend. Daß es den boshaften Egoismus gibt, der andere vernichtet, um sich selbst durchzusetzen, das versteht sich. Allein auch Mitleid, gekoppelt dem Egoismus und gar mitleidige Bosheit? Schopenhauer hat jedoch recht. Wir kennen aus unserem Alltag das berechnende Mitleid, bei welchem beides echt ist oder als echt empfunden wird: die freiwillige Krankenpflege etwa, die nicht bloß um einer Erbschaft, sondern um der hohen Gefühle willen betrieben wird. Sogar das Mitleid, das eines anderen Wehe will, ist uns vertraut: nicht allein in den abscheulichen Formen einer staatlich angeordneten Euthanasie.

Hier liest man bereits viel Psychoanalyse: lange vor Sigmund Freud. Der Weltwille als Libido. Die schopenhauerische »Bosheit« als Destruktions- oder Todestrieb. Das Mitleid als eine Form der Sublimierung.

Andererseits hat Lukács recht, wenn er das Menschenbild in der Philosophie, und auch in der Lebenspraxis Arthur Schopenhauers, als durchaus bürgerlich denunziert. Wie hätte es anders sein können? Schopenhauer lebte in einer sich siegreich entfaltenden bürgerlichen Gesellschaft. Die Französische Revolution war nicht rückgängig zu machen. Die »Welt als Wille und Vorstellung« ist in der Tat ein erzromantisches Buch: insofern mußte es Richard Wagner in jedem Falle einmal entdecken. Allein es ist *durchaus kein restauratives Buch.* Im Gegenteil blieb diese Lehre gerade im Zeitalter Metternichs durchaus unbeachtet. Der Irrtum bei Lukács resultiert aus der vulgär-marxistischen Gleichsetzung deutscher Romantik mit der Restauration. Hier hat die

Polemik Heinrich Heines gegen die verhaßte »Romantische Schule« verwirrend nachgewirkt.

Schopenhauers Denken ist eine merkwürdige, doch authentische Form der *bürgerlichen Aufklärung.* Die Herkunft von Voltaire, von Kant, von Goethe ist nicht bloß »behauptet«, wie (seinerseits) Lukács behauptet, sondern genuin. Schopenhauer haßt alle Hierarchien, die er für bare Verblendung hält: die aristokratischen wie die ideologischen. Sein Pessimismus ist demokratisch: das ist mit den bekannten Revolutionsepisoden von 1848 durchaus vereinbar.

Freilich ist das eine *bürgerliche Gleichheit in Form einer Negation.* Daß auch er das bürgerliche Individuum gleichsetzt mit der menschlichen Natur, und zwar nach den Strukturen der Konkurrenzgesellschaft, teilt er mit allen bürgerlichen Denkern seit den französischen Moralisten des 17. und 18. Jahrhunderts. Sogar die stolz verkündete und so fragwürdige Interpretation des Kantischen »Ding an sich« als Phänomen des Weltwillens, das Lukács als Erbsünde einer Zerstörung der Vernunft verdammt, ist authentische Aufklärung. Es ist Freiheitsdenken, diesmal nicht in Form einer Negation, denn bei Schopenhauer entspringt die Freiheit, wie Günther Baum in seiner interessanten Darstellung der Kant-Kritik bei Schopenhauer demonstriert hat, »unmittelbar dem Bewußtsein, darin sich jeder selbst als den Willen erkennt«. Indem jedoch Schopenhauer eine solche Erkenntnis des Willens, mitsamt seiner Negierung, als unabhängig ansehen möchte vom Satz vom Grunde, weist er, um abermals Günther Baum zu zitieren, »weit weniger zurück auf Kant als über sich hinaus auf Wagner und Nietzsche«.

Man darf noch weiter gehen. Diese freiheitliche Setzung im Verhalten des Einzelnen und im Angesicht einer Welt, die beständig mit »Vorstellungen« zu äffen scheint, präsentiert sich heute als Vorläuferin der Freiheitsphilosophie von *Jean-Paul Sartre.* Insofern ist also Schopenhauers Philosophie, weil sie sich als Weiterführung europäischer bürgerlicher Aufklärung versteht, allerdings in »dürftiger Zeit«, mit Hölderlin zu reden, gar nicht so »urdeutsch«, wie Thomas Mann vermutet hatte.

Ein Wort noch zu jenem Argument von Lukács, das Schopenhauers Denken, kühl und schnöde, als eine *Philosophie für*

Rentner oder besser, um Mißverständnisse zu vermeiden, für *Rentenbesitzer* geschmäht hatte. »So ist er in Deutschland das erste große Beispiel der Rentenschriftsteller«, sagt Lukács, »eines Typus, der für die bürgerliche Literatur der kapitalistisch entwickelten Länder schon lange vorher wichtig geworden ist.« Dazu noch in Klammern: »(Es ist bezeichnend, daß auch Kierkegaard und Nietzsche eine vielfach ähnliche Rentnerunabhängigkeit besaßen.)« Schön wäre es für Nietzsche gewesen, wenn er so viel Geld gehabt hätte wie unser Schopenhauer.
Abermals freilich wird man hinter der groben Diktion die wichtige und wichtig gebliebene Fragestellung zu entdecken haben. Im Grunde nämlich wiederholt sich die Abrechnung von Lukács mit der Geldbesitzerphilosophie Schopenhauers, hundertfach vergrößert, auch in *Sartres* letztem und unvollendetem Hauptwerk, im »Idiot der Familie«. Diesmal nicht als Abrechnung mit dem Rentier Schopenhauer, sondern mit dem Rentier Gustave Flaubert. Nicht als Denunziation eines reaktionären Handelns im Jahre 1848, sondern im Jahre 1871: beim Fall der Pariser Commune.
Die Beziehungen nämlich zwischen dem materiell unproduktiven Rentnertum und *einem Denken oder auch Kunstschaffen der Entfremdung* sind aktuell geblieben. »Es ist bezeichnend«, um die fragwürdige Formel von Lukács zu paraphrasieren, daß der Höhepunkt der Schopenhauer-Rezeption von 1849 im wesentlichen zusammenfällt mit einem Prozeß der Loslösung des Kunstschaffens von aller emotionaler Teilhabe am gesellschaftlich-politischen Geschehen. Die Archetypen moderner Kunst und Literatur können es bezeugen: Baudelaire und Flaubert und Edouard Manet. Das war jüngst in Paris bei der großen Ausstellung zu Manets Gedenken deutlich sichtbar. Hier entstand eine autonome Kunst aus der gesellschaftlichen Entfremdung.
Allein gerade *Richard Wagner,* der so eng zu Baudelaire gehört und zu Manet, als archetypisches Element der Moderne, kann weder als »Staatsmusikant« klassifiziert werden, wie der mürrische und wenig informierte Karl Marx gemeint hatte, noch als Künstler des aller Produktivität entfremdeten Rentnertums. Wagner hat Feuerbach und den Bakunismus in sich weiter »aufgehoben«, fast unbewußt, oft aus Eigensinn. Wenn er in

dem berühmten Brief an Franz Liszt vom Herbst 1854 vom eigenen Schopenhauertum noch vor aller Lektüre spricht, so meinte er Schopenhauers Totalnegation der bürgerlichen Welt, die der Philosoph mit dem Menschentum gleichsetzte. Wie hätte er es anders halten sollen? »Erzieher« bleibt Schopenhauer auch heute noch insofern, als in unserer Gesellschaft keine Evokation irgendeines Menschentums aufgetreten wäre, welche das bürgerliche Menschenbild Arthur Schopenhauers widerlegt.
Eben darum jedoch ist Schopenhauers Lehre das *Gegenteil einer Rentnerideologie und eines Denkens der menschlichen Entfremdung*. Es hat mich nachdenklich gemacht, daß *Max Horkheimer*, der noch in seinem großen Essay über »Egoismus und Freiheitsbewegung« von 1938 das Phänomen des bürgerlichen Egoismus durchaus hegelisierend abgehandelt hatte, gegen Ende seines Lebens, in den letzten Gesprächen, die ich in Montagnola mit ihm führen konnte, nur noch von Schopenhauer sprechen mochte, allenfalls von Spinoza.
Schopenhauer sei etwas für recht junge Leute, hatte Thomas Mann, wie erwähnt, ein bißchen herablassend angemerkt. Sollte man es dahin verstehen, daß er sich gegenwärtig als *Philosoph der Aussteiger* präsentieren könnte? Geh an der Welt vorüber, es ist nichts. »Wer ... die Lehre meiner Philosophie in sich aufgenommen hat«, so heißt es in den »Aphorismen zur Lebensweisheit«, »und daher weiss, dass unser ganzes Daseyn etwas ist, das besser nicht wäre, und welches zu verneinen und abzuweisen die grösste Weisheit ist, der wird auch von keinem Dinge oder Zustand, grosse Erwartungen hegen, nach nichts auf der Welt mit Leidenschaft streben, noch grosse Klagen erheben über sein Verfehlen irgend einer Sache.«
Daran mag sich der einzelne Aussteiger halten: sei es im alternativen Verhalten, sei es auch in der inneren Verweigerung, bei emotionsloser Weiterführung des Tagesdaseins. Eine *Gemeinschaft der Aussteiger* hingegen bekäme es sofort mit dem Spott des Philosophen zu tun. »Man hüte sich, das Glück seines Lebens, mittels vieler Erfordernisse zu demselben, auf ein *breites Fundament* zu bauen: denn auf einem solchen stehend stürzt es am leichtesten ein ...« Das gilt, nach Schopenhauer, für alle Gemeinschaften.

Sich selbst müsse man ertragen: in Einsamkeit und in Geduld. Sonst habe einem die Welt nichts zu bieten. Alle »Lebensweisheit« wird immer wieder dahin zurückgeführt. Schopenhauers Lehre ist das Gegengift zu aller gesellschaftlichen Zerstreuung und zu aller Entfremdung des Einzelnen von sich selbst und durch die gesellschaftlichen Zustände.

Nur, dieser Erzieher setzt voraus, daß Einer zu sich selbst gelangen *kann*: aller Entfremdung trotzend. Der Stolz des bürgerlichen Individualismus ist hier noch ungebrochen. Wie aber, wenn der Einzelne seiner Individuation gar nicht mehr bewußt zu werden vermag, weil ihn alles um ihn her daran hindert? Im V. Kapitel der »Aphorismen zur Lebensweisheit« heißt es: »Vielen Leuten hingegen sieht man an, dass bei ihnen das Sehn die Stelle des Denkens ganz eingenommen hat: sie suchen sich durch Klappern ihrer Existenz bewusst zu werden.«

Dann freilich verwandelt sich der Mensch, den Schopenhauer erziehen wollte, unaufhaltsam in den Peer Gynt von Henrik Ibsen. Der war stolz auf seine Einzelheit als sein Eigentum und wird durch den Knopfgießer belehrt, daß er alles andere gewesen sein mag: bloß keine Individualität.

Viele Utopien wurden inzwischen durch Gegenutopien ersetzt. Indem die Zauber Hegels immer weniger über uns vermögen, werden die Stimmen eines Immanuel Kant und Arthur Schopenhauer deutlicher als bisher vernehmbar. Bleibt zu fragen, ob es nicht schon zu spät ist für deren Lehre. Weil wir sie gar nicht mehr aufnehmen oder gar umsetzen können.

XVI. GEDENKREDE AUF ANNA SEGHERS

(Mainz, 1983)

Wie soll man von ihr sprechen, wie wäre sie zu beschreiben? Das wird jeder sich fragen, der sie gekannt hat: von der flüchtigen Begegnung bis sogar zum vertrauten Umgang. Da war immer eine Grenze der Vertrautheit, wie ich meine und bei allen Begegnungen zu spüren glaubte. Sie war stets ernst und gleichzeitig freundlich, vermochte aufmerksam zuzuhören, nahm Anteil, wollte helfen und half auch wirklich. Allein konnte man diese Frau mit den unvergeßbaren Augen wirklich in Verbindung bringen mit dem »Aufstand der Fischer von St. Barbara«, mit dem »Siebten Kreuz« oder dem Figurengewimmel des Romans »Die Toten bleiben jung«? Man mußte es sich fragen. Die Dichterin, und das ist sie wohl gewesen, in einem hohen Sinne, entzog sich.

Ich habe im Lauf der Jahre zwischen 1947 und 1963 häufig mit ihr gesprochen, über Begebnisse, Sorgen, Menschen und Pläne. Wir sind miteinander – sprachlos, fast blicklos – im Herbst 1948 durch das Lager Auschwitz gegangen, standen vor der Mauer der Exekutionen, vor den angehäuften Resten eines menschlichen Glücks, die man den Opfern noch abgenommen hatte. Später war Anna Seghers unser Gast an der Universität Leipzig und las vor den Studenten im überfüllten Hörsaal.

Allein sonderbar genug: ich erinnere mich nicht, daß wir jemals über Literatur miteinander gesprochen hätten. Das war kein Zufall; auch anderen dürfte es so ergangen sein. Damit stimmt überein, daß Anna Seghers, die ein vielleicht schmales, doch bedeutendes Werk der Essayistik hinterlassen hat, sieht man ab von offiziellen Programmreden als Präsidentin des Schriftstellerverbandes der Deutschen Demokratischen Republik oder von programmatischen und vielleicht auch programmierten Reden auf irgendwelchen Konferenzen, kaum jemals über die eigene Arbeit schreiben mochte. Stets zog sie den ganz fremden und scheinbar fernliegenden Bereich vor. Als Erzählerin durch eine Hinwendung zur Geschichte und zur Welt der Karibik. Als

Essayistin in einem Buch von 1963 mit dem Titel: »Über Tolstoi – Über Dostojewski«.
Zu jeder These über Anna Seghers gehört sogleich auch eine mögliche Antithese. Diese Meisterin einer strengen Prosa stand gleichzeitig in den großen Überlieferungen der deutschen Literatur. Von Heinrich von Kleist kam sie niemals los. Ihn hat sie, in einem berühmten Briefwechsel mit dem Freund Georg Lukács, ausdrücklich verteidigt gegen den Vorwurf der Reaktion und der »Dekadenz«. Auch die Studien über Dostojewski und Tolstoi führen insgeheim wieder zurück nach Deutschland. Wie schon bei Thomas Mann gibt es auch bei Anna Seghers die geistige Bruderschaft zwischen Fjodor Michailowitsch Dostojewski und Friedrich Schiller. Anna Seghers vergleicht den Großinquisitor des »Don Carlos« mit der Gestalt des Großinquisitors in den »Brüdern Karamasow« und fragt sich: »Schiller hat freilich nicht ahnen können, wohin sie schließlich gegangen ist, eine von ihm gedichtete Gestalt. Hätte er ihren Weg verstanden? Hätte er zum Beispiel seinem Großinquisitor zu folgen vermocht in das kalte Fieber von Iwan Karamasow? – Vielleicht leichter, als wir es uns heute vorstellen können.«
Diese Verbindungslinie hat auch Thomas Mann für sich gezogen. Ihm war die Beziehung zwischen Schiller und Dostojewski, auch zwischen Tolstoi und Goethe, die bei Anna Seghers ausgespart wird, früh schon bewußt geworden durch den Umgang mit seinem Bewunderer Georg Lukács. Beide haben sie wohl, Thomas Mann wie Anna Seghers, jene »Theorie des Romans« aus dem Jahr 1920 in aller Sorgfalt gelesen, die ihr Verfasser Georg Lukács, nach seinem Übertritt zum Kommunismus, ausdrücklich und sehr freiwillig abzuleugnen liebte.
Allein der scheinbaren Nähe zu Thomas Mann, die sich auch darin äußern sollte, daß man bei der Begegnung mit Thomas Mann gleichfalls die Person des Autors mit dem von ihm Geschriebenen kaum in Verbindung zu bringen wußte, entsprach trotzdem in beiden Fällen ein grundverschiedenes Verhalten des Autors zu seinem Werk. Thomas Mann hat spöttisch und selbstironisch immer wieder vom eigenen »rastlosen Hang zum Autobiographischen« gesprochen. Seine Romane, Erzählungen, auch seine großen literarischen Porträts bedeuten stets Verwand-

lung des Autors in eine Kunstfigur. Das Werk der Anna Seghers ist, von einer bedeutenden Ausnahme abgesehen, entschieden frei von solcher Anverwandlung und Autobiographik. Es ist reich an Frauengestalten, die man nicht vergessen kann. In der Erzählung »Vierzig Jahre der Margarete Wolf« wird der Lebensweg einer Frau vom Rhein beschrieben mit den Worten: »Es stellte sich heraus, daß sie aus meiner Gegend stammte.« Die Geschichte der Margarete Wolf wird von ihr im Gespräch unter Frauen erzählt. Die Erzählerin ist hier aber, wie auch in anderen Texten, wo sie scheinbar der Ich-Form sich bedient, nur Botin, vertraute Freundin, Zuhörerin. Von sich selbst gibt sie nichts preis. Auch hier entzieht sie sich: sogar noch dem Leser ihrer Bücher.

Was wissen wir im Grunde von ihr? Die biographischen Tatsachen sind allgemein bekannt. Sie stammte aus Mainz: kam 1900 hier zur Welt. Unter dem heutigen Datum feierte sie ihren Geburtstag. Von früh auf kam sie durch den Vater mit bildender Kunst in Verbindung. Eine deutsche und jüdische Familie. Der Vater war Antiquitäten- und Kunsthändler. Er hatte Umgang mit dem kunstverständigen Großherzog Ernst Ludwig von Hessen und bei Rhein. Wenn man zu lesen versteht, wird man das liebevolle Gedenken an das Elternhaus immer wieder an verborgenen Stellen entdecken können. Fräulein Dr. Reiling, die in Heidelberg die Kunstgeschichte und die chinesische Sprache und Literatur studiert hatte. Netty Reiling wählt sich, als sie zu schreiben beginnt, das Pseudonym Seghers: nach einem der drei niederländischen Maler dieses Namens aus dem frühen 17. Jahrhundert, vermutlich meinte sie Herkules Seghers.

Die Verschlüsselung wird in den Anfängen sogar noch weiter fortgesetzt. Das berühmte Erstlingsbuch »Aufstand der Fischer von St. Barbara«, das 1928 bei Gustav Kiepenheuer in Potsdam erschien, trug den Verfassernamen »Seghers«: ohne Vornamen. Daß hier eine Frau schrieb, blieb freilich im Klatsch des Literaturbetriebs nicht lange verborgen. Die junge Studentin Netty Reiling war kaum zu übersehen, auch wenn sie alles tat, um von sich abzulenken. Sie hatte in Heidelberg bei Gundolf studiert und Karl Jaspers, auch bei dem ungarischen Wirtschaftswissenschaftler Emil Lederer, einem faszinierenden Mann und akade-

mischen Lehrer. Er war ein Freund von Georg Lukács, der gleichfalls, vor dem Ersten Weltkrieg, in Heidelberg auftauchte und viel bewundert worden war.
Die ungarischen Emigranten, die vor der nationalistischen Diktatur des Admirals Horthy das Heimatland verlassen hatten, zog es immer wieder nach Heidelberg. Hier wirkte Lederer, hier wirkte der Soziologe Karl Mannheim in den Zwanziger Jahren, hier lernte Netty Reiling den ungarischen Studenten Laszlo Radvanyi kennen, den sie heiratete. Sie haben das Leben miteinander geteilt, diese beiden Kommunisten: das Exil in Paris, dann in Mexiko, dann die Rückkehr nach Deutschland, nach Ostberlin. Sie hatten Kinder und Enkel. Ihren Mann hat sie überlebt, doch von alledem erfährt man im Grunde nichts beim Lesen ihrer Bücher. Das mochte ein Thema sein für Netty Radvanyi, nicht für Anna Seghers. Sie war oft gefährdet und bedroht. Immer wieder ging es um das Leben. Als die deutsche Wehrmacht in Paris einrückte, befand sich Anna Seghers noch in der okkupierten Stadt. Sie konnte schließlich entkommen. Nichts davon hat sie erzählt oder sonstwie preisgegeben.
Warum war sie im Jahre 1928 der Kommunistischen Partei Deutschlands beigetreten? Auch darüber gibt es keine programmatische Erklärung von ihrer Hand. Die Entscheidung selbst, von damals her betrachtet, war nicht ungewöhnlich. Im Zeichen einer deutlich erkennbaren Agonie des Weimarer Staates, im Klima eines zornigen Nationalismus, der niemals die Niederlage von 1918 verwunden oder auch bloß akzeptiert hatte, erschien der Kommunismus als mögliche Alternative. Stalin war noch ein Name der russischen Politik. Wessen er fähig sein würde, dieser Josef Wissarionowitsch Dschugaschwili, was man einstmals als Stalinismus mit Entsetzen würde mitansehen müssen, war nicht vorauszusehen. Viele gingen damals den Weg der Anna Seghers: der sächsische Adlige Vieth von Golßenau, der den Schriftstellernamen Ludwig Renn angenommen hatte; der Ungar Arthur Koestler und Manès Sperber aus Galizien, der Arzt Dr. Friedrich Wolf, Bürgersöhne wie Aragon oder André Gide in Frankreich. Sympathisanten der Kommunistischen Partei mit Namen Bertolt Brecht oder Ernst Bloch.
Von diesen Anfängen der Anna Seghers, der nicht zufälligen

Synchronisierung ihres Debüts als Kommunistin und als Schriftstellerin, muß genauer gesprochen werden. Auch hier gibt es zu jeder These sogleich die Antithese. Natürlich ist das Gesamtwerk der Erzählerin Anna Seghers undenkbar ohne die Lebensentscheidung für den Kommunismus, und zwar, um nichts zu beschönigen, nicht für einen konzeptionellen und heimatlosen Marxismus, wie man ihn bei Bloch oder Brecht im »Lichte unserer Erfahrung« entdecken kann, sondern für den offiziellen Marxismus-Leninismus der sowjetischen Doktrin und Observanz.

Was durchaus nicht heißen mag, daß Anna Seghers, entgegen westlichen Vorstellungen, die selten auf genaue Information gestützt sind, ein bequemes und folgsames Parteimitglied gewesen wäre. An Konflikten innerhalb des eigenen gewählten Lebensraums hat es nicht gefehlt. Eine Geschichte, die authentisch ist, machte mich nachdenklich, als ich sie erfuhr. Als Anna Seghers nach dem gescheiterten Aufstand der österreichischen Sozialisten gegen die katholisch-konservative Regierung Dollfuß in Wien im Februar 1934 einen Roman schrieb, der dieses Thema behandeln sollte unter dem Titel »Der Weg durch den Februar« (1935), gab es sogleich im Kreise der exilierten Kommunisten in Paris die üblichen ideologischen Debatten. Anna Seghers habe die österreichische Sozialdemokratie »zu positiv« geschildert, und dergleichen mehr. Der offizielle Besserwisser von Amtswegen hat es mir später selbst erzählt. Er griff Anna Seghers in der Parteizelle der kommunistischen Schriftsteller an und verlangte Rechenschaft oder gar Selbstkritik. Anna Seghers antwortete, statt aller Gegenrede, mit einem wohlbekannten Zitat aus dem »Götz von Berlichingen«. Gesprochen im breiten rheinhessischen Tonfall.

Das ist mehr als eine Anekdote. Der Ankläger hat diese Haltung bewundert, wie er viel später gestand. Sie meinte eine Grenzziehung von äußerster Strenge. Das Parteimitglied Anna Seghers etablierte sich ausdrücklich als selbständige Macht. Es stimmt auch keineswegs, daß sie in späteren Jahren in Ostberlin zur Ja-Sagerin geworden wäre. Freilich trennte sie auch dort jedesmal, was man zur Kenntnis zu nehmen hatte, die politische von der literarischen Sphäre. Sie blieb auf der Parteilinie beim ungarischen Aufstand von 1956, obwohl ihrem Freund Georg Lukács damals der Galgen drohte, dem er entkam: man ließ es bei der Deportation nach Rumänien bewenden. Sie nahm auch nicht die Partei der Leute vom Prager Frühling im Jahre 1968. Doch wo sie Unrecht sah im eigenen Bereich der Schriftsteller und der Literatur, hat sie nicht geschwiegen, sondern vielen geholfen. Als Walter Ulbricht den Schriftsteller Peter Hacks öffentlich angriff und sein Stück »Die Sorgen und die Macht« verdammte, schrieb Anna Seghers im »Neuen Deutschland«, das ihren Beitrag nicht ablehnen konnte: sie habe das Stück von Peter Hacks gesehen und halte es für gut und nützlich.

Wie sind diese scheinbaren oder realen Widersprüche zwischen Leben und Werk, genauer: zwischen Lebensentscheidung und Aussage des epischen Werkes zu deuten? Wer da, wie es oft von außen her geschehen ist, von Opportunismus zu sprechen wagt, oder gar vom blinden Gehorsam, hat den Menschen Anna Seghers nicht gekannt und sein Werk im Grunde mißverstanden. Es gibt nämlich einen tiefen Dualismus im Werk, seit den Anfängen, und weit noch hineinreichend in die späten Lebensjahre: gipfelnd, im späten Werk von Anna Seghers, in der Erzählung vom »Argonautenschiff« von 1948 und der historisch-karibischen Erzählung »Das Licht auf dem Galgen« vom Jahre 1961.

Dieser *tiefe Dualismus* durchzieht allenthalben das Schaffen von Anna Seghers. Wie jede These bei ihr zugleich den Gegenbegriff hervorbringt, so enthält, umgekehrt, auch jede negative Akzentuierung gleichzeitig ein Element des Positiven. In einem Titel wie »Die Kraft der Schwachen« hat es Anna Seghers besonders klar erkennen machen. Darum sind alle so genau beobachtenden und in sorgfältiger Aufspürung der Tatsachen komponierten Erzählwerke niemals bloß »realistisch« in einem herkömmlichen Sinne. Zu schweigen von der sonderbaren Ästhetik eines Sozialistischen Realismus.

Alle Welt bei Anna Seghers ist gleichzeitig auch *mythische Welt*. Das hat als erster, gleich zu Beginn ihrer schriftstellerischen Laufbahn, der Hamburger *Hans Henny Jahnn* gespürt und auch ausgesprochen, als er im Jahre 1928 dem jungen Autor »Seghers« als alleiniger Preisrichter die damals wichtigste literarische Auszeichnung für einen jungen Schriftsteller verlieh: den Kleist-Preis. Zur Begründung seiner Entscheidung stellte er fest: »Ich habe den Preis der jetzt achtundzwanzigjährigen Anna Seghers zuerkannt, weil ich eine starke Begabung im Formalen gespürt habe. Bei großer Klarheit und Einfachheit der Satz- und Wortprägung findet sich in den beiden Novellen ein mitschwingender Unterton sinnlicher Vieldeutigkeit, der den Ablauf des Geschehens zu einer spannenden Handlung macht. Die Funktionen des Lebens erscheinen weniger wichtig als die Tatsache seiner Existenz. Die Gestalten sind nicht so sehr Träger einer Handlung, als Äußerung in ihnen wirksamer Kräfte. Darum verbrennt alles, was als Tendenz erscheinen könnte, in einer leuchtenden Flamme der Menschlichkeit.« Diese Analyse ist bis heute gültig geblieben.

Schon damals meldeten sich Gegner und Gegenspieler. Einer hieß Arno Schirokauer. Er verdammte von Grund auf, nämlich so: »Das Herz schlägt für die Armen, wodurch aber die Grammatik noch nicht besser wird. Die Prosa ist unbrauchbar. Die Sprache zeichnet nicht, bezeichnet nicht. Es kommt ihr nicht auf Genauigkeit und Prägnanz an; sie setzt Tupfen; sie entlädt sich stoßweise.« Man kann es nicht falscher sagen.

Hans Henny Jahnn nahm darauf noch einmal das Wort: zur Begründung der Preisverleihung, und als grausame Antwort an Herrn Schirokauer: »Auch die preisgekrönten Werke, ›Aufstand der Fischer von St. Barbara‹ und ›Grubetsch‹ von Anna Seghers, machen aus ihrer Tendenz kein Hehl. Die Arbeitgeberzeitungen haben durch ihre Rezensenten deshalb die Preisverteilung als einen Mißgriff bezeichnen lassen. Auch geschmacklose Angriffe sind aufgetaucht. So hat Herr Schirokauer sich das Verdienst erworben, nicht die Arbeiten bemängelt, sondern ein Zeitungsgefecht eingeleitet zu haben. Er spielte mit ein paar Bällen, die in Wahrheit weiche Pflaumen waren. Und sagte, fragte, ob man ein Werk deshalb krönen könne, weil es als Voraussetzung habe, daß es soundso viele Ruhrgebiete in der Welt gäbe und gewisse Leute versuchten, mit blauen Bohnen den Hunger der Hungernden zu stillen (was ihnen, objektiv betrachtet, mit ein wenig Blutverschütten gelänge). Mir scheint, daß, wenn Herr Schirokauer sich an die Unabwendlichkeit dieser Zustände gewöhnt hat, das ja

nicht auszuschließen braucht, daß andere sich für ihre Problematik immer noch interessieren.«
Ich habe später mit Hans Henny Jahnn über die damalige literarische Konstellation gesprochen. Er gestand mir dabei, daß er im Grunde nicht, wie bekannt, den Preis für die *beiden* Erstlingswerke von Anna Seghers verlieh, nämlich die Erzählungen »Grubetsch« und »Aufstand der Fischer von St. Barbara«, sondern daß er vor allem den »Grubetsch« für die bei weitem bedeutendere Erzählung gehalten habe.
Nun unterscheidet sich auch hier wieder das Urteil des Preisrichters von damals dadurch vom eigenen Urteil der Erzählerin, daß Anna Seghers die Erzählung »Grubetsch« immer wieder nicht gerade abzuleugnen, doch beiseite zu schieben suchte. Sie findet sich nicht einmal in der Sammlung ihrer »Ausgewählten Erzählungen«. Erst in der Gesamtausgabe kann man sie wieder nachlesen.
Hans Henny Jahnn hat aber in seinem Urteil rechtgehabt: wie immer die Verfasserin selbst es sehen mochte. Der »Aufstand der Fischer von St. Barbara« ist ein Meisterwerk der deutschen Novellistik geblieben, allein auch der »Grubetsch« ist ein Meisterwerk. Ich habe einmal mit Anna Seghers darüber sprechen wollen. Sie lächelte, wie zu erwarten war, wich aus, sprach von etwas anderem.
Der »Grubetsch« ist eine wüste Geschichte. Das mythische Element tritt ungemein stark hervor. Wer ist dieser Grubetsch, den alle lieben und, weil er sie nimmt und wegwirft, anzieht und preisgibt, auf leidvolle Art zu hassen lernen, so daß er schließlich umgebracht wird, abgestochen, mitten in einer Gemeinschaft der Verworfenen? »Die anderen bückten sich über den Tisch, schleiften Grubetsch darüber und stopften ihn schnell weg, irgendwohin.« So wird auf der letzten Seite der Erzählung berichtet. Auf der ersten sagt eine Frau »Der Grubetsch ist wieder da... jetzt wird es wieder ein Unglück geben.« Das Glück aber und auch Unglück, das sich mit dem Namen des Mannes Grubetsch verbindet, wird nicht erklärt, bleibt unerklärbar. Grubetsch ist eine mythische Gestalt. Liest man die Geschichte von neuem, so überrascht die Ähnlichkeit dieser Erzählung, des epischen Erstlings von Anna Seghers, mit dem

dramatischen Erstling von Bertolt Brecht. Der Mann Baal bei Brecht ist ein sonderbarer Verwandter und Gegenspieler des Mannes Grubetsch. Beide leben in einer Welt der süßen Anarchie; beide genießen das Glück wie auch den Untergang, der ähnlich abläuft in beiden Fällen. Nur: Bertolt Brecht hing stets mit zärtlicher Liebe an seinem Baal. Anna Seghers hätte den Grubetsch, den sie auch in sich trug, recht gern verleugnet.

Das konnte nicht gelingen. Sie hat trotzdem immer wieder Erzählungen geschrieben, die der Geschichte vom Manne Grubetsch ähnlich wurden. Vor allem als sie den Mut faßte, im Jahre 1937, einen weiblichen Mythos, diesmal befreit von aller städtisch-plebejischen Anarchie, neu zu finden oder wohl auch: wiederzufinden. Die *»Sagen von Artemis«* sind gleichfalls mythische Welt: diesmal jedoch durch die Autorin zweifach legitimiert: weil eine Sage erzählt wird, und weil es um die Göttin Diana geht, die Göttin der Jagd und der Jäger, auch die tötende Göttin, die Schwester des fernhin treffenden Bogenschützen Apollon.

Erzählt wird, in einer großartigen Prosa, vom ständigen Dasein der Göttin: scheinbar bloß in der Welt der Bauern, Hirten und Jäger. Einer der Erzählenden, dem Artemis begegnet war, faßte den Mut, ihr sein Leid zu bekennen: »Ihr Bruder war ein mächtiger Gott, vielleicht sogar der mächtigste ... Ich erzählte ihr, wie mich das Heimweh überfiel, zuerst hie und da bei irgendeiner Gelegenheit und dann immer häufiger, bis ich kaum mehr etwas roch oder anfaßte, was mich auf Umwegen an die Heimat erinnerte ... Wie schließlich das Heimweh Tag und Nacht da war, weil es zuletzt überhaupt nichts mehr gab, was mich nicht an die Heimat erinnern konnte.«

Die »Sagen von Artemis« sind ein Werk des Exils: wohl noch in Paris entstanden. Ein Werk des Heimwehs nach einer verlorenen und unerreichbaren Heimat.

Auch die Erzählung *»Das Argonautenschiff«* von 1948, geschrieben noch im Exil in Mexiko, handelt von einem wohlbekannten Mythos, von den Argonauten, dem Jason, der Medusa und der Medea. Sie handelt auch vom Mythos der gescheiterten Hoffnung. Der gealterte Jason erzählt von der Argo: »Ihr Holz ist mit der Zeit morsch geworden. Das allerberühmteste Schiff ist noch recht gut erhalten. Du hast vielleicht schon von ihm gehört. Es heißt Argo. Es ist nur ein Wrack. Du kannst aber nicht davorstehen, ohne daß du vor Ehrfurcht zitterst.«

Im Werk der Anna Seghers führt ein gerader Weg von der süßen Anarchie des Grubetsch zur Trauer um das gescheiterte Schiff, das Argo heißen mag oder auch, auf dem berühmten Bild von Caspar David Friedrich, den Namen »Hoffnung« tragen könnte. Eine gescheiterte Hoffnung oder auch eine gealterte Hoffnung. Man muß sich ganz einlassen auf das Werk von Anna Seghers, auf seine Thesen wie Antithesen. Sinndeutung und Deutungshilfe wird nicht gewährt. Vielleicht nicht bloß, weil Anna Seghers dem Literaturgespräch abhold war, sondern wohl auch, weil die Kräfte und Mächte, die von ihr gestaltet wurden, nur auf solche Art benannt werden konnten.

Einmal hat sie es trotzdem versucht: von sich selbst zu sprechen und von ihren realen Begebenheiten in der fernen westlichen Welt, unter armen Leuten, die ein plebejisches Spanisch sprechen. Die Erzählung vom *»Ausflug der toten Mädchen«* kennt ein Ich, das erzählt, allein es nimmt diesmal nicht nur Berichte von anderen entgegen, sondern berichtet selbst. Es spricht von der Emigrantin Anna Seghers in Mexiko, und von der Heimat, von Mainz und vom Rhein. Sie erzählt, gleichsam einer zuhörenden Artemis, vom Heimweh.

Eine Erinnerungsgeschichte. Erinnerung an die Rheinfahrt von einst mit den Mainzer Mitschülerinnen, die alle tot sind und die alle zerstört wurden in jener Welt, der das Mädchen Anna Seghers bis nach Mexiko entfliehen mußte. All diese jungen Mädchen starben im Grunde am Dritten Reich. Ihr Geschick wurde dadurch bestimmt. Von ihnen selbst hing es ab, darüber zu entscheiden, auf welcher Seite sie stehen wollten: ob sie also mitschuldig wurden an dem, was schließlich ihr Leben beenden sollte. Der Schluß der Erzählung ist eine Apotheose des Heimwehs, nämlich des Schulwegs von einst: »Unter den beiden großen Eschen, die sich von der rechten und linken Seite der Straße wie ein Triumphbogen spannten, sich gegenseitig berührend, unzerstört, unzerstörbar.« In dem Roman »Transit« von Anna Seghers, vielleicht ihrem bedeutendsten, steht der Satz: »Denn abgeschlossen ist, was erzählt wird.« Wenn es aber

erzählt wurde, hat es neue Dauer erhalten, indem es in der Erzählung weiterlebt: unzerstört, unzerstörbar.
Auch Anna Seghers war, wie alle großen Erzähler, auf der Suche nach einer Verlorenen Zeit. Der »Ausflug der toten Mädchen« endet gleichsam wie bei Marcel Proust, der nach Hause geht am Ende des Riesenromans, um alle Verlorene Zeit wiederzufinden beim Aufschreiben. Bei Anna Seghers heißt es so: »Man hat uns nun einmal von klein auf angewöhnt, statt uns der Zeit demütig zu ergeben, sie auf irgendeine Weise zu bewältigen. Plötzlich fiel mir der Auftrag meiner Lehrerin wieder ein, den Schulausflug sorgfältig zu beschreiben. Ich wollte gleich morgen oder noch heute abend, wenn meine Müdigkeit vergangen war, die befohlene Aufgabe machen.«
Die Welt der Erzählerin Anna Seghers ist stets auch eine *tragische* Welt. Sie kennt sowohl die noch unerfüllte wie auch die gescheiterte Hoffnung. Fast immer geht es um Tod und Leben. Schon in den Titeln drängt sich der Tod hervor. Die Toten bleiben jung. Der Ausflug der toten Mädchen. Der Roman »Transit« endet mit dem Satz: »Ich werde eher des Wartens müde als sie des Suchens nach dem unauffindbaren Toten.«
Vielleicht ist Anna Seghers in unserer Zeit noch einmal eine Tragikerin gewesen, die begriffen hatte, daß man keine Tragödien mehr auf die Schaubühne bringen darf. »Uns kommt nur noch die Komödie bei«, behauptete Friedrich Dürrenmatt. Deshalb seien Tragödien heute nicht mehr denkbar. Anna Seghers hat immer wieder das Tragische erzählen wollen: die menschliche Existenz zwischen der Wärme und der Kälte. Die Kraft der Schwachen. Das Eingedenken der Toten. Wo sie sich literarisch und auf Anregung ihres Freundes Georg Lukács mit der großen epischen Totalität, dem breiten Gesellschaftsroman, einließ, wurden nicht allein Grenzen der Gestaltung sichtbar, sondern manchmal zugleich damit auch die Grenzen des realistischen Romans, wie ihn Lukács verehrt und gepriesen hatte. Das »Siebte Kreuz« ist ebenso wie »Transit« eher Erzählung als Roman. Erzählung immer wieder in der Nachfolge des Heinrich von Kleist. Annähernd glückte die Zusammenführung der Zeit- und Erzählebenen in dem Roman »Die Toten bleiben jung«, der noch entdeckt werden muß.

Wie soll man es deuten, daß das Werk der Anna Seghers, das weltberühmt ist, weil unzählige Menschen es in allen Sprachen der Welt gelesen und geliebt haben, das Werk einer der großen Schriftstellerinnen unseres Jahrhunderts, in ihrer eigenen Heimat so unbekannt blieb: wenig gelesen, von Tagesschreibern mit ein paar Floskeln abgetan? Die Parteipolitik reicht als Erklärung nicht aus. Eher muß daran gedacht werden, daß eine Wegwerfgesellschaft, die keine Herkunft mehr kennen will und an keine Zukunft zu glauben vermag, die tragische Wirklichkeit in den Werken von Anna Seghers kaum mehr ertragen kann. Anna Seghers hat immer gefragt, mit dem Titel ihres Essays über Dostojewski und Friedrich Schiller: »Woher sie kommen, wohin sie gehen.« Den Ursprüngen bei all ihren Gestalten geht sie nach, doch möchte sie auch wissen, welche Möglichkeiten sich finden für ein besseres Leben. In ihrer mythisch-tragischen Welt gibt es, wie in ihrer karibischen Geschichte, das »Licht« sogar noch auf dem Galgen.

Wer sich auf Anna Seghers einläßt und sie nach ihrem Tode ehrt, fragt gleich ihr nach den Ursprüngen und Aussichten der Menschen in aller Welt. Der meint es ernst mit der Geschichte und mit unserer Zukunft. Er fragt mit Anna Seghers in jedem Augenblick: woher sie kommen und wohin sie gehen. Der hat sie verstanden, die Schriftstellerin Anna Seghers aus Mainz. Dem entzieht sie sich nicht. Ehre ihrem Andenken.

XVII. ERINNERUNG AN PETER HUCHEL

(Staufen im Breisgau, 1984)

Wie soll man von ihm sprechen? Alles ist viel zu nah. Wir sind in Staufen: hier wollte er zuletzt leben, selbst noch, als ihm der Nachbar und Freund Erhart Kästner weggestorben war. Hier ging das Leben langsam, schrecklich langsam zu Ende. Er wurde in die Erde eines Grenzlandes gelegt: leise und ohne Gepränge, so wie er es angeordnet hatte. Er wußte, weshalb.

Der 3. April war sein Geburtstag. Heute wäre er einundachtzig. Das ist ein durchaus mögliches Alter, nichts Besonderes. Allein er ist uns seltsam fern. Ein großer und verehrter Dichter; gleichsam ein »Klassiker des 20. Jahrhunderts«, wie man zu sagen pflegt: als seien das nicht schreckliche Antinomien: Klassik und Zwanzigstes Jahrhundert.

Allein der wirkliche Peter Huchel, so schien es mir letztes Jahr am 3. April, am 80. Geburtstag, trat längst zurück hinter dem abfragbaren Wissen von ihm und seiner Leistung. Kaum einer, wenn ich es richtig sehe, machte sich im Jahre 1983 die Mühe, nachdenklich zu fragen, *welche* Bilder vom Zwanzigsten Jahrhundert er hinterließ in seiner Dichtung: von dem Band »Die Sternenreuse«, der Gedichte von 1925 bis 1947 umfaßte, bis zu den Texten des Gedichtbandes »Die neunte Stunde« von 1979.

Bertolt Brecht, mit dem Huchel eng verbunden blieb, hatte in seiner Jugend über das »schlechte Gedächtnis des Himmels« in einem Gedicht aus der »Hauspostille« gespottet. Huchel war sich dessen nicht so sicher. In dem Gedicht »Bericht des Pfarrers vom Untergang seiner Gemeinde«, im Bombenkrieg nämlich, stehen die Zeilen:

> Hier war kein Gesetz! Mein Tag war zu kurz,
> Um Gott zu erkennen.

Dem Gedichtband, worin dieser Bericht des Pfarrers zu lesen ist, stellte Huchel das Fragment eines Gedankens von Augustinus als

Motto voran: »...im großen Hof meines Gedächtnisses. Daselbst sind mir Himmel, Erde und Meer gegenwärtig...«.
...im großen Hof meines Gedächtnisses. Ich bin sicher, daß der Abkömmling märkischer Bauern die Formel vom »Hof« des Gedächtnisses durchaus wörtlich verstand. Der Lyriker, und auch der Chefredakteur Peter Huchel haßte Metaphern. In dem Gedicht »Die Begrüßung« aus dem Band »Gezählte Tage« geht es zwei Strophen lang um Gartenarbeit: das Tulpenbeet und den Wegerich, der es sich gefallenlassen muß, »als Widerpart geharkter Ordnung« apostrophiert zu werden. Dann beginnt die Arbeit:

... Der Grubber liegt am Weg;
mit Eisenzähnen auszureißen
die Wurzeln erdiger Metaphern.

Es sollte genau und fleißig zugehen auf diesem Hof seines Gedächtnisses: dort also, wo die Verse entstehen. Kein Irgendwie und kein Wie, sondern die Sache selbst, und zwar sub specie aeternitatis, wie Spinoza formulierte, was sich der Lyriker Peter Huchel stets gesagt sein ließ. Auch wenn er sich schwertat mit dem Gedanken an irgendeine Ewigkeit.
Als der Herausgeber von »Sinn und Form« zu Beginn der Sechziger Jahre vorgeladen wurde vom mächtigen Professor Kurt Hager, Mitglied des Politbüros, um freundschaftlich ermahnt zu werden ob seiner Redaktionsführung, scherzte der Mächtige: die Zeitschrift gemahne ihn »an einen englischen Lord«. Huchel antwortete, er hat es mir selbst erzählt, und stolz: »Das Wort englisch zum Lord hätte ich Ihnen sofort gestrichen, Herr Hager. Damit Sie wissen, wie ich redigiere!«
Das wurde nicht vergessen. Nun war es aus mit der Kameradschaft. Zum Jahresende 1962 wurde Huchel abgesetzt. Damit war etwas zu Ende. Die wichtigste Literaturzeitschrift in deutscher Sprache wurde der Substanz wie der Funktion beraubt, denn beides verdankte sie ihrem Leiter. Die Revue erscheint nach wie vor. Freilich hatten die politischen Auguren mitteilen lassen: »Was sich allerdings verändern wird, ist die Konzeption der Zeitschrift, wie das Plenum der Akademie der Künste am 30. Mai 1962 einstimmig beschlossen hat.« Einstimmig? Auch

Huchel war Mitglied der Akademie. Er wird nicht hingegangen sein.
Von nun an war Huchel in seiner märkischen Heimat ein Fall der politischen Kriminalität. Und des offiziellen Spottes. In seinem Referat auf dem VI. Parteitag der SED konstatiert Kurt Hager: »Aber bisher ging es in der Akademie der Künste ... offenbar zu wie im englischen Oberhaus, wo ein Lord dem anderen nicht weh tut...« Das »Neue Deutschland« vom 19. Januar 1963 verzeichnet an dieser Stelle: »Heiterkeit und Beifall«. Dann werden dem Delinquenten die Instrumente gezeigt: »Die erhabene, geradezu majestätische Isoliertheit im Elfenbeinturm hinderten aber weder Peter Huchel noch andere Mitglieder der Akademie, den Angriff gegen die Partei und gegen den sozialistischen Realismus zu führen.« Das war 17 Monate nach Errichtung einer Mauer. Nun konnten die Rechnungen beglichen werden.
Am 3. April 1963, zehn Wochen also nach der Replik auf den englischen Lord, feierten wir am Hubertusweg in Wilhelmshorst bei Potsdam den sechzigsten Geburtstag des Freundes. Ein kleiner Kreis, das muß man sagen: die Familie, Erich Arendt, Stephan Hermlin und ich. Irgendeine Berliner Instanz hatte ein Blumentöpfchen geschickt. Auch Hermlin war in jener Rede auf dem Parteitag gebeutelt worden.
Fast ein Jahrzehnt hat er so leben müssen. Im großen Hof des poetischen Gedächtnisses entstand das Gedicht »Hubertusweg«. Keine Metaphern. Überaus präzise, wie jeder weiß, der damals zu Besuch gewesen war am Hubertusweg:

> Dort unten steht,
> armselig wie abgestandener Tabakrauch,
> mein Nachbar, mein Schatten
> auf der Spur meiner Füße, verlaß ich das Haus.
> Mißmutig gähnend
> im stäubenden Regen der kahlen Bäume
> bastelt er heute am rostigen Maschendraht.
> Was fällt für ihn ab, schreibt er die Fahndung
> ins blaue Oktavheft, die Autonummern meiner Freunde,
> die leicht verwundbare Straße belauernd,

die Konterbande,
verbotene Bücher,
Brosamen für die Eingeweide,
versteckt im Mantelfutter.
Ein schwaches Feuer nähre mit einem Ast.

Allein das Gedicht »Hubertusweg« geht dennoch nicht auf oder unter in der deutschen Misere. Im großen Hof des Gedächtnisses, so Augustinus, »sind mir Himmel, Erde und Meer gegenwärtig«. Alle Räume, und auch alle Zeiten. Das scheinbar Private eines Geschehens am Hubertusweg ist weit mehr als eben dies. Der Vater steigt, im Gedicht, »die altersschwache Treppe hinunter«. Unten arbeitet Stefan Huchel, der Sohn und junge Orientalist:

Vor der Keilschrift von Ras Schamra
seh ich im Zimmer meinen Sohn
den ugaritischen Text entziffern.

Der berichtet vom »friedlichen Feldzug des Königs Keret«. Die Brunnen versiegten. Hunger und Durst aller Kreatur. »Und ohne Sturmbock ergab sich eine Stadt.« Ein friedlicher Feldzug. So endet das Gedicht »Hubertusweg«.
In seiner Zeitschrift hatte Huchel einen Essay »Die Gelegenheitsdichtung« von Paul Eluard abgedruckt. Dort hieß es: alle Dichtung sei dem Augenblick verhaftet, spreche von der fruchtbar werdenden Gelegenheit. In diesem Sinne ist alle Dichtung Peter Huchels ein Dingfestmachen des fruchtbaren Augenblicks. Ein anderer Lyriker und Zeitgenosse hat es nicht anders gesehen: Paul Celan. Ich nenne mit Freude auch diesen Namen in diesem Augenblick. Auch Celan war gern hier, in diesem Land der Synthesen. Auch im Lande Johann Peter Hebels. Überschriften wie »Tübingen, Jänner« oder »Köln, Am Hof« bei Celan finden ihre Replik bei Huchel als »Haus bei Olmitello« oder »Schlucht bei Baltschik«. Zuletzt noch, in einem späten Gedicht, unter der Überschrift »Todtmoos«:

In Todtmoos
sah ich in weißer leuchtender Schneeluft
schneepflückende Wesen fliegen.
Ich griff in den Flockenfall
und fing nur Kälte.
Schneenarben an den Felsen,
Wegzeichen wohin? Schriftzeichen,
nicht zu entziffern.

Das Wort entziffern kehrt wieder: wie bei Stefans Inschrift von Ras Schamra. Hier soll deshalb von dem Textforscher und Geschichtsdenker Peter Huchel gesprochen werden. Die wissenschaftliche und literarische Bildung dieses Mannes war außerordentlich. Die Chinesen und die Babylonier; Polybios und Theophrast; deutsche Romantik und französische Surrealisten; immer wieder Shakespeare. Er hat Walter Benjamin gekannt und Paul Eluard, Georg Lukács und Werner Krauss und Ernst Fischer. Zwei Hamburger standen ihm nahe: Hans Erich Nossack und Hans Henny Jahnn. Bei der Trauerfeier für Ernst Bloch in Tübingen las er das Widmungsgedicht auf den Toten, das damals noch schließen durfte mit einer Anrufung des Prinzips Hoffnung:

Er ahnt, was noch die Nacht verschweigt,
Wenn in der großen Drift des Alls
Des Winters Sternbild langsam steigt.

Das wurde in der DDR noch während des Tauwetters geschrieben. Huchel gewährte sich in diesen Versen sogar noch einmal die Harmonie des Reimes.

Als man ihn schließlich ziehen ließ, mit der Familie und der Habe, durfte er sich noch ersehnte Reisen gönnen: England und Schottland und Skandinavien. Immer wieder der Süden. Stipendiat der Villa Massimo. Er liebte den Süden, wurde zornig, wenn man ihn für einen Regionalisten der Mark Brandenburg nahm und für einen »Naturlyriker«, als könnte es eine Natur ohne Menschen geben: für uns. In einem kurzen Text zu schönen Photographien von Stefan Moses, die hier in Staufen die Familie

und den Garten festhielten, abermals als wiedergefundene Zeit, klingt es wie Murren, wenn er von gelegentlicher Sehnsucht nach den märkischen Kiefern spricht. »Aber ich war auch genauso zu Hause jahrelang in Frankreich, ich war auch genauso zu Hause in Italien – und ich weiß nicht, ob der Begriff Heimatdichter oder der Begriff Naturlyriker nicht zu eng gefaßt ist. Die Natur bleibt geheimnisvoll. Wir können durch sie in die Transzendenz, in jede visionäre Landschaft vorstoßen.«
Wieder der große Hof des Gedächtnisses mit Himmel und Erde und Meer, mit den Orten und den Zeiten, der Ubiquität von menschlichem Leid und Schöpfertum. Mit Ophelia und König Lear. Mit den Greueln der Zerstörung Karthagos und des Warschauer Gettos. Ein Gedicht über Verona endet mit den Zeilen.

Und in der Mitte der Dinge
Die Trauer.

Man hat einen Preis für Lyrik gestiftet, der seinen Namen trägt. Das ist gut so: kein Literaturpreis im Sinne unseres heutigen Verstehens von »Literatur«, das den Bereich der einstmals sieben freien Künste bis ins Unscharfe erweiterte. Die artes liberales vereinigten noch die Mathematik mit der Musik, die Dialektik mit der Lyrik. Wir sprechen von den Zwei Kulturen, die einander befehden. Da tut es wohl, wenn ein Preis ausgesetzt wird allein für die Schreiber von Gedichten. Schöner Gedichte? Was ist ein schönes Gedicht? Einer, der Lyriker war, und bloß dies, schrieb:

Denn das Schöne ist nichts
als des Schrecklichen Anfang, den wir noch grade
ertragen,
und wir bewundern es so, weil es gelassen verschmäht,
uns zu zerstören.

So heißt es gleich am Anfang der Ersten Duineser Elegie. Mir scheint es sinnvoll zu sein, gerade auch im Hinblick auf Huchel, der kein Rilkeaner gewesen ist, über das Phänomen Rilke und

über seine Lebensform nachzudenken, wenn vom Lyriker gesprochen wird, heute und unter uns: vom »Phänotyp« des Lyrikers also, wie Gottfried Benn formuliert hätte.
Rainer Maria Rilke und Gottfried Benn. Sie bedeuten die Alternative, auch heute noch, für einen jeden, der gezeichnet wurde durch den Ausdruckszwang des Lyrikers, und allein des Lyrikers. Die Alternative meint aber, daß so einer sich entscheiden muß, ob er das Leben eines Parasiten führen will oder ein Doppelleben. Da ist das schreckliche und berauschende Warten auf das Gedicht. Manchmal hat man Fetzen in der Hand, wo aber beginnt der Text, wie geht's weiter? Man betrachte die Handschriften Friedrich Hölderlins. Rilke wußte jahrelang nicht weiter, als der erste Strom der Elegien versiegte. Gottfried Benn hat solches Warten genau beschrieben.
Wie aber lebt man in der Zwischenzeit? Amtsrichter Storm und Pfarrer Mörike und Stadtschreiber Gottfried Keller, Conrad Ferdinand Meyer hat Geld und kann warten, auch Stefan George, Hofmannsthal entsagt dem Gedicht, schon in frühen Jahren. Dermatologische Praxis bei Gottfried Benn. Rilke war biegsam und ein bißchen verlogen, wenn er mit den Gönnerinnen und Gönnern zu tun hatte, die ihn nach Duino holten und nach Soglio und nach Muzot. Unerbittlich war er, wenn es um die Verse ging.
Ich bin einigen von ihnen begegnet in meiner Lebenszeit: genuinen Meistern deutscher Lyrik. Bisweilen gab es die große Doppelbegabung, wie bei Brecht: so daß man das Leben eines Schriftstellers führen konnte ohne eigentliches Doppelleben. Ingeborg Bachmann entsagte der Lyrik, schrieb Prosa, Hörspiele, Libretti. Auch das kurze Leben von Nicolas Born ließ diese Richtung erkennen. Ein Gedichtband Borns trug den Titel »Marktlage«.
Peter Huchel? Ich meine, daß er als Lyriker, durchaus nicht in seiner Lyrik!, dem Phänotyp Rilke näher stand als dem Typ Gottfried Benn. Nicht daß es an Versuchen zum Doppelleben gefehlt hätte. Huchel arbeitete für den Rundfunk, er wollte sich ungern daran erinnern. Glücklich war er in den vierzehn Jahren, da er die Zeitschrift redigieren, besser: komponieren durfte. Das war ihm so wichtig, daß er jahrelang bewußt darauf verzichtete,

in der Revue »Sinn und Form« auch Texte von Peter Huchel abzudrucken. Zudem gab ihm eine solche Askese das Argument, auch andere Lyriker abzuwimmeln, die politisch von Bedeutung waren, die er jedoch nicht zu drucken gedachte.
Als man ihn entließ und ihm die Zeitschrift wegnahm, war er bitterarm. Eine kleine Rente und ein bißchen Geld von der Akademie. Nun aber strömte sie heran: die dunkle Flut der Verse. Was ist ein schönes Gedicht?
Als er von neuem seßhaft werden konnte, nach dem römischen Intermezzo, hier in Staufen, hat man ihn ausgiebig geehrt: der österreichische Staatspreis, die Akademien, der Orden Pour le mérite, im Feuilleton wurde bisweilen darüber gespottet: bei allem Respekt. Sonderbar jedoch: den eigentlichen Literaturpreis der Bundesrepublik Deutschland für ein dichterisches Lebenswerk, den Georg-Büchner-Preis, hat er nicht erhalten. Die Darmstädter Akademie speiste Huchel, den Nichtkritiker, ab mit ihrem Preis für Literaturkritik. Als Herausgeber von »Sinn und Form«.

Am Schluß war Peter wieder ein alter Bauer geworden, mit zahllosen Falten und Fältchen beim Lachen. Immer noch stattlich. Am Hubertusweg packte er einen Besucher, der Selbstkritik anmahnte, am Kragen und warf ihn hinaus. Ein alter Bauer hat immer und über alles zu klagen. Unerbittlich aber, wenn es die Verse betraf. Dann ging es zu wie bei Rilke.
Monica hat aus der letzten Lebenszeit berichtet. Er verdämmerte bereits, war ganz fern. Sie wollte ihn zurückholen, eine Sendung des Südwestfunks war angekündigt: Dichter und Gedichte aus dieser Gegend hier. Also auch Gedichte von Peter Huchel. Man stellte den Apparat neben sein Bett. Er hörte wohl nicht zu. Dann sprach man seine Texte. Er war dabei, das sah man. Nun kam etwas anderes. Er ging wieder davon, murmelte etwas. Monica lauschte. Er sagte: »Schlecht gelesen!«
Ein Hamlet-Gedicht gehört zu seinen letzten Texten. Es hat keine besondere Überschrift und umspielt Hamlets Satz: »Der Rest ist Schweigen«.

Im Kalmusgeruch dänischer Wiesen
liegt immer noch Hamlet
und starrt in sein weißes Gesicht,
das im Wassergraben leuchtet.
Das letzte Wort
blieb ungesagt,
es schwamm auf dem Rücken der Biber fort.
Keiner weiß das Geheimnis.

XVIII. AUFTRITT OSKAR MATZERATH
DIE »BLECHTROMMEL« NACH FÜNFUNDZWANZIG JAHREN

(Darmstadt, 1984)

Damit hatte niemand gerechnet. Ein Zwerg, der eigentlich keiner ist, sondern winzig blieb, weil ein listiges Kind einfach beschloß, das eigene Wachstum zu verhindern. Der Insasse einer Irrenanstalt, Verzeihung: einer Heil- und Pflegeanstalt, der nicht irre ist, und ganz bestimmt kein Fall für die Heilung und die Pflege. Die Trommel statt der Sprache als Mittel auch komplizierter Kommunikation. Spät noch, als Zwanzigjähriger, lernt das Monstrum sogar »die Kunst des Zurücktrommelns«, und schreibt das auf für die Nachwelt. Ursprünglich maß er, wie Meister Bebra, ebenso nostalgisch wie genau, erinnerte, »knappe vierundneunzig Zentimeter«. Ein lieber Wechselbalg, ganz harmlos, doch ein abgefeimter Mörder, den nur sein Meister Bebra durchschauen konnte: vor dem der Blechtrommler als ein ehrfürchtiger Schüler zu stehen pflegt; wobei ihm dennoch nichts entgeht. Er schreibt es dann auf: mit dreißig Jahren, und genau: »Sein Rollstuhl zitterte, Winde wühlten in seinem weißen Gnomenhaar über jenen hunderttausend Fältchen, die sein Gesicht ausmachten.«

Darauf war keiner gefaßt gewesen. Die alte Hausregel des unmutigen Geheimrats von Goethe bewährte sich wieder einmal. Bevor eine Sache in der Welt sei, habe keiner eine Idee davon. Auftritt Oskar Matzerath. Vor nunmehr fünfundzwanzig Jahren.

Bundesrepublik Deutschland im Jahre 1959. Der Bundespräsident Theodor Heuss trat ab. Man wählte Heinrich Lübke. Der Bundeskanzler Konrad Adenauer, den auch viele der Seinigen loswerden wollten, ließ sich nicht abschieben ins Präsidentenpalais: er blieb weiter im Kanzleramt. Das Dritte Reich war scheinbar bloß noch ein Gerücht. Man redete davon in Euphemismen und sagte: »In jenen Jahren ...«. Den »Schlußball« von Gerd Gaiser, der 1958 erschienen war, hielt man für einen

bedeutenden Roman, und Günter Blöcker, der im Jahre 1957 diese angeblichen »Neuen Wirklichkeiten« diagnostiziert hatte, hielt man für einen bedeutenden Kritiker.
Mitläufer und Nazi-Alltag hatte es nicht gegeben »in jenen Jahren«, und zu lachen gab es dabei auch nichts. In der Literatur respektierte man, wenn vom Dritten Reich die Rede war, durchaus konvergierende Denkmodelle. Geliefert wurden sie durch einstige Emigranten, die aus der Ferne an Deutschland dachten und dabei der Beschönigung verfielen. Zuckmayers General Harras. Im Grunde sind alle dagegen, aber die Macht des Gestapo-Apparats ist halt sehr groß. Georg Heisler im »Siebten Kreuz« von Anna Seghers, einem Roman aus dem Jahre 1939, erlebt auf seiner Flucht die »Kraft der Schwachen«, die Solidarität: mitten im Nazi-Alltag. Wie der freilich aussieht, erfährt man nicht. Den konnte die große Anna Seghers nicht darstellen.
Eines war immerhin sicher, vor fünfundzwanzig Jahren: Krieg und Nazismus, das war nichts zum Lachen. Um jene Zeit spielte man im Frankfurter Schauspielhaus das Stück »Schweyk im Zweiten Weltkrieg« von Bertolt Brecht. Die Leute lachten, und schämten sich dessen. Brecht war 1956 gestorben. Weil in Frankfurt so laut protestiert wurde gegen die angebliche Verhohnepipelung von Krieg und Terror, kam Helene Weigel mit ihren Mitarbeitern an den Main und stellte sich der Diskussion. Sie kam nicht durch. Das war nichts zum Lachen.
Nun also »Die Blechtrommel«: am Ende jener Fünfziger Jahre. An deren Beginn hatte die bundesrepublikanische Literaturkritik auf gute Sitte und Gesinnung geachtet. Dem politischen Roman »Das Treibhaus« von Wolfgang Koeppen aus dem Jahre 1953 wurde von mächtiger Seite vorgeworfen, er zerstöre bereits die Anfänge einer deutschen Staatsgesinnung. Der Roman spielte in Bonn. Heinrich Böll hatte im selben Jahr 1953 eine Gestalt des Romans »Und sagte kein einziges Wort« nachdenken lassen über den wohlbekannten Bischof inmitten der Prozession. Das Ergebnis solchen Nachdenkens lautete: der Bischof sei »einfach dumm«. Man nahm das übel und hat es bis heute nicht vergessen.
Sechs Jahre später nun: Auftritt Oskar Matzerath. Man muß dies

alles erinnern, um die Zumutung zu verstehen. Gehäufter Unrat: von der Zeugung unter den vier Unterröcken bis zu den schönen ehebrecherischen Nachmittagen von Oskars Mutter mit Oskars mutmaßlichem, doch keinesfalls ehelichem Vater Jan Bronski. Einem Polen, man denke.

Ein Pornograph. Was ist ein Pornograph? Ein Schreiber, der es darauf anlegt, im Lesenden die Gefühle der »Wollust« zu provozieren. Darin waren sich deutsche Juristen seit dem Kaiserreich einig. Man muß aber, das hat sich inzwischen herausgestellt, sehr verquere Vorstellungen von Wollust haben, um sich durch den »Pornographen« Grass einigermaßen gut bedient zu finden. Das ist auch nicht ernsthaft behauptet worden. Trotzdem: der Pornograph! Es lag eine Verwechslung vor zwischen Obszönität und Pornographie. Man beschreibt eben nicht solche Szenen. Frühere Schreiber der deutschen Nachkriegsliteratur hatten das auch nicht getan. Grass beschrieb genau, weniger genau übrigens als viele seiner späteren Nachahmer, die Vorgänge des Geschlechtslebens. Nur eines wurde ausgespart: die Lüsternheit, also die Zote. Manche Episode beim späten Thomas Mann war, dank solcher Lüsternheit, unendlich »obszöner« als alles Gerangel in der »Blechtrommel«.

Trotzdem, so lautete das häufig verkündete Verdikt, sei die »Blechtrommel« ein pornographisches Buch, und ein blasphemisches dazu. Was ist eine Blasphemie? Ohne viel bei den Juristen nachlesen zu müssen, darf gesagt werden, daß es ein Blasphemiker darauf anlegt, jene Glaubenssymbole und Riten, die zu einer staatlich anerkannten und verbreiteten Glaubensgemeinschaft gehören, zu beleidigen oder zu verspotten. Allein die Statue der Niobe, die Oskars Freund Herbert bespringen möchte, wobei er umkommt, und wohl auch umkommen will, ist kein Glaubenssymbol. Der Bericht aber, dem der Erzähler die Überschrift gab »Die Nachfolge Christi«, ist ein bedeutendes Stück einer – zwar gläubigen, doch verstört zweifelnden – katholischen Literatur. Oskar erlebt ein Wunder, als er den Jesusknaben verspotten möchte ob seiner Ohnmacht. Er wird vom Knaben versucht, mit den Worten der Apostelgeschichte über die Einsetzung des Apostels Petrus. Oskar will nicht die Lämmer des Herrn weiden helfen. »Was sollte ich mit dem Jesus anfangen? Ich hätte meine Stimme beladen mögen. Was hatte ich mit seinem Kreuz zu tun? Wußte aber genau, daß meine Stimme gegen seine Kirchenfenster nicht ankam.« Oskar ist ein – katholischer – Versucher, der seiner Maria, die Katholikin werden möchte, gern Nachhilfe gewährt im katholischen Ritual.

Natürlich ist Oskar Matzerath auch eine satanische Figur. Das sagt er selbst, und sein Erzähler hat es so gewollt. Blasphemisch wäre es jedoch, im Glaubenssinne, wenn einer umgekehrt den Bösen aus dem Spiel ziehen und leugnen wollte. Das wäre undenkbar für einen Menschen mit der Daseinserfahrung von Günter Grass. Es war auch undenkbar für den alten Ernst Bloch. In dessen Buch »Atheismus im Christentum« von 1968 heißt es: »Sozusagen automatisch fiel mit dem wachsenden Unglauben an Gott auch der furchtbare Glaube an seinen Gegenspieler: Und doch nun – hier steckt das Problem ... Verkleinerung des Bösen bis zur Unsichtbarkeit hat ihm jedenfalls seine Geschäfte nicht gelegt.« Auschwitz liegt in Polen. Ich könnte mir denken, daß ähnliche Reflexionen, wie hier bei Bloch, eingegangen sind in einzelne Episoden der »Blechtrommel«. Zu schweigen von der bei Grass stets präsenten Marien-Symbolik. Bereits in der Geschichte Oskars, stärker konturiert bald darauf, vor dem gleichen Hintergrund, in der Erzählung »Katz und Maus«. Von neuem wirksam im Roman »Der Butt«.

Die politische Substanz des Romans kann heute, nach fünfundzwanzig Jahren, kaum mehr mißverstanden werden. Der Erzähler erläutert sie, mit Oskars Hilfe, gleich zu Beginn des Zweiten Buches: »Wie Sie zuvor schon bemerkt haben werden, ergab sich mir unter dem Tisch seit jeher die bequemste Art aller Betrachtungen: ich stellte Vergleiche an.« Der Blick von unten her. Als Mittel der epischen Darstellung wohlbekannt seit Stendhal, wo die Schlacht bei Waterloo nicht vom Feldherrnhügel herab, sondern vom Boden her erlebt werden mußte. Oskar erlebt (und stört) den Feiertag wie den Alltag eines um Heldengebärde bemühten sogenannt Dritten Reiches. Das hat viele Leser geärgert, die sich ein bißchen mehr Verklärung gewünscht hatten. Nun ist Oskar zwar vielseitig, doch nicht besonders gut in der Rolle des heroischen Erzählers. Außerdem schaut ihm der wirkliche Erzähler auf die Finger und schaltet sich ein, wenn der

Insasse der Heil- und Pflegeanstalt ein bißchen weglügen und beschönigen möchte.
Leider kann Oskar auch nicht als Widerstandskämpfer dienen. Seine Position unter dem Tisch ist keine plebejische oder gar proletarische Haltung. Ein Kleinbürger wie sie alle, bloß viel klüger, auch grausamer als die anderen, die Schlimmes tun aus Dummheit und aus Lässigkeit. Gar nicht kleinbürgerlich hingegen sind Oskars Freunde und Lehrer: der jüdische Selbstmörder Markus, sein Lieferant für Blechtrommeln, was heißen soll: sein Helfer auf dem Wege zur Kunst, und der professionelle Künstler (und Liliputaner) Bebra, den Oskar seinen Freund nennt und seinen Meister.
Liest man genau, nach fünfundzwanzig Jahren, also bereits in Kenntnis der späteren Werke von Grass, der »Hundejahre« wie des »Butt«, so ist vieles bereits in der »Blechtrommel« angekündigt: alle spätere Melancholie aus dem »Tagebuch einer Schnecke« klingt an, wenn berichtet wird: »Einsam und unverstanden lag Oskar unter den Glühbirnen, folgerte, daß das so bleibe, bis sechzig, siebenzig Jahre später ein endgültiger Kurzschluß aller Lichtquellen Strom unterbrechen werde, verlor deshalb die Lust, bevor dieses Leben unter Glühbirnen anfing.« Abermals der Teufel, heraufbeschworen durch Goethe: »denn alles, was entsteht, ist wert, daß es zugrunde geht; / Drum besser wärs, daß nichts entstünde.«
Ein sonderbar-unheimliches Buch. Damit hatte keiner gerechnet. Ein Roman natürlich, doch welcher spezifischen Gattung sollte man ihn zuordnen? Ein Bildungs- oder besser noch: ein Mißbildungsroman? Oder ein Schelmenroman? Warnungsliteratur? Gar ein katholischer Roman? Das klingt absurd, doch hören wir den Frankfurter Germanisten Hans Dieter Zimmermann, der bloß anmerken muß: »Oskar ähnelt dem Jesusknaben auf dem Schoß der Maria in der Kirche, sein Onkel Jan ähnelt dem ans Kreuz geschlagenen Jesus in der Kirche, Maria Turczinski ähnelt der Gottesmutter, Oskars Großmutter heißt wie die Jesu Anna, sein Großvater heißt wie der Pflegevater Jesu Joseph. Als Chef der Räuberbande nennt Oskar sich Jesus.«
Ein sonderbarer Fall. Man könnte ihn ins germanistische Oberseminar abschieben, wo man seit einem Vierteljahrhundert

vollauf mit ihm beschäftigt ist. Allein die Frage, was das eigentlich für ein Roman sei, gehört nun einmal zum Roman selbst. Oskar hat es so gewollt. Abermals mit Hilfe von Provokation und Mogelei. Oskar als sein eigener Literaturtheoretiker. Der legt gleich los, im ersten Romankapitel und auf der dritten Seite. Und wie! »Man kann ... ganz zu Anfang behaupten, es sei heutzutage unmöglich, einen Roman zu schreiben, dann aber, sozusagen hinter dem eigenen Rücken, einen kräftigen Knüller hinlegen ... Auch ich habe mir sagen lassen, daß es sich gut und bescheiden ausnimmt, wenn man anfangs beteuert: Es gibt keine Romanhelden mehr, weil es keine Individualisten mehr gibt ...«. Und so weiter. Die Einsamkeit und die Entfremdung und so. Oskar kennt sich aus im einschlägigen Schrifttum. Er macht aber nicht mit und erklärt: »Das alles mag so sein und seine Richtigkeit haben. Für mich, Oskar, und meinen Pfleger Bruno möchte ich jedoch feststellen: Wir beide sind Helden, ganz verschiedene Helden, er hinter dem Guckloch, ich vor dem Guckloch ...«

Sehr heroisch, und sehr falsch, was Oskar natürlich weiß. Er macht sich nichts vor, ist sogleich geständig, als ihm Bebra alle geheimen Mordtaten vorrechnet, die Oskar in seinem Bericht als bedauerliche Unfälle kaschiert hatte.

Der herkömmliche bürgerliche Romanheld, dem Oskar nachzueifern behauptet, wobei er Bruno gleich mitnehmen will, nimmt seinen Weg durch die Gesellschaft, geht in sie ein, entwickelt sich auch wohl von ihr weg, wie manchmal bei Raabe oder Hermann Hesse.

Nichts dergleichen bei Oskar. Er hat keine Konflikte mit Umwelt und Gesellschaft: zwischen ihnen gibt es keinen Weg. Für die Gesellschaft ist Oskar ein Monstrum, das man – je nachdem – haßt, bemitleidet oder verhätschelt. Er selbst formuliert einmal, an den Leser sich wendend: »Nie hat ein Mensch – wenn Sie bereit sind, in mir einen Menschen zu sehen – ein enttäuschenderes Weihnachtsfest erlebt als Oskar.« Für Oskar ist die Gesellschaft bloßes Objekt der Betrachtung. Kein Konflikt zwischen Oskar und der Familie. Kein Zorn und keine Trauer. Vater Matzerath heißt einfach Matzerath. Über sich selbst schreibt Oskar als unparteiischer Historiker, so wie Julius

Cäsar über sich als Cäsar zu schreiben pflegte. Oskar ist weder ein Held noch eine Romanfigur im Sinne der von ihm selbst angerufenen epischen Heldentradition. Das Wesentliche wird verfehlt, wenn man auf Oskars Thesen hereinfällt.

Die Blechtrommel-Sprache ist eine Kunstsprache, die Oskar erlernt und perfektioniert, weil sie ihm gleichzeitig erlaubt, das Bewußtsein zu artikulieren und doch auf Kommunikation mit Hilfe von Sprache zu verzichten. Reines Bewußtsein: fast ohne Körperlichkeit. Der Trommel beraubt, gerät Oskar stets in Gefahr, erwachsen zu werden und zum menschlichen Sprechen übergehen zu müssen. Während das Monstrum seine präzise Strategie verfolgt, mit Hilfe eines Bilderbuches über Rasputin das Lesen zu lernen, spielt es Gretchen Scheffler kindisches Lallen vor, unterhält sich aber mit dem Liliputaner und Musicalclown Bebra in einer formvollendeten, etwas altertümlichen Sprache.

Je weiter man analysiert, um so mehr häufen sich die Negationen. Immer klarer wird, was alles die »Blechtrommel« *nicht* sein wollte und gewesen ist. Nicht pornographisch und nicht blasphemisch und auch nicht antifaschistisch im herkömmlichen Verstande. Kein Bildungs- und auch kein pikaresker Schelmenroman.

Trotzdem ist Oskar, auch wenn er sich selbst bisweilen so sieht, kein Monstrum in Menschengestalt. Der kleine Darsteller in Schlöndorffs Film machte das deutlich, ohne dadurch in Widerspruch zum Romantext zu geraten. Oskar lebt entfremdet in einer entfremdeten Welt. Das scheint er als einziger unter allen Romanfiguren, sieht man ab von Markus und Bebra, verstanden zu haben. Eine kleinbürgerliche Welt, in der alles gleichzeitig vorkommt: Sinnlichkeit und Weinerlichkeit, Denunziation und Gewalt, Treueschwur und Verrat. Oskar hat das früh schon registriert. Er fällt nicht herein auf Sinnlichkeit, auch wenn er sie gewähren läßt. Auch nicht später auf künstlerische Erfolge, die er insgeheim verachtet, weil sie ihn immer noch mehr zum Monstrum stempeln. Er ist zwar frei, in seiner Entfremdung, von den tabuistischen Vorurteilen der kleinbürgerlichen Gesellschaft, weshalb für ihn, im Tun wie im Beschreiben, das kleinbürgerliche Verdikt nicht gilt: »Das tut man nicht!« Trotzdem bewirkt der Liebesentzug immer wieder Sehnsucht, sogar nach der Scham und nach einer menschlichen Anständigkeit. Oskar ist insofern, auch wenn man es auf den ersten Blick bestreiten mag, zugleich ein Ansatzpunkt für mehr Menschlichkeit: für die Utopie. Das ist gar nicht verwunderlich. Ein Monstrum als Ernstfall der Humanität: Michel de Montaigne hatte das als erster im neuzeitlichen Denken verstanden und ausgesprochen. Sein Leser Shakespeare ignorierte die Lehre, als er am Ende seines Schaffens die Gestalt des Caliban schuf.

Von Caliban zu Oskar Matzerath führt nämlich ein Weg. Das können wir heute besser verstehen als noch vor fünfundzwanzig Jahren. Die Wandlung hängt zusammen mit größerer Einsicht in das utopische wie das gegenutopische Bewußtsein. Es ist der Weg von der Utopia des Thomas Morus zur Gegenutopie von George Orwell oder Aldous Huxley.

Betrachtet man unter solchen Aspekten das Dasein Oskar Matzeraths in Danzig wie in Düsseldorf, so erinnert es, sonderbar genug, an die Konstellation eines Gulliver, wobei nicht ausgemacht ist, ob er sich als Zwerg bei Riesen befindet oder selbst, dem Bewußtsein nach, einen Riesen darstellt inmitten von geistig unterentwickelten Zwergen. Swift und Sterne, den man hinter dem Bericht über Oskars Zeugung und Geburt vermuten darf; Jean Paul Friedrich Richter und E. T. A. Hoffmann, der den kleinen Zaches erfand, einen entfernten Verwandten unseres Oskar.

Trotzdem gibt es Unterschiede. Daß Günter Grass in der »Blechtrommel« den satirischen Roman eines modernen Aufklärers geschrieben hat, läßt sich nachweisen. Auch darin übrigens, daß der Erzähler, als der eigentliche Romanverfasser, ein geheimes Einverständnis mit dem Leser herstellt, bisweilen den Oskar beiseite schiebt, um sich, hinter dem Rücken des Chronisten, selbst ans Publikum zu wenden. Allein die Monstren von einst, das volksmärchenhafte Rumpelstilzchen und der kleine Zaches bei Hoffmann, gingen zugrunde. Zaches landete im riesigen Nachttopf. Der Blechtrommler jedoch bleibt am Leben und virulent. Eben weil er insgeheim *kein* Monstrum darstellt, sondern die Inkarnation einer monströsen Lebensweise als unser Zeitgenosse.

In der, neben Balzacs »Comédie Humaine«, ersten umfassenden künstlerischen Darstellung der Mechanismen einer bürgerlichen Gesellschaft, also in Wagners »Ring des Nibelungen«, überlebt Alberich alle die tragischen Helden, und auch die Götter. Auch Oskar Matzerath überlebt. Mit ihm sind wir, als seine Zeitgenossen, noch lange nicht fertig.

XIX. ZEITGENOSSE HANS HENNY JAHNN

(Hamburg, 1984)

Man schrickt zurück vor zwei Wörtern, die trotzdem unabdingbar sind, will man von ihm reden: *Dichter* und *Freundschaft*. Altertümliche Ausdrücke; ein bißchen komisch; abgenutzt zudem durch säkularen Mißbrauch.

Ein Dichter. Ich habe den Klang noch im Ohr, die abschätzige Intonation in einer Rede, die Günter Grass vor bald zwanzig Jahren im amerikanischen Princeton hielt. »Wer ist schon gern ein Stefan George?« Das war in der Sache, die gemeint sein sollte, gar nicht falsch, verkannte jedoch die existentielle Besonderheit: daß man es nicht wählen kann, als Stefan George leben zu müssen. Wählen kann man, oder gerade auch nicht, das Ritual des Dichtertums: heiße es nun »Stern des Bundes« bei George, oder auch Ugrino bei H. H. Jahnn.

Dichter: das wählt sich nicht, und ist doch immer wieder und noch bei uns möglich gewesen, und hieß dann, in neuerer Zeit, Günter Eich und Peter Huchel, Paul Celan und Marie Luise Kaschnitz, war auch nicht aufs Gedicht beschränkt, sondern trug Namen wie Hans Henny Jahnn, Arno Schmidt, zuletzt hieß einer Uwe Johnson.

Für sie alle galt stets die Frage Hölderlins: von der Kaschnitz als Titel gesetzt über einen Lebensbericht, ohne Fragezeichen, weil keine Antwort zu erwarten war: *»Wohin denn ich«*. Auch Jahnn hat sie sich, ein schweres Leben hindurch, immer wieder stellen müssen. Wohin denn ich. Als ein Dichter.

Nun gar das Wort Freundschaft. Unsere Literaten sind gebildete Germanisten, saßen im Oberseminar und langweilten sich beim Lesen der Freundschaftsoden und -rituale der Stürmer und Dränger, der jungen Leute vom Göttinger Hain. Über das Pathos einer Freundschaft in Hölderlins »Hyperion«, das weit mehr meinte als die Beziehung zwischen zwei Männern, weil es auch Freundschaft einschloß zwischen Mann und Frau und zwischen den Menschen sehr verschiedenartiger Herkunft, schaute man hinweg, etwas geniert.

Beziehungskisten. Wer hat dies Schandwort zuerst erfunden? Ich möchte vermuten, daß es im Mief einer Theaterkantine erstmals erklang. Abschätzig natürlich. Wortschatz auch dies einer Wegwerfgesellschaft, die an keine Dauer mehr glauben mag. Hat sie nicht recht?
Beziehungskisten? Bei ihm, bei Hans Henny Jahnn, gibt es nichts anderes. Es sind jedoch keine wegwerfbaren Empfindungen zwischen Menschen, zwischen Freunden; zwischen Perrudja und der Frau Signe; zwischen dem deutschen Tonsetzer Gustav Anias Horn und dem Leichtmatrosen Alfred Tutein; zwischen David und Jonathan im Drama von der »Spur des Dunklen Engels«. Allein diese Beziehungen zwischen Menschen stehen unter dem Gesetz der Endlichkeit, und wollen trotzdem die Dauer. Menschen wirft man nicht weg: darin ist der Dichter Hans Henny Jahnn mit sich selbst stets im Einklang gewesen. Versucht einer es dennoch, aus welchen Gründen immer, wie der Musiker Gustav Anias Horn, so büßt er es mit dem Tod von der Hand des – weggeworfenen – Mörders. Er hat das auch erwartet, wie die letzten Zeilen seiner Niederschrift bestätigen. Jahnns Dichtung bedeutet die Suche nach Freundschaft in einer Welt, die dergleichen, die Freundschaft wie das Suchen danach, bestenfalls komisch findet, wenn nicht lästig, bisweilen abstoßend. So hat er leben und dichten müssen: Hans Henny Jahnn, geboren in Hamburg-Stellingen am 17. Dezember 1894, gestorben in seiner Vaterstadt am 29. Novembver 1959. Kurz vor dem 65. Geburtstag, auf den er sich gefreut hatte, weil damit ein bißchen Beachtung erwartet werden durfte.

Wie sehr auch andere, die mit Jahnn den vertrauten Umgang hatten, von ihm angeleitet worden waren, dem Skandal der Endlichkeit und des Vergehens sich entgegenzustemmen, bewies der Landsmann und Freund *Hans Erich Nossack,* den Jahnn gebeten hatte, ein paar Worte am Grabe zu sprechen: wenn es soweit sei. Nossack wandte sich an einen »Lebenden« mit der Anrede: »Lieber Hans Henny Jahnn! Wir, die noch da sind, wollen nicht um Dich trauern. Aber wir wollen als Dein Vermächtnis die Traurigkeit hegen, die eigene. Das Heilig-Intime des Todes sollte nicht durch abgenutzte Vokabeln entweiht werden, so war es vereinbart. Auf daß sich Dein Engel nicht erbittert von uns abwende.«

Ein Jahr später, im Jahre 1960, hielt Nossack dann dem Freunde eine wunderbare Abschiedsrede: Erinnerung und Deutung in einem. Sie schloß mit diesen Sätzen: »Das schwere, kindliche Leben, das Hans Henny Jahnn uns vorgelebt hat, lehrte uns wieder an die naturbedingte Notwendigkeit der dichterischen Existenz glauben. Daß eine so beunruhigende Erscheinung in unserem funktionalisierten Jahrhundert möglich war, läßt uns wieder hoffen, daß auch die Zukunft mehr sein wird als ein dürres Rechenexempel für ein Elektronengehirn, und der Mensch mehr als ein sozialer Quotient.«

Man kann es nicht besser sagen. Beides ist hier erspürt, von einem anderen Dichter natürlich: das Unzeitgemäße einer dichterischen und unbeirrten Existenz, *und* das eminent Zeitgemäße, *das sich eben in solcher Dialektik offenbart.* Dichter und Dichtung. Freundschaft statt der Beziehungskisten: dies eben erlaubt uns, zwingt uns, von Jahnn als unserem Zeitgenossen zu sprechen. Ein Vierteljahrhundert nach seinem armen und kleinen Krankenhaustod, den er gleichfalls vorausgewußt und -gesagt hat. Zeitgenosse Hans Henny Jahnn.

Am Bahnhof Friedrichstraße in Berlin sah ich ihn zum letzten Mal. Ein Wochenende im November 1959. Jahnn kaufte sich eine Fahrkarte nach Hamburg, seine letzte. War schon erkältet, klagte, wollte nach Hause. Sprach von dem bevorstehenden 65. Geburtstag, auf den er sich freute. Er hat ihn aber nicht mehr erlebt. Am 29. November starb er den Krankenhaustod der Unbemittelten. Vorwegnehmend hatte das »Bornholmer Tagebuch« vom Tode des Schreibenden gesprochen, »der klein und elend genug sein wird«.

Seltsam war auch diese letzte Reise nach Weimar und Ostberlin. Hans Henny Jahnn kam als Ehrengast der Regierung nach Weimar, um an den Feiern zum 200. Geburtstag Friedrich Schillers teilzunehmen. Auch dort hatte ich ihn getroffen und gesprochen: im Nationaltheater, wo eine Rede über das nationale Kulturerbe gehalten wurde; viele ausgesuchte Vertreter der großen Organisationen, die den Vorgang als Kulturpolitik zele-

brierten; eine erstarrte Sprache voll der vorhersehbaren Kadenzen; in der Theaterloge der Vorsitzende des Staatsrats der DDR, den der Redner bei allen heiklen und weltanschaulich relevanten Stellen erwartungsvoll anschaute. Der Hamburger Schriftsteller und Akademiepräsident Jahnn, sorglich umhegt und »betreut«, zusammen mit einigen ausgewählten anderen Gästen aus der Bundesrepublik Deutschland: da hatte der Zufall irgendwelcher politischen Stellungnahme, Unterschrift oder Mitgliedschaft die Selektion bestimmt. Jahnn war übrigens anerkannt als Orgelbaumeister des Ostberliner Funkhauses. Das erste Gebilde war durch Brandstiftung zerstört worden. Er hatte viel Arbeit und Sorge mit diesem gewaltigen Auftrag in der letzten Lebenszeit. Viel Arbeit auch mit den Leipziger Editionen der großen alten Orgelmeister.
Sein Besuch in Weimar ließ sich durchaus sachlich begründen. Übrigens auch als politische Einsicht: dieser scheinbar so weltfremde und außenseiterische Künstler hatte niemals darauf verzichtet, das Land der Silbermann-Orgeln, die Heimat Klopstocks und Lessings, nach wie vor als Heimat zu verstehen. Abermals eine der erstaunlichen Emanzipationen: während es damals noch, in den Fünfziger Jahren, üblich war, diesen anderen deutschen Staat zu ignorieren oder gönnerhaft zu belächeln, ging Jahnn nüchtern, auch seinerseits belächelt, dort an die Arbeit, versuchte er, sich nützlich zu machen.
Was aber wollte er hier, im Weimarer Nationaltheater, bei einer Feier zu Schillers Ehren, was darauf beim Staatsempfang? Der Vorsitzende des Staatsrates, Walter Ulbricht, hatte einige Worte über Schiller und den deutschen Klassizismus gesprochen, bevor die Gäste zulangen durften. Viele Bewacher und Beschützer in der Menge. Als das Oberhaupt des Staates zu Bett ging, konnten auch sie zulangen. Es wurde viel getrunken. Wußte Jahnn, verloren in alledem, was vor sich ging? Auch er aß und trank, wachte am nächsten Morgen, dem 11. November 1959, mit jenen Kopfschmerzen auf, die in den Tagebüchern aus allen Lebensphasen wie Leitmotive auftreten. Erbat sich ein Auto, um hinaufzufahren zum Schloß Belvedere der Herzöge von Sachsen-Weimar und Eisenach.
Da traf ich ihn wieder. Um elf Uhr am Vormittag. Studentenmu-

sik intonierte den Beginn des heidnischen Karnevals. Am elften im elften um elf. Müdigkeit und Kopfschmerzen. Freunde hielten die Gruppe fest: Jahnn, den Filmregisseur Georg Klaren, der nach dem Krieg einen Woyzeck-Film gedreht hatte, mich. Vielleicht die letzte Aufnahme. Ich schenkte sie der Tochter Signe. Jahnn in der blauen Baskenmütze, erklärend mit der Geste des demonstrierend hinweisenden Daumens. Er kehrte nach Weimar zurück, wollte in Berlin noch das Funkhaus und die Orgel besuchen. So kam es ein paar Tage später zu jener zufälligen (und letzten) Begegnung am Bahnhof Friedrichstraße. Am 29. starb er dann; im selben Novembermonat wie sein literarisches Ebenbild, der Musiker Gustav Anias Horn. In Sorge und Schwäche.

Die Zuversicht Friedrich Schillers konnte er nicht teilen. »Wenn der Leib in Staub verfallen, lebt der große Name noch.« Jahnn mißtraute den Verheißungen des Christentums ebenso wie einer säkularisierten bürgerlichen Kunstreligiosität. Der Gedanke an den Staub machte ihn schaudern. Auf Erhaltung des Gebildes Leib auch nach dem Sterben war er aus: die Balsame der Ägypter, erfunden zur Erhaltung der Materie Einzelmensch, hat er immer wieder beschrieben und gepriesen. War das nicht zu erlangen, so kam alles darauf an, die verwesende Materie vor Neugier zu schützen. Jahnns Bauwerke sind gewaltige Nekropolen, die sich dem Tod entgegenstemmen. So wird Alfred Tutein im »Fluß ohne Ufer« durch den Freund noch im Tode geschützt. Den schweren Metallsarg hat sich Jahnn – wie Bertolt Brecht den seinen – selbst entworfen: nach dem Modell jener Stätte für den einstigen Leichtmatrosen Tutein im Roman. Hans Erich Nossack erwähnt das Wort eines Freundes beim Anblick des schwer dahingeschleppten Metallgebildes: »Ein Zinksarg, das bedeutet Protest gegen den Tod!«

•

Wer je mit Hans Henny Jahnn zusammentraf, entdeckte immer wieder, auch in kleinen Vorgängen des Alltagslebens, eine Wollust des Leidendürfens. Sie gehörte zu den Grundimpulsen eines Daseins, das ein schwacher und leidensgewohnter Mensch, mit ungeheurem Starrsinn, in eine totale Kreativität zu verwandeln suchte.

Man wird an dieser Stelle und in diesem Augenblick vom Menschen sprechen müssen hinter dieser so staunenswerten Kreativität, denn Jahnn, dieser scheinbar so universale Dilettant oder dilettantische Universalist, hat in der Tat in vielen Bereichen anregend und schöpferisch gewirkt: durchaus nicht allein in der Literatur. Sein literarisches Urteil, das oft einfach Vorurteil bedeutete, hat früh schon in erstaunlicher Weise unterscheiden können zwischen Werken einer langsam sich erschöpfenden Tradition und den wirklichen Innovationen. Er hat, als die landläufige Kritik nur Achselzucken kannte und Gelächter, die Bedeutung Bertolt Brechts und Alfred Döblins erkannt. Während noch Kurt Tucholsky über den »Ulysses« von Joyce, bei allem Respekt vor dem irischen Erzähler, behaupten wollte, mit dem Ulysses gehe es einem wie mit Knorrs Fleischextrakt: »Man kann das nicht essen, aber man kann viele Suppen damit bereiten«, hatte Jahnn die säkulare Bedeutung von Joyce hervorgehoben. Er konnte aber gleichzeitig, nicht ohne Stolz, in seiner bedeutenden Hamburger Goethe-Rede von 1932 über »Die Aufgabe des Dichters in dieser Zeit« konstatieren: »Nicht Joyce, nicht Bernanos, auch nicht ich haben irgendwo einen Einbruch in die Schöpfung gemacht, sie zerreißend oder erniedrigend. Wir haben nicht das Gift und die Unmoral, das Unfruchtbare von den Ketten losgemacht, um das Erhabene zu schänden, das Gesicherte zu vertreiben und das Unglück zu verbreitern. Wir haben nur den Kreis des Schauens zu weiten versucht.«
Wir haben nur den Kreis des Schauens zu weiten versucht. Das gilt bei Jahnn für seine Literatur wie für seine Ästhetik. Er hat die Orgel wiederentdeckt als Instrument großer Musik, nicht bloß als Requisit zur Herstellung von Erbaulichkeit. Ich habe ihn in Leipzig an der unermüdlichen Arbeit gesehen, als er mit dortigen Musikverlagen daran ging, die vergessenen Meister Buxtehude, Vincent Lübeck und den Fürsten Carlo Gesualdo neu zu edieren und dadurch wiederzuentdecken. Wenn er nach Leipzig kam, wurde er vom Thomaskantor Günther Ramin, der Freude daran hatte, auf der von Jahnn erneuerten Arp-Schnitger-Orgel von St. Jacobi in Hamburg zu spielen, mit allem Respekt als großer Fachkollege empfangen.
Es ging sonderbar zu bei dieser totalen Kreativität, denn auch die

Biologen haben die Hormonforschungen Jahnns auf seinem Bauernhof in Bornholm ebenso ernst genommen wie die Musiker den Forscher und Orgelbauer, die Schriftsteller den großen Kollegen und Kleist-Preisträger. Es gab Zeiten und Gespräche in der letzten Lebenszeit, wo Hans Henny Jahnn das Schreiben gleichsam zur Last geworden war. Man hatte den Eindruck, daß er nach Abschluß der »Niederschrift des Gustav Anias Horn« nicht weiterwußte, auch nicht weiterschreiben mochte. Den Fragen nach dem Abschluß der epischen Trilogie im dritten Band mit der Überschrift »Epilog« wich er höflich und etwas verlegen aus. Unverdrossen war er bei der Arbeit an seinem letzten Orgelbau: dem großen Instrument des Ostberliner Funkhauses, das zweimal gebaut werden mußte, weil eine Brandstiftung das erste Werk zerstört hatte.

Er schien zu leiden unter solcher Fülle seiner schöpferischen Möglichkeiten, allein auch hier genoß er seine Schmerzen und Verzweiflungen.

Auf mich wirkte immer wieder verblüffend der Widerspruch zwischen den ruhigen, bürgerlichen, durchaus ungenialischen Umgangsformen und der schöpferischen Unerbittlichkeit der Werke und Gedanken.

Ich habe *Thomas Mann* und *Hans Henny Jahnn* stets als exemplarische Gegensätze empfunden. Freilich ist da der Unterschied einer Generation zwischen den Jahrgängen 1875 und 1894. Er hat auch gegensätzliche Traditionen zur Voraussetzung. Thomas Mann wächst auf mit dem Jugenderlebnis des Fin de siècle; der andere Hanseat, Jahnn, wie der Lübecker Thomas Mann aufgewachsen in einer Welt praktischer Bürgersleute ohne viel geistig-künstlerische Ambition, gehörte gleichsam generationsmäßig zum Expressionismus. Es gab auch Gemeinsamkeiten »von Hause aus«, nicht bloß in Form einer erotischen Grundströmung, sondern auch in der frühen Einsicht, daß diese besondere Libido den Konflikt bedeuten müsse zur bürgerlichen Respektabilität der hanseatischen Umwelt.

Die Art freilich, wie Jahnn *und* Thomas Mann diesen Konflikt im Leben und in ihrem Werk bewältigten, war grundverschieden: in gleichsam beispielhafter Weise. Hans Henny Jahnn: bekenntnisfreudig und unbekümmert um den bürgerlichen

Skandal, der nicht auf sich warten ließ. Er hat niemals Kompromisse gemacht in den großen Lebensentscheidungen: nicht in der Absage an einen kaiserlich-deutschen Nationalismus im Ersten Weltkrieg oder in seinen Freundschaften und Liebschaften, erst recht nicht im Werk. Andererseits gab es bei diesem exemplarischen Außenseiter eine tiefe Sehnsucht nach der bürgerlichen Respektabilität. Sie schien Hans Henny Jahnn oft wichtiger zu sein als die literarische Anerkennung.

Als ihm die Vaterstadt Hamburg endlich, nach wieviel Widerständen!, im Jahre 1956, drei Jahre vor dem Tode, den Lessing-Preis zuerkannte, freute sich der Preisträger natürlich über die Geldsumme, die er gut brauchen konnte, aber sogleich auch wieder ausgab, nicht etwa um dringende Verpflichtungen einzulösen, sondern um neue Instrumente auszuprobieren. Wichtiger aber war ihm, daß er im Wagen der Freien und Hansestadt abgeholt und zum Rathaus gefahren wurde. Darüber hat er voll Beglückung berichtet: man spürt die tiefe Genugtuung auch bei Betrachtung der Photographie, die den Preisträger mit seinem Diplom zeigt.

Thomas Mann hat später wohl, überhäuft mit solchen Ehrungen, gipfelnd im Nobelpreis, eher Skepsis empfunden als Freude. Im Hause zu Kilchberg am Zürichsee hatte man solche Diplome übereinandergestapelt. Thomas Mann selbst, der untadelige Bürger und Familienvater, war stets auf der Hut gewesen vor dem Skandal. Seine Tagebücher berichten von Angst und Entsetzen beim Gedanken, daß die in München zurückgebliebenen intimen Aufzeichnungen über das wirkliche Leben, nicht bloß die offizielle bürgerliche Repräsentation, in die Hände von Feinden fallen könnten.

Andererseits gab es auch bei Thomas Mann eine geheime Sehnsucht nach dem Skandal, die sich nicht allein zufriedengab mit den heiklen und skandalträchtigen Themen und Stoffen der Erzählwerke, sondern spüren ließ, daß dieser literarische Repräsentant niemals innerlich fertiggeworden war mit dem Element des Bajazzo und des Clown in sich selbst. Es genügte ihm in manchen Lebensaugenblicken nicht, daß er den Hochstapler Felix Krull für sich arbeiten und straffällig werden ließ. Auch Thomas Mann war, wie sein Hans Castorp, ein »Bürger mit einer feuchten Stelle«. Hans Henny Jahnn wiederum war ein Außenseiter, bisweilen auch ein naiver Clown: doch mit der unstillbaren Sehnsucht nach der bürgerlichen Ehrbarkeit.

Darum ging es in allem, was Jahnn unternahm, in seinem Hausstand und seinen Freundschaften, auf dem Bauernhof und bei der Präsidentschaft einer Akademie in Mainz oder Hamburg, stets bürgerlich und unbürgerlich zu in einem. Das Mißverständnis, dem dieser merkwürdige Mann und Künstler immer wieder ausgesetzt war, wurde dadurch provoziert, daß man sich über einen Außenseiter entrüstete oder auch dankbar freute, den man für einen Gegner aller Ordnung, für einen Stifter von Unordnung hielt.

Das Gegenteil war richtig. Hans Henny Jahnn war seinem Wesen und Willen nach in entschiedener Weise *ein Mann der Ordnung und der Ordnungen.* Er war durchdrungen vom Gedanken einer Weltharmonie, die sich mathematisch darstellen ließ. Weder Architektur noch Musik sind denkbar ohne strenge, gleichsam organische Ordnungen. Hans Henny Jahnn hat einmal berichtet, er sei fast zufällig – als Architekt – zum Orgelbau gekommen.

Diese Ordnung fand Jahnn allenthalben in der Natur verwirklicht, sah sie aber in entsetzensvoller Weise geschändet und verletzt durch den Menschen. So formulierte er im Jahre 1953 – im Rückblick – in einer Gewalttätigkeit, die man durchaus ernst nehmen muß: »Ich wollte einen Sprengstoff erfinden, von dem wenige Kilo genügten, um die Menschheit mit Stumpf und Stiel in die Luft zu sprengen. Ich verbiß mich in diese Idee und schwankte nur, ob ich mich oder die anderen umbringen sollte.« Dann folgt die Begründung: »Ich war zu einer Auffassung der Welt gekommen, die anders war als die aller übrigen Menschen und deren Ergebnis dahin lautete, daß der Mensch das verabscheuungswürdigste aller Geschöpfe sei, daß nur die vom Menschen unberührte Natur groß und alles vom Menschen Geschaffene schlecht sei.«

Wahrscheinlich hat Jahnn beim Niederschreiben gar nicht daran gedacht, daß er damit nahezu wörtlich die berühmten Eingangssätze des pädagogischen Romans »Emile« von *Jean-Jacques Rousseau* paraphrasierte. Alles ist gut, was aus den Händen des

Schöpfers aller Dinge stammt, alles entartet unter den Händen des Menschen.
Der *Terrorismus,* der bei Jahnn stets latent vorhanden ist und der bisweilen den sanften Menschen beim Anblick von Gewaltsamkeit auf der Straße, vor allem bei Mißhandlung von Tieren, in einen Rasenden verwandeln konnte, wird in der Literatur gleichsam abreagiert und sublimiert. Es klingt Bedauern mit, wenn Jahnn seinen Ausbruch, der zitiert wurde, mit den Worten abschließt: »Die Vernichtung der Menschheit vollzog ich in einer Dichtung, die damals entstand. Sie hieß ›Revolution‹ und war ein Werk in drei Teilen: ›Unterwelt‹, ›Erde‹, ›Himmel‹.« Abermals auch der Himmel als ein Zuordnungspunkt: gar nicht so unähnlich dem protestantischen Terrorismus seines Pastors Ephraim Magnus.
Entscheidend war jedoch bei Jahnn, den man gleichsam als Phänotyp einer fast grenzenlosen schöpferischen Existenz verstehen durfte, daß er bei der terroristischen Zerstörung nicht stehenblieb, sondern der tiefen Unordnung und Unnatur einer modernen Menschheit das *Gegenbild einer gleichsam natürlichen Ordnung und Weltharmonie* entgegenzustellen gedachte. Hier wird das einstige säkulare Außenseitertum eines absonderlichen Menschen und Künstlers in der heutigen Welt gleichsam zur Botschaft, die viele erreicht, nicht bloß die einstigen vertrauten Freunde aus der von Jahnn begründeten Gemeinschaft mit Namen Ugrino.
Es ist leicht, sich über die Spekulationen von Jahnn und seinen Freunden lustig zu machen. Das ist damals ausgiebig geschehen. Ein Sektenwesen und Männerbund, in vielem vergleichbar der bürgerlichen Jugendbewegung vor 1914, dem Wandervogel, dann der Bündischen Jugend; es gab auch eine gefährlich terroristische Fortsetzung in den Männergemeinschaften der Freikorps nach 1918. Die passionierte Auseinandersetzung um die frühen Theaterstücke von Jahnn entzündete sich nicht bloß an neuen literarischen Formen, die gar nicht so besonders neu waren, oder an den blutig-erotischen Exzessen, die gar nicht so besonders erotisch waren, sondern am *Gegenbild zur Bürgerwelt,* das überall bei Jahnn verkündet wurde.
Es ist schwer, dies Konzept zu analysieren, ohne sogleich ins

Zitieren und damit in eine Paraphrase der Gedanken von Jahnn selbst zu verfallen. Vielleicht gelingt es jedoch, diesen Kern aufzudecken, wenn man nach der Bedeutung fragt, die Jahnn *der Jugend und den jungen Menschen* in seinem Denken einräumt. Theodor W. Adorno hat einmal, von dem Musiker Alban Berg berichtend, der sein Kompositionslehrer war, die schöne Formel gefunden: »Ihm gelang es, kein Erwachsener zu werden, ohne daß er infantil geblieben wäre.« Ich habe mir diesen Satz stets vorgesagt, wenn ich zurückdachte an meine Begegnungen mit Hans Henny Jahnn. *Er* hielt alle erwachsenen Menschen im Grunde für mißlungen, gescheitert, aus ihrer natürlichen Ordnung gerissen. Womit er freilich sowohl die bürgerliche Gesellschaft meinte wie insbesondere auch die spezifische Erscheinungsform der *weißen Rasse.* Die Gegenwelt ist bei Jahnn in *dreifacher* Form vorhanden, wird in dieser Weise auch immer wieder bei ihm abgehandelt: als Gegenwelt der jungen und schönen Menschen, die noch nicht bürgerlich pervertiert wurden; dann als Gegenwelt der *schwarzen Menschen*; schließlich als Gegenwelt der schönen Tiere, der Pferde vor allem.

In seinem vielleicht bedeutendsten Theaterstück aus den Zwanziger Jahren, der großartigen »Medea«, die ich noch im Jahre 1926 im Berliner Staatstheater gesehen habe, in einer Inszenierung Jürgen Fehlings und mit Agnes Straub in der Titelrolle, ist die mythische Medea aus Kolchis als Negerin konzipiert. Der Zusammenstoß zweier Zivilisationen, einer archaischen, aber noch naturgemäßen, und einer Welt der raffinierten Zerstörtheit, ist bei Jahnn im Jahre 1926 nicht wesentlich anders konzipiert als in unserer Zeit in dem merkwürdigen Medea-Film von Pier Paolo Pasolini. Die Schönheit und Natürlichkeit der schwarzen Menschen gehörte zum rituellen Inventar Hans Henny Jahnns, im »Perrudja« ebenso wie im Theaterstück vom Schicksal des Negers an der »Straßenecke«.

Die Schönheit der Tiere, der schwarzen Menschen, der Knaben: in ihnen sieht Jahnn die Verkörperung, weit eher: die Verleiblichung einer möglichen Gegenharmonie zur »wirklichen« Unharmonie. Alle Harmonie aber pflegt sich, seit den Ägyptern und Babyloniern, über die harmonia mundi des Johannes Kepler bis zu Jahnn und vielen modernen Gedankenkreisen über ein harmonikales Weltbild, auf ein göttliches Prinzip der geschaffenen Urharmonie zu berufen. Auch Rousseau, der Aufklärer, suchte nach einer »religion naturelle«. Ein Titel bei Hans Henny Jahnn, wie »Die Spur des Dunklen Engels« von 1951, ist nicht, wie manchmal bei Rilke, zu verstehen als ein preziöses Spiel mit der religiösen Metaphorik. Die dunklen Engel, die lichten weit weniger, gehörten zum Weltbild von Jahnn.

Darum war es ein nahezu verzweifelter Versuch der letzten Lebenszeit, in diesen Fünfziger Jahren, da die atomare Zerstörung als Möglichkeit in unser aller Bewußtsein trat und das Wort von der »Endzeit« aufhörte, eine theologische Metapher zu sein, die Kräfte seiner Gegenwelt, vor allem verstanden als Kräfte der Jugend, aus der früher vorwiegend passiven und leidenden Haltung zu lösen und zu Trägern einer aktivistischen Gegenbewegung zu machen.

Der Freundschafts- und Bruderbund der kleinen Prinzen in Jahnns Drama von der Krönung Richards III. und der Freundschaftsbund des Knaben David und seines Freundes Jonathan in der »Spur des Dunklen Engels« waren dargestellt worden als wollüstige Selbstopfer der Leidenden und Harmonischen.

In seinem letzten Theaterstück jedoch vom staubigen Regenbogen, der atomaren Vernichtung, dem Jahnn den Titel gab »Die Trümmer des Gewissens«, stößt der Terrorismus einer pervertierten weißen Bürgerwelt mit dem verzweifelten Gegenterrorismus eines Bundes der jungen Menschen zusammen: um siegreich zu bleiben gegenüber dem Bund der Jugend.

Drei Jahre nach der Uraufführung seiner »Medea« schrieb Jahnn im Jahre 1929 einen Aufsatz zur Interpretation dieses Theaterstücks. Da heißt es: »Ich habe durchaus kein Verständnis für die römisch-christliche Definition des Verbrechens. Ich bin in meinem ganzen Leben noch keinem Normalmenschen begegnet. Die Natur hat als Ziel größtmögliche Variation; der dumme Mensch bedroht die Träger des Schöpfungsgedankens mit Strafen, weil er das Postulat einer Sittlichkeit aufrechterhält, die es unter den Sternen nicht geben kann. So scheint der schönste Schmuck des organischen Lebens, auch dem Menschen verliehen, die Liebe, eine Quelle tragischen Geschehens.«

Hier wird natürlich, immer noch in der Nachfolge von Nietzsche, die hellenische zusammen mit der christlichen Überlieferung schroff abgelehnt. Bereits Nietzsche hatte in den rationalistischen Fragen des Sokrates und in der sogenannten »Sklavenmoral« des Jesus von Nazareth die wichtigsten Destruktionselemente menschlicher Entwicklung denunzieren wollen. Jahnn hat nichts zu schaffen mit Nietzsches Zarathustra und der Ideologie vom Herrenmenschen. *Sein* Menschenbild gründet sich auf Liebe und Toleranz, auch wenn dem Begründer des Bundes Ugrino bisweilen autoritäre Charakterzüge anhaften mochten.

Allein die Absage an das Christentum und die hellenische oder eher: hellenistische Tradition war total im Denken von Hans Henny Jahnn, wobei es nicht ohne Widersprüche abging. Hatte sich die bürgerliche Ästhetik in Deutschland und im 19. Jahrhundert ein Schönheitsideal aus Griechentum und Goethe-Zeit zurechtgemacht, mitsamt der Venus von Milo und dem Apollo von Belvedere, so wandte sich Jahnn gebieterisch gegen alle Klassik und Pseudoklassik: *zugunsten des Archaischen.* Das war bereits ein Grundgedanke aller Ästhetik des Expressionismus. Jahnn entscheidet sich für Ägypten und gegen Athen, für die Pyramiden als Totenburgen, aber wiederum auch, in sonderbarer Gedankenverbindung, für die gotischen Kathedralen und die großen Musikmeister *vor* Johann Sebastian Bach: auch sie verstanden als archaische Frühform, die dann später, bei Bach und seinen Nachfolgern, geglättet worden sei. Im Gespräch machte er kein Hehl daraus, daß er mit Bach und Mozart im Grunde nicht viel anfangen könne: bei großer Bewunderung. Buxtehude stand ihm näher, erst recht Gesualdo. Wie es gemeint ist, kann man in den Meditationen seines Romanhelden, des deutschen Tonsetzers Gustav Anias Horn, nachlesen.

Negation des Hellenismus also, wie des Christentums. Es sei daran erinnert, daß Jahnns Wiederentdeckung der Orgel und ihrer Kunst als Versuch zu deuten war, die Orgelkunst aus ihrer Verbindung mit dem christlichen Ritual zu lösen.

In meinem »Versuch über Hans Henny Jahnn«, der im Jahre 1974 der siebenbändigen Ausgabe der Werke und Tagebücher vorangestellt wurde, sprach ich von den *drei Negationen*, die vorausgesetzt wurden bei Errichtung dieses harmonikalen Welt-

bildes. Neben einer Negation des Christentums und des Hellenismus hatte ich dabei auch von einer *Negation der bürgerlichen Aufklärung* gesprochen. Diese These ist von einigen Freunden und Verteidigern von Jahnn mißdeutet und angegriffen worden. Freilich hatte man nicht beachtet, daß ausdrücklich von einer »bürgerlichen« Aufklärung gesprochen worden war. Natürlich war Hans Henny Jahnn, wenn irgendeiner, besessen vom Prinzip der Aufklärung. Nicht zufällig wurde an manche fast unbewußte Parallele zu Jean-Jacques Rousseau erinnert. Die totale Kreativität eines Künstlers und Denkers, Baumeisters und Lebensreformers sollte helfen, weitere Destruktion der Natur und der Menschen zu verhindern. Nahezu das gesamte Programm heutiger Ökologen und Umweltforscher ist bei Hans Henny Jahnn vor mehr als fünfzig Jahren entwickelt und begründet worden. In diesem Sinne war natürlich der Verfasser des »Perrudja« ein radikaler Aufklärer. Auch Ugrino war keine mystische, sondern eine aufgeklärte Gemeinschaft.
Wenn sich jedoch die bürgerliche Aufklärung des 18. und 19. Jahrhunderts zum Grundsatz des Diskurses und Dialoges bekannte, zum Streitgespräch und damit auch zum Lebenskompromiß, so empfand sich Jahnn als Gegner. Er mißtraute den erwachsenen Menschen und ihrem Dialog; die Kompromisse der weißen Menschheit stellten sich ihm als Ausbeutung dar, nicht als Aufklärung; die Postulate der bürgerlichen Revolution hatten sich offensichtlich in der kapitalistischen Entwicklung in Herrschaftsprinzipien verwandelt, wodurch – unter dem Vorwand einer formalen Gleichheit vor dem Gesetz – ein ganzes System der Diskriminierungen errichtet wurde. Der Aufklärer und Reformer Hans Henny Jahnn verstand sich als einer, der diese Grenzen der bloß bürgerlichen und abendländischen Aufklärung überschreiten wollte. Das babylonische Gedicht von Gilgamesch war ihm wichtiger als Homer. Ägypten stand ihm näher als Athen und Rom. Das Alte Testament war eindrucksvoller als das Neue. Merkwürdig ist auf der anderen Seite, vergleicht man die beiden Festreden, die Jahnn in der letzten Lebenszeit in seiner Vaterstadt Hamburg zu Ehren von Lessing und von Klopstock hielt, daß größere Sympathie spürbar ist in der Analyse Friedrich Gottlieb Klopstocks, der ein Epos vom

Messias schrieb, als bei der Interpretation des großen bürgerlichen Aufklärers Gotthold Ephraim Lessing.

Was hat sich geändert seit dem Tode von Jahnn vor fünfundzwanzig Jahren? Die Zeit des Gelächters und aller Denunziation ist vorbei: dafür hat nicht bloß der Tod gesorgt, sondern auch neue Erkenntnis. Man würde es heute dem Kritiker Günter Blöcker nicht mehr durchgehen lassen, wie damals, im Jahre 1958, über Jahnn zu behaupten, es sei »auf die Dauer ein degoutantes Schauspiel, diesem verbalen Muskelspiel zuzusehen«. Weiter noch: »Sprache, die geistig nicht gebunden ist, ergeht sich in Catcherposen, in einem literarischen Athletentum für die Schaubude.« Dies ist formuliert ausgerechnet vor einer geistig so streng gebundenen Prosa, daß sie bisweilen die Sinnlichkeit opfert zugunsten der gedanklichen Klarheit. Dergleichen wird sich kaum mehr wiederholen. Auch dies ist ein Fortschritt, wenn man so will.
Fortschritt auch sonst. In früheren Zeiten und Kulturkreisen wäre Hans Henny Jahnn als Hexenmeister gefoltert und verbrannt worden. Allein würde er heute in der Landschaft seiner Gilgamesch und Engidu davor bewahrt bleiben, als Verächter Allahs und seines Propheten ausgepeitscht oder an die Wand gestellt zu werden? In Moskau wurde der westdeutsche Schriftsteller Hans Henny Jahnn mit hohen Ehren empfangen; wie jedoch erginge es einem russischen Außenseiter, der genau so lebte, dächte und schriebe wie dieser Hamburger? Da wäre vermutlich die Rede von einem asozialen und kriminellen Element, einem unnützlichen Mitglied der fortschrittlichen Gesellschaft, den man versuchen müsse mit Elektroschocks zu kurieren.
In seinem Nachruf auf Hans Henny Jahnn hat Hans Erich Nossack, ein Hamburger wie der Freund, die Summe dieser Existenz gezogen, »Das schöne, kindliche Leben, das Hans Henny Jahnn uns vorgelebt hat, lehrte uns wieder an die naturbedingte Notwendigkeit der dichterischen Existenz glauben.« Auch hier die Verbindung eines schweren Lebens mit dem kindlichen Leben dessen, der nicht erwachsen wurde und doch niemals infantil gewirkt hat. Es war ein schweres Leben: gegen

die Zeit und gegen eine ganze Zivilisation. Das Ende kam in einem Krankenhauszimmer der dritten Klasse. Unordnung bis zum Schluß in einer Existenz, die sich nichts sehnlicher erwünschte als Ordnung und Harmonie.
Daß Hans Henny Jahnn jemals ein populärer Autor werden könnte, ist ausgeschlossen. Mit diesem Mann und seinem Werk muß man sich ganz einlassen, oder man muß und wird davon Abstand nehmen. Allein darin ergeht es dem Autor von Kunstfiguren wie dem Perrudja, dem Pastor Ephraim Magnus, dem Gustav Anias Horn und dem knabenhaften Genie Thomas Chatterton auch nicht anders als etwa einem Robert Musil oder James Joyce. In dem vielleicht bedeutendsten Text einer kritischen Prosa, den Jahnn geschrieben hat, seinem Mainzer Akademievortrag »Über den Anlaß« von 1952, steht der bündige Satz: »Man kann James Joyce bekämpfen: aber man kann ihn nicht widerlegen.« Hans Henny Jahnn, unser Zeitgenosse. Man kann ihn bekämpfen: aber man kann ihn nicht widerlegen.

Ein Dichter der Freundschaft, um es zu wiederholen. Eben dadurch scheinbar unzeitgemäß und in Wirklichkeit in einem tiefen Verstande gerade auch wieder unser Zeitgenosse. Das Gegenteil eines Dichters, der die Entfremdung beschreibt *und* der als ein Selbstentfremdeter schreibt. Hans Henny Jahnn ist stets »bei sich selbst gewesen«. So verstand es auch ein anderer Dichter und Freund, dem die Entfremdung gleichfalls nichts anhaben konnte und der stets bei sich selbst blieb, auch wenn er schließlich nicht in der geliebten Heimat bleiben konnte: in der Mark Brandenburg. *Peter Huchel* schrieb im Jahre 1957 ein Gedicht: »Widmung für Hans Henny Jahnn«. Zwei Jahre später, am 18. Dezember 1959, hielt Peter Huchel in der Ostberliner Akademie der Künste eine Gedenkrede auf den wenige Wochen vorher verstorbenen Hamburger Freund.
Auch Huchel war, zusammen mit Hans Erich Nossack, in Hamburg dabeigewesen, als man den schweren Sarg in die Erde senkte. In seiner Rede sagte er in Prosa, was das Gedicht dem Lebenden zugerufen hatte, als Warnung, als ein Freundeswort. In der Gedenkrede hieß es: »Wir alle, die wir ihn kannten, haben in den letzten Jahren mit Bestürzung, ja oft mit Angst sein

rastloses Leben verfolgt ... Und manchmal schien es, als sei er verurteilt, sich selber den Boden, den er eben gewonnen hatte, unter den Füßen wegzureißen ... Den unverfälschten Menschen sichtbar zu machen, den Menschen, in dem sich Geist und Sinne innig verbinden – ein heidnisches Ethos, wenn man will – das ist für mich der Urgrund seiner dichterischen Potenz.«

Den unverfälschten Menschen sichtbar zu machen. Wie in Huchels Gedicht, so blickte Jahnn von jeher zu denen hinauf, die oben am Hügel wohnten, ihr Tagwerk kannten, und deren Tagwerk gut war. Besonders, wenn eisige Ferne wehte, jene Eiseskälte, die Jahnn in der »Spur des Dunklen Engels« geschildert hat. Der hier vom abendlichen Fluß zum Hügel hinaufschaut, weiß insgeheim, daß er diesen Weg hinauf zu den Menschen mit gutem Tagwerk niemals gehen kann und gehen wird. Auch dann nicht, wenn eisige Ferne weht und der dunkle Engel wieder einmal rief. Huchels Gedicht endet als eine poetische Wesensbestimmung, damit sich der Freund von allen Utopien und Nebenplänen freimache zugunsten seiner wirklichen Bestimmung: der dichterischen. Das Gedicht war als Zuspruch und Freundeswort gedacht. Hans Henny Jahnn hat es nicht beachtet. Er konnte es wohl auch nicht.

Peter Huchel

Widmung für Hans Henny Jahnn

Singende Öde am Fluß: wer rief?
Da mit dem rudernden Fuß des Schwans
Die Nacht nun über dem Wasser naht,
Gehn Feuer dunkel hinab den Pfad,
Wo einmal der Knabe, im Schatten des Kahns,
Den Mittag neben den Netzen verschlief.

Wer aber wollte, wenn eisige Ferne weht,
Mit ihnen am Hügel dort oben nicht leben,
Die melken und pflügen
Und richten Gemäuer
Und Balken an Balken sicher fügen?
Wo sich das wasserhebende Windrad dreht,
Wohnen sie nahe am Korn. Ihr Tagwerk ist gut.
Dich aber rief es, aus feuer-
Brennender Tiefe zu heben
Die leicht erlöschende, ruhlose Glut.

XX. ALS DER KRIEG ZU ENDE WAR
NACHDENKEN ÜBER EINE ERBSCHAFT

(Hamburg, 1984)

Wer zwei Weltkriege überleben mußte (oder durfte), zweimal also Vorkriegszeit, Krieg und Nachkrieg, wird beim Zurückdenken immer wieder, falls er das einmal gelesen hat, zu einem Satz des Österreichers Karl Kraus zurückkehren. Geschrieben vielleicht noch in der Endphase des Ersten Weltkriegs, dann als Kernsatz aufgenommen ins Vorwort einer Tragödie mit dem Titel »Die letzten Tage der Menschheit«. Einer Tragödie in fünf Akten, wie es sich gehört, die mit Regieanweisungen endet wie »Meteorregen setzt ein« und »Flammenlohe«, um zu schließen, nach dem Hinweis auf ein »Großes Schweigen«, mit der Stimme Gottes und den Worten: »Ich habe es nicht gewollt.« Allein die Stimme Gottes formuliert ein Zitat. So hatte vor ihm, mitten im Ersten Weltkrieg, der alte Kaiser geredet.
Jener Satz von Karl Kraus lautet: »Denn über alle Schmach des Krieges geht die der Menschen, von ihm nichts mehr wissen zu wollen, indem sie zwar ertragen, daß er ist, aber nicht, daß er war. Die ihn überlebt haben, ihnen hat er sich überlebt.«
Dies erinnert scheinbar, auf den ersten, doch falschen Blick, an Alexander Mitscherlichs Formel. An den Satz von der deutschen »Unfähigkeit zu trauern«. Karl Kraus aber meint ein Anderes. Die Unfähigkeit nämlich zu trauern, für sich genommen (denn Mitscherlich hat etwas anderes an damaligen Zuständen aufgedeckt, was stimmt, nach wie vor), diese Unbereitschaft, zurückzuschauen in Büßerhaltung, sollte uns nicht beunruhigen. Sie ist zugleich auch ein gutes Zeichen des Willens zum Überleben. Im Gegenteil war, nach der französischen Niederlage von 1940, die dem Volk durch Vichy und den Marschall Pétain verordnete Selbstzerknirschung über angebliche Leichtfertigkeit und Dekadenz ein verlogenes Spektakel. Jean-Paul Sartre hat diese amtliche Heuchelei in seinem Schauspiel »Die Fliegen« auf die Bühne gebracht und dadurch mitgeholfen, noch unter deutscher Okkupation, die Kräfte des Widerstandes zu wecken.

Karl Kraus jedoch meinte damals, im Jahre 1922, nicht einen Mangel an Büßertum, sondern eine Unbereitschaft zur Rückschau, und damit: zur Verantwortung für das Geschehene. Das war sein Thema. Es blieb unser Thema: die Schmach von Menschen, die den Krieg überlebten, und denen er sich – scheinbar – überlebt. Wir haben viele Ausdrücke dafür in unserer neudeutschen Umgangssprache. Den »Schnee vom vergangenen Jahr«, was immerhin anknüpfen darf an eine wohlbekannte poetische Metapher. Schlimmer ist unser beliebter Spruch: »Das kann man vergessen.« Als wäre das so leicht zu »machen« für die Macher: das Vergessen.

Was Kraus damals als tiefste Schmach empfand: daß man das Sein des Krieges hingenommen habe, doch Widerwillen äußere gegenüber seinem Gewesensein, hat sich seit nunmehr fast 40 Jahren unablässig wiederholt. Als Schmach der *Verantwortungslosigkeit.* Die aber ist eine politische Belastung unserer Gegenwart. Vergessen wollen und verantwortungsloses Ausweichen vor dem deutschen Vergangenen mit der Redensart: »Mich geht das nichts mehr an, ich war noch zu jung, um dabeizusein«: beides zeugt von politischer Ignoranz. Es gehört zu jenem Mangel an Wirklichkeitsbewußtsein, den man immer wieder in der deutschen Geschichte beobachten muß und den man durchaus nicht mit dem schönen Etikett des »Romantischen« schmükken sollte. Die Historiker außerhalb der deutschen Grenzen, und in hohem Maße auch die heutigen deutschen Geschichtsforscher, früh schon angeführt durch den Hamburger Fritz Fischer, haben festgestellt, daß ein wesentliches Moment bei der Entstehung eines Dritten Reiches die Bewußtseinstatsache war, nicht zugeben und beherzigen zu wollen, daß ein Deutsches Reich den Ersten Weltkrieg verloren hatte. Das sei keine Niederlage gewesen. Da sei gemogelt worden, Dolchstoß von hinten und so. Auf ein Neues!

Unsereiner hat alles erlebt, schließlich durchlebt. Wegen solcher Wirklichkeitsferne sind viele Menschen, die wir gern hatten, umgebracht worden: umgekommen wegen einer Wahnsinnsvision, die der Baumeister Albert Speer aus Mannheim auftragsgemäß als Siegeshalle entworfen hatte. Die Kuppel wird gekrönt von der Weltkugel, die Weltkugel jedoch ist umkrallt vom

Reichsadler. Davon sollte nicht mehr gesprochen werden? Das könnte man vergessen?
Als hätte nicht längst in Deutschland, nämlich hüben wie drüben, eine Auseinandersetzung im Volk, zwischen Eltern und Kindern, eingesetzt, die Heinrich Böll, wahrscheinlich als erster, schon im Jahre 1951 mit seinem Romantitel »Wo warst du, Adam?« eröffnete. Es ist die Frage Gottes aus dem Bericht vom Anfang der Menschengeschichte. Als Frage nach dem, was geschehen ist, nach der ersten Tötung, und damit nach der Verantwortung. Heute gibt es keine deutsche Familie, die sich dieser Auseinandersetzung entziehen könnte. Um so schlimmer für sie, *und für uns!*, wenn sie es trotzdem einvernehmlich zwischen den Generationen versuchen sollte. Heut ist heut... Es wird und darf nicht gelingen. Darum muß von neuem gefragt werden: mit dem Ziel, in Ruhe und mit den Arbeitsweisen der Wissenschaft, endlich die Taten und Untaten von damals zu benennen und dadurch ins Bewußtsein der Deutschen zu lenken. Die eigentliche Welt freilich des Dritten Reiches und seines Weltkrieges ist weitgehend erforscht. Doch was kam danach? *Als der Krieg zu Ende war?* Die großen Daten sind bekannt; sie sind bis heute fast emotionslos hingenommen worden: Kapitulation, Währungsreform. Gründung der beiden Staaten auf deutschem Boden. Wie aber verlief der deutsche Alltag in alledem? Hier waltet eine starke Amnesie, wie die Psychologen und Psychiater zu sagen pflegen. Man weiß es nicht mehr, weil man es nicht mehr wissen wollte. Die Schmach, nicht mehr wissen zu wollen, was war. Der erste deutsche Film nach der totalen Niederlage, die man übrigens seitdem sehr euphemistisch bloß als »Zusammenbruch« wahrhaben möchte, doch was war da zusammengebrochen?, sprach im Titel noch den Sachverhalt aus. Er lautete: »Die Mörder sind unter uns«. Und, wahrlich, er sprach die Wahrheit, wie wir heute wissen. Bald darauf jedoch hatte die Amnesie gewaltet. Ein Filmtitel lautete nunmehr: »In jenen Jahren«. In was für Jahren?
Dies ist keine Rede, die vorwegnehmen dürfte, was erst erforscht werden soll: wie es in Deutschland zuging, als der Krieg zu Ende war. Hier spricht einer, der überlebte, ein Mann der Literatur zudem. So lassen Sie ihn fragen und berichten, aus eigenem

Erleben. Lassen Sie ihn zugleich demonstrieren, daß der Satz Friedrich Hölderlins »Was bleibet aber, stiften die Dichter«, wahr geblieben ist. Die intellektuelle Redlichkeit und poetische Genauigkeit unserer Schriftsteller hat vieles von dem vorweggenommen, was die Wissenschaft und dann, hoffentlich, die Bewußtseinsindustrie, aufdecken könnte. »Ruchbar machen«, wie ein schlimmer Ausdruck unserer Sprache das nennt.

Als der Krieg zu Ende war, im ersten Nachkriegsjahr 1946, reiste ein Schriftsteller, ein Neutraler, einer von draußen also, im zerstörten Deutschland umher. Der Schweizer *Max Frisch* aus Zürich, Jahrgang 1911, hatte deutsche Vorfahren. Als junger Mensch machten auch ihm die Losungen und Sprüche eines Ministeriums für Volksaufklärung und Propaganda für kurze Zeit Eindruck. Volksaufklärung und Propaganda: als wären das nicht Gegensätze. Nun reiste er umher in vier Besatzungszonen. Noch hatte er das Glück der Anonymität; man kannte den Namen nicht. Erst das Ergebnis dieser Reise, eine Aufschreibung mit dem Titel »Tagebuch 1946-1949«, zuerst erschienen im September 1950 in Frankfurt, machte viele Leser mit diesem Autor bekannt.

Der Tagebuchschreiber ist redlich: eher ein Freund der Besiegten. Er notiert etwa: »Frankfurt, Mai 1946. Auf dem Bahnhof. Flüchtlinge liegen auf allen Treppen, und man hat den Eindruck, sie würden nicht aufschauen, wenn mitten auf dem Platz ein Wunder geschähe; so sicher wissen sie, daß keines geschieht. Man könnte ihnen sagen, hinter dem Kaukasus gebe es ein Land, das sie aufnehmen werde, und sie sammelten ihre Schachteln, ohne daß sie daran glaubten.« Was hier beobachtet wurde, ist *der Zustand in einer Entziehungskur* nach so viel ideologischen Drogen der Reichspropaganda. Man glaubt gar nichts mehr. Oder schon wieder alles? Man will es auch nicht mehr so genau wissen. Der Zustand von Überlebenden eines Krieges, denen er sich, mit Karl Kraus zu sprechen, »überlebt« hat, besaß folglich in seinen Anfängen eine triftige Krankheitsursache. Allein wir sind seit langem nicht mehr krank in solcher Weise, wenngleich neue Krankheiten als Folge einer entfesselten und planmäßig gelenkten – heute sagt man bezeichnenderweise: einer »gezielten« – Propaganda in Wort und Bild bereits sichtbar werden.

Max Frisch entwarf damals auch ein Theaterstück mit dem Titel »Als der Krieg zu Ende war«. Eine private Konstellation, in Berlin im Frühjahr 1945, die es wirklich gegeben hat, wodurch das Geschehen nur kolportagehafter wird. Ein Überlebender aus dem Warschauer Getto, der Jiddisch spricht, ein deutscher Offizier, der dabei war, als das Getto samt seinen Bewohnern »liquidiert« wurde. Ein russischer Major, der von der Frau des Deutschen geliebt wird. Man geht am Schluß auseinander. Was hätten diese Menschen sich weiterhin zu sagen?
Kein gutes Theaterstück. Es wurde auch kein Erfolg bei der Züricher Uraufführung im Januar 1949. Ein Thema wie »Als der Krieg zu Ende war« ließ sich nicht in den Koordinaten von Gut und Böse, Henker und Opfer abhandeln. Das gesellschaftliche Sein der Deutschen mußte sichtbar werden: ihr öder und sorgenvoller Alltag nach so viel Leidenswirklichkeit und so viel Geschwätz von »stolzer Trauer«.
Damals bereits, im Jahre 1948, wurde offenbar, daß die individuelle deutsche Haltung einer Abwehr des Vergangenen mehr bedeutete als ein Entziehungssyndrom. Neue und abermals gezielte Propaganda hatte sich schon ans Werk gemacht. »Genug von all dem Gräßlichen!« Heut ist heut. Eben davon spricht der ungemein hellsichtige Brief eines anderen deutschen Schriftstellers an Max Frisch: aus Anlaß jenes mißglückten Zeitdramas. Ein Brief vom Juli 1948. Wenn er hier und jetzt zitiert wird, so möge man nicht an Germanistik denken. Es handelt sich um die politische Analyse.
Bertolt Brecht, der Briefschreiber, hatte Amerika verlassen, wo der Senator Joseph McCarthy aus dem Staate Wisconsin als Gerichtsherr wütete gegen alle, denen er in der Vergangenheit ein »unamerikanisches Verhalten« vorwarf. Auch dies gehört zur Ära, als der Krieg zu Ende war: ganz wie die ebenfalls gleichzeitig ablaufenden stalinistischen Schauprozesse mit durch Folter erzwungenen Selbstbekenntnissen der Angeklagten, samt auf den Tag genau programmierter Hinrichtung am Galgen.
Brecht schreibt an Max Frisch, in Abwehr jener Privatheit der Personenkonstellation im Stück zwischen Deutschen und Russen und Juden: »Aber für mich ist dies eine Hoffnung, welche von einer Gesellschaft ermutigt wird, die ein tieferes und vor

allem allgemeineres Verständnis der gesellschaftlichen Vorgänge nicht wünscht und die gesellschaftliche Maschinerie nur ›berührt‹ und nicht etwa kräftig angegriffen haben will. Sie wollen nicht, daß mit dem Zaunpfahl gewinkt wird – so wenig wie das Diebe wollen.
Aber die Geschichte des großen Dramas zeigt, daß der Zaunpfahl ein legitimes Instrument ästhetischer Veranstaltungen ist.«
Man kann es nicht besser sagen. Auch heute noch. Eben deshalb müssen auch wir abermals, nach Jahrzehnten, den Vorgängen uns zuwenden, denn es handelt sich – immerhin – um die gesellschaftliche Grundlage der zwei Staatswesen, die damals, im Sommer und Herbst des Jahres 1949, errichtet wurden: der Bundesrepublik Deutschland und der Deutschen Demokratischen Republik. Im selben Jahr 1949 wurde in Hamburg der Prozeß gegen den Filmregisseur Veit Harlan abgeschlossen: der mit seinem Film »Jud Süß« auftragsgemäß die emotionale Einstimmung geliefert hatte für das Treiben in Auschwitz und Maidanek. Es erfolgte Freispruch in Hamburg. Eine Photographie zeigt das freudige Händeschütteln der Passanten für den Freigesprochenen.
In einem ernsthaften Versuch, die Geschichte der Deutschen, die seit dem Jahre 1945 aufgehört hat, Deutsche Geschichte zu sein, im ersten Jahrzehnt nach dem Kriegsende als Historiker zu deuten, hat Christof Kleßmann unter dem Titel »Die doppelte Staatsgründung« zu zeigen versucht, daß weder das Klischee der »Restaurationsepoche« für die Anfänge der Bundesrepublik als Erklärung genügen kann noch gar, für die DDR, das offizielle Klischee der Sowjetischen Besatzungszone, als es von der »Geburt eines neuen Deutschland« berichten wollte. Bis heute trägt das Zentralorgan der Sozialistischen Einheitspartei den Titel »Neues Deutschland«.
Es bleibt trotzdem wichtig, genauer zu untersuchen, *warum* damals in der Tat zwischen Oder und Elbe, in Mecklenburg und der Mark Brandenburg, in Sachsen und in Thüringen *kein* Neues Deutschland als gesellschaftliche und geistige Hoffnung entstand oder auch nur entstehen konnte. Hoffnungen hatte es gegeben, die mehr bedeuteten als stalinistische Propaganda. Auch viele heimgekehrte Emigranten glaubten daran, in den

Zeiten der herbstlichen Gründungsmonate des Jahres 1949. Christof Kleßmann formuliert treffend, aus Kenntnis der Fakten, wenn er schreibt: »In der DDR verkam die Beschwörung eines ›friedliebenden und demokratischen Deutschland‹ durch die SED nach anfänglich noch glaubwürdigen Ansätzen zum reinen Propagandaritual, weil niemand ein stalinistisches Deutschland, das sich hinter dieser Formel verbarg, wollte, und der SED für ihren gewaltsamen Transformationsprozeß jede demokratische Basis fehlte.« (S. 299/300)

Über die Behauptung vom damaligen östlichen Konzept eines stalinistischen Gesamtdeutschland wird zu rechten sein. Richtig ist jedoch, daß es »drüben« damals »glaubwürdige Ansätze« gab, auf der politischen *und* der moralischen Ebene, entschieden sich abzugrenzen von den Taten und den größeren wie kleineren Machthabern eines Dritten Reiches.

In deutlichem Gegensatz zur konvergierenden Politik in den drei Westzonen wurde in der Sowjetischen Besatzungszone der Begriff des *Antifaschismus* als politisches Programm formuliert. Dieses Neue Deutschland sollte als eine »antifaschistisch-demokratische Ordnung« verstanden werden. Das wurde unablässig verkündet: nicht allein als Parteitagsrede und richtungweisender Leitartikel, sondern vor allem in der Kulturpolitik, und damit in der Kunst wie Literatur. Daß es bei dieser »antifaschistisch-demokratischen Ordnung« von Anfang an schlecht bestellt war, unter Stalin und mit den Divisionen der sogenannten »Freunde« im Land, mit der demokratischen Ordnung, wußten alle. Ernster zu nehmen war das antifaschistische Programm.

Stalins Antisemitismus jedoch war wohlbekannt. Vermutlich meinte er stets vor allem seine jüdischen Gegenspieler Trotzki, Sinowjew und Kamenew. Allein der Judenhaß blieb bei ihm virulent, obwohl er diese Hauptfeinde, und viele andere, hatte umbringen lassen. Trotzdem war nicht zu verhindern, daß von nun an viele Juden als politisches Reservoir in der deutschen Staatspartei und ihrem Staat integriert werden mußten. Das hat sich bis heute nicht geändert. Man findet heimgekehrte jüdische Emigranten im Politbüro, im Ministerrat, in der Kulturpolitik und im Kunstleben der DDR.

Die zweite Generation dieser für die Geschichte der DDR so

wichtigen Emigranten, ob jüdisch oder nicht, geht andere Wege in vielen Fällen. Sie lebt auch häufig nicht mehr im »Osten«. Bisweilen blieben sie der sozialistischen Dialektik treu, die sie nicht mit dem sogenannten »real existierenden« Sozialismus verwechselt sehen wollten. Einer dieser Söhne der damals Heimgekehrten heißt Thomas Brasch.

Dieser Antifaschismus war ernst gemeint. Er mußte es sein: aus Gründen der Entstehungsgeschichte dieses »anderen« Staates auf deutschem Boden. Daß aber schließlich nicht bloß ein demokratisches, sondern auch ein antifaschistisches Zerrbild entstand, läßt sich, wie mir scheint, auf doppelte Weise erklären. Einmal hat *Stalin* selbst mitgeholfen, den für ihn so wichtigen Antifaschismus zu diskreditieren. Seine wahnhaften antisemitischen Phobien entäußerten sich in den anbefohlenen Schauprozessen gegen »entlarvte Verräter« des kommunistisch-antifaschistischen Lagers. Juden wurden dabei bevorzugt als Angeklagte und bei der Hinrichtung am Galgen: in Budapest, Sofia und Prag.

Auch in Ostberlin wurde der Prozeß vorbereitet: an jüdischen Todeskandidaten war kein Mangel. Angeführt wurde die Hinrichtungsbesatzung, wie man weiß, durch *Leo Bauer.* Damals dürfte Walter Ulbricht auf Zeit gespielt haben. Er konnte den befohlenen Prozeß nicht gebrauchen. Auch in Moskau müssen viele auf Zeit gespielt haben.

Was konnte unter solchen Umständen für Zeitungsleser in Leipzig oder Jena oder Greifswald, wenn sie in ihren Gazetten die Verdammungsartikel lasen gegen die entlarvten Verräter, die einstigen Emigranten und nunmehr als Agenten westlicher Geheimdienste überführten Antifaschisten, die Erinnerung an die Vernichtungslager des Dritten Reiches und seiner Volksgerichtshöfe noch als Aufklärung bewirken. Man glaubte nichts mehr. Auch nicht mehr an die Untaten von damals. Man erlebte, bei allen Unterschieden, neue Untaten.

Indem folglich die einstige Wahrheit des antifaschistischen Widerstandes im Dritten Reich unter Stalin immer mehr zur Unwahrheit verkam, was auch die Politiker spürten: als Indolenz »unserer Menschen«, wie eine gleichfalls lügenhafte Formel zu lauten hatte, suchte man das Heil in der Quantität einer verstärkten Propaganda. Nunmehr sah man, in der Propaganda, außerhalb der eigenen Mauern bloß noch »Faschisten« am Werke. Wiederholte also die wohlbekannten Fehler kommunistischer Propaganda aus der Weimarer Endzeit. Damals hatte man den Brüning-, den Papen- und den Schleicher-Faschismus ausgerufen und war dann heiser am 30. Januar 1933.

Nichts hat, neben Stalin, dem Nachdenken über die Erbschaft des Dritten Reiches in der DDR mehr geschadet als das Faschismus-Gefuchtel der Propaganda. Die Wirkung in der Bevölkerung ließ sich abermals als *Entpolitisierung* definieren. Man glaubte gar nichts mehr: auch nicht die Wahrheit über ein Damals. Was viele strebsame junge Leute drüben nicht daran hinderte, bei Bewußtseinsprüfungen die richtigen antifaschistischen Antworten zu geben. In den ersten Nachkriegsjahren war es den jungen Leuten im Blauhemd der Freien Deutschen Jugend, auch den vielen aus den Westzonen, die solche Insignien trugen, noch bitter ernst damit gewesen.

Die Entpolitisierung war im östlichen deutschen Staat eine Folge der politischen Propaganda; im deutschen Weststaat erfolgte Entpolitisierung durch Reklame. In beiden Bereichen wurde Amnesie bewirkt.

Wie konnte das geschehen: ein gemeinsamer Beschluß, zu vergessen und alles Sprechen als stillos, geschmacklos, taktlos zu deklarieren? Ohne daß aber ein solches Verdikt gesprochen worden wäre. »Erzähl mir nichts vom Krieg«, lautete der Titel eines Gedichtbuches von Jürgen Becker aus dem Jahre 1977. Damals, nämlich 1977, mußte bereits wieder »davon« gesprochen werden. Noch aber war es nicht soweit, als die Jüngeren den Älteren im Wohnzimmer zubrüllten: »Erzähl mir nichts vom Krieg.« Nämlich von behaglichen Anekdoten, die einer beim Bier nacherfindet: Narvik und Westwall, Ardennen oder Tobruk. Wie jung wir damals waren. Und sind davongekommen. »Als da plötzlich der Russe durchbrach ...« Erzähl mir nichts vom Krieg. Weil dies Erzählen so viel Schweigen einschloß: über Untaten von damals, eigene wie fremde.

So wurden Krieg und Drittes Reich entweder beschwiegen oder hoffnungslos zersplittert durch individuelle Anekdoten. Wer das in jenen ersten Jahren eines Nachkriegs bewußt erlebte und auch noch an den Nachkrieg um 1920 zurückzudenken vermochte, fand vor allem die *Wiederholung* erschreckend. Sollte alles von neuem ablaufen? Um 1920 waren die Städte noch unzerstört. Die Gespräche am Biertisch klangen stolz. Auf den Kriegerdenkmälern standen Sätze wie »Und Ihr habt doch gesiegt!« Viele Überlebende in der Bundesrepublik dachten zwar in den Fünfziger Jahren noch nicht an so krasse Formeln, doch ein bißchen schien es auch diesmal wieder zu stimmen. Die Freßwelle und die Kaufwelle und die Bauwelle. »Wir sind wieder wer«, verkündete ein Amtsträger, dem man gern zuhörte. Hatte man nicht doch gesiegt? Wenigstens ein bißchen, und nachträglich?

Es handelt sich, bei solcher Anamnese des deutschen Alltags, denn die Feiertagsreden zählen nicht, um den schwierigen Versuch, mit Gottfried Benn zu sprechen, einen *deutschen Phänotyp* jener Jahre sichtbar zu machen. Mit der Forschung des Historikers allein ist das nicht zu bewältigen: der wird es immer wieder mit den wechselnden Chefetagen zu tun bekommen. Wie jedoch rekonstruiert man den deutschen Alltag von damals, der nach wie vor umgeht in unserem Alltagsleben und damit: im Leben derer, die heute noch jung sind? Es ist auch, um die fragwürdige Formel anklingen zu lassen, ein »gesamtdeutsches« Forschungsthema. Wäre es wirklich so, wie die Staatsdoktrin der DDR verkündet, daß sich dort die einstige antifaschistisch-demokratische Grundordnung inzwischen, mit Hilfe von Planwirtschaft, Kollektivierung und marxistisch-leninistischer Schulung, in eine neue deutsche Ideologie des real existierenden Sozialismus gewandelt hätte? *Oder* vollzog sich, unterhalb und jenseits aller Propaganda, auch in der DDR, im Phänotyp ihrer Bürger, jene gefürchtete Konvergenz: zu verstehen als geheime Übereinstimmung des Fühlens und Wollens mit den Deutschen des Weststaates.

Bei den Überlebenden in den damals häufig für tot erklärten deutschen Städten gab es zunächst, als der Krieg zu Ende war, *zwei extreme Verhaltensweisen*, die aber nur an einer Minderheit konstatiert werden konnten. Einmal das unbelehrbare Weitermachen im Geiste von Führer und Reich; zum anderen die Beflissenheit und Willfährigkeit gegenüber den jeweiligen Sie-

gern in den jeweiligen Besatzungszonen. Mancher wollte damals ein bißchen mitgesiegt haben.
Zwei Beispiele mögen andeuten, was gemeint ist. Der erste Theaterskandal im Nachkriegsdeutschland ereignete sich wohl im zerstörten Stuttgart nach einer Aufführung des »Woyzeck« von Georg Büchner auf einer Behelfsbühne. Schüler und Studenten, angeheizt durch ihre Schulmeister, protestierten gegen Büchner und seine unerträgliche Aufrichtigkeit. Im Dritten Reich war, laut ministerieller Anordnung, größter Wert gelegt worden auf Schönheit und auf Stimmung.
Das vielleicht schlimmste Beispiel neudeutscher Anpasser, die mitgesiegt haben wollten, hat uns nicht zufällig *Rolf Hochhuth* wiederentdeckt: unter einem jener vielen Teppiche, die er aufzuheben pflegt.
Es handelt sich um die *letzten Lebenstage des großen Karl Valentin* in München und im Jahre 1948. Er starb am Rosenmontag, wurde am Aschermittwoch begraben. Geld und Essen hatte er nicht mehr. Am Bayerischen Rundfunk wurde er pauschal abgewiesen. Der Liesl Karlstadt sagte er: »Nix war's. Ich bin nimmer komisch – hams g'sagt.« Hochhuth vergleicht, was er die »Liquidierung Valentins durch demokratische Funktionäre« nennt, mit dem Schicksal Ernst Barlachs im Dritten Reich und folgert: »Valentin mußte sich von Menschen, an deren politisch und künstlerisch vernünftiger Gesinnung sozusagen seine ganze Umwelt nicht zweifelte, sagen lassen, sein gesammeltes Lebenswerk sei nicht mehr verwendbar, interessiere keinen mehr.«
Das legte sich rasch nach der Währungsreform. Nun zeigte es sich, wer in der Tat ein bißchen mitgesiegt hatte, der extreme Phänotyp verschwand. Keine Werwölfe wuchsen heran. Keiner wollte von nun an, und allzu beflissen, mit den Alliierten marschieren: in der jungen Bundesrepublik jedenfalls. Als Kurt Schumacher im Deutschen Bundestag in sehr bewußter Provokation den Regierungschef als »Kanzler der Alliierten« titulierte, gab es tobenden Protest. Ein paar Jahre früher wäre vielleicht nur milde widersprochen worden.
Man wird nach den *Geburtsgebrechen der Bundesrepublik Deutschland* fragen müssen. Denen es zuzuschreiben ist, daß der Sozialpsychologe *Peter Brückner*, dem solche Erkenntnis heim-

gezahlt wurde, im Jahre 1970 folgenden Tatbestand konstatieren mußte: »In Deutschland gibt es keine Umwälzung aller beklagenswerten Verhältnisse ohne tiefgreifende Veränderung von Innerlichkeit, Bedürfnis, zwischenmenschlichem Verkehr. Ohne Umwälzung der *Mentalität* sehr großer Teile der Bevölkerung, die gewiß ihre historischen und materiellen Ursachen hat, die aber nun den Wechsel politischer Systeme mühelos übersteht.«

Die aber nun den Wechsel politischer Systeme mühelos übersteht. Das ist es. Danach wird zu fragen sein. Hier müßte in der Tat die Ursachenforschung beginnen. Für mich sind *drei* Themenkomplexe vor allem erforschenswert. Künftige Forschung sollte herausfinden, ob es Geburtsfehler sind. Es handelt sich, wie ich meine, um die Themenkreise Kollektivschuld und Entnazifizierung; um den Komplex der Juden und der Emigranten; schließlich um das Berührungsverbot zwischen den Deutschen West und den Deutschen Ost. Oder auch zwischen den Deutschen Ost und den Deutschen West: was durchaus keinen Unterschied macht.

Daß die sogenannte *Entnazifizierung* eine aufwendige Torheit war, die nichts änderte und nichts bewirkte, wird heute kaum mehr bestritten werden. Welche Besatzungsmacht hatte sich das ausgedacht? Ich sehe nicht, daß die historische Forschung hier bereits mit gültigen Erkenntnissen aufzuwarten vermag. Aus eigener Erfahrung mit den damaligen vier Besatzungsmächten würde ich vermuten, daß man ein amerikanisches Konzept benutzte, das den juristisch geschulten Franzosen übrigens besonders einzuleuchten schien. Nicht zufällig, denn der Ausgangsgedanke setzte voraus, daß man historische Prozesse, die deutsche Geschichte also zwischen 1933 und 1945, mitsamt ihren nicht minder geschichtlichen Wurzeln und Ursachen, als einen Gesamttatbestand rechtswidriger Handlungen auffaßt, dem man, nunmehr im üblichen Wortsinne, den »Prozeß« machen kann. Der damals viel erörterte Begriff einer *Kollektivschuld,* mit dem sich immerhin Karl Jaspers eingehend auseinandersetzte, weil er ihn für denkmöglich hielt, war nur anwendbar, wenn man die Deutschen in ihrer Gesamtheit, und für einen genau umschriebenen Zeitraum, als kriminelle Vereinigung interpretieren durfte. Es gab ein stattliches Schrifttum damals, das solche Folgerungen zog: nicht allein außerhalb deutscher Grenzen. Ein Buch wie der »Irrweg einer Nation« von Alexander Abusch, das in der Sowjetischen Besatzungszone herauskam und stark verbreitet wurde, weil es im wesentlichen den sowjetischen Anschauungen von Faschismus entsprach, ließ sich durchaus für das Konzept einer – indirekten und vermittelten – Kollektivschuld in Anspruch nehmen.

Freilich schrak man zurück, in den Machtzentren der Siegermächte, vor solcher Konsequenz: aus sehr divergierenden Motiven. Folglich wurde der Begriff der »kriminellen Vereinigung« auf deutschem Boden genauer spezifiziert. Auf die Reichsregierung und die hohen Militärs des Dritten Reiches, auf die Partei ihres Führers mitsamt ihren militärischen Organisationen. Nun konnte die Arbeit beginnen mit doppelter Tendenz: Einmal die Nürnberger Prozesse nicht allein gegen Göring und andere, sondern gegen die Diplomaten, die »Wirtschaftsführer«, wie man sie in der Volksgemeinschaft tituliert hatte, und so weiter. Daneben liefen Verfahren gegen die Mitglieder einer Millionenpartei, also gegen die Kreis- und Ortsgewaltigen, die gefürchteten Aufpasser und Blockwarte, auch aber gegen zahllose und ratlose Menschen, die mitgemacht hatten, um nicht draußenstehen zu müssen.

Diese Prozesse waren eine schlimme Sache. Ihre Absurdität war evident. Die totale Anschuldigung gegen alle Mitglieder einer Partei durfte in den meisten Fällen kein Unrechtsbewußtsein voraussetzen. Zwar glaube ich, in Erinnerung an manchen Verfolgten des Naziregimes, der damals mit zu Gericht saß, daß in den meisten Fällen die Verfahren gegen die kleinen PGs leidlich korrekt absolviert wurden. Doch von irgendeiner objektiven Jurisdiktion konnte die Rede nicht sein.

Hinterlassen hat dieser unheilvolle Vorgang dreierlei. *Einmal* die tiefe Überzeugung in einem besiegten, zerrissenen und fast ratlosen Volk: daß Recht gleichzusetzen sei mit dem Recht des Siegers. Das leuchtete ein, denn genauso hatte man es seit 1933 auch lernen müssen: nun schlug die Lehre zurück. Folglich verließen sich viele, ohne Heimat und in den Trümmern, auf die Selbsthilfe. So sollten es auch ihre Kinder lernen. Zumal der neue

»Staat« damals gleichzusetzen war mit den jeweiligen Anordnungen der Siegermächte, übrigens auch, sieht man ab von Bayern, Hamburg oder Bremen, keinerlei Erinnerung an »Heimat« zuließ. Was hatte man sich unter dem Lande Großhessen vorzustellen oder dem Lande Nordrhein-Westfalen? Die innere Nichtidentität heutiger Deutscher mit ihrem Staatswesen ist auch auf jene Ereignisse zurückzuführen, die zum kollektiven Erleben gehören. Als der Krieg zu Ende war.

Andererseits – und scheinbar dazu im Widerspruch – findet sich hier zugleich eine tiefere Erklärung dafür, daß der neue Rechtsstaat Bundesrepublik Deutschland in so exzessiver Weise zum Juristenstaat ausarten konnte. Tiefe Rechtlosigkeit schlug um in die Rechtsbesessenheit. Karlsruhe gleichsam als geistiger Raum der Nation.

Noch ein *Drittes* sollte bedacht werden bei solcher Retrospektive. Daß die Nürnberger Prozesse in ihrer Gesamtheit die deutsche Mentalität *nicht* verändert haben, eher alle Veränderungen von »Innerlichkeit, Bedürfnis, zwischenmenschlichem Verkehr«, wie Peter Brückner das genannt hat, erschwerten, war offenkundig. Zumal die kleinen Mitläufer vor ihrer Spruchkammer erkennen mußten, daß man die »Großen« abermals laufen ließ. Aus welchen Rücksichten immer.

Heute wissen wir, was damals vorging: der Schulmeister und Briefträger seines Führers mußte Strafschichten absolvieren in den Trümmern. Der Henker aber von Lyon, Klaus Barbie, genoß den Schutz und die Privilegien einer Militärregierung, die wußte, mit wem sie es zu tun hatte.

Trotzdem haben die – mißglückten – Nürnberger Prozesse eine wichtige Rolle gespielt bei der Weiterentwicklung des heutigen Völkerrechts. Menschenrechte und Menschenrechtsverletzung als Gegenstand des internationalen Rechts: das wäre heute undenkbar ohne die Erfahrungen mit der deutschen Nachkriegszeit. Ohne Nürnberg, davon bin ich überzeugt, hätte es keine Konferenz von Helsinki gegeben.

Der *erste* Fehler, genannt Entnazifizierung, wurde begangen als ein ebenso ausgeklügeltes wie phantasieloses Tun mit schlimmen, bis heute nachwirkenden Folgen. Die *zweite* falsche Grundentscheidung der deutschen Nachkriegszeit bestand in einem Unterlassen: im Verzicht auf eine Geste, die erwartet wurde und die unterblieb.

Ich spreche hier in eigener Sache; man darf von mir kein »ausgewogenes« Reden erwarten. Wir Emigranten wurden aus Deutschland vertrieben, obwohl wir Deutsche waren von Geburt an. Man verletzte das deutsche Staatsrecht, als man uns ausbürgerte, wie von nun an der Ausdruck zu lauten hatte. Daher habe ich mich in meinen Erinnerungen als einen »Deutschen auf Widerruf« deklariert. Man hatte mir, im Jahre 1938 und im Reichsanzeiger, mein Deutschtum widerrufen. Die man ziehen ließ, solange es noch möglich war, so daß sie dem Massenmord entkamen, wurden gebrandschatzt, mußten viel Habe zurücklassen. Es war, zwischen 1933 und dem Kriegsbeginn, eine gute Zeit für Arisierer. Wer weiß heute noch, daß die Firma Hertie sich herleitet aus dem Namen des Hermann Tietz?

Verjagt und weggeekelt wurden, neben den Leuten mit der unreinen Abkunft, redliche Gelehrte, bedeutende Künstler, vertrieben wurden mit den Eltern auch die Kinder. Ein unschätzbares Reservoir der künftigen Talente und Hoffnungen, wie man heute weiß, wo häufig beim Bericht über einen neuen Nobelpreisträger für Physik, Chemie und Medizin die deutsche Abkunft mitgeteilt wird. Allein die Laureaten sind längst nicht mehr (oder wieder) Deutsche. Überall fehlen sie heute: die einstigen Deutschen auf Widerruf und ihre Kinder.

War das zu vermeiden? So darf gefragt werden. Jedenfalls wurde nichts unternommen, um die Verjagten zurückzuholen. Nicht in Form individueller Berufung, sondern in einer symbolischen deutschen Entscheidung, ohne Rücksicht auf Erfolg oder Bereitschaft der Angerufenen zur Rückkehr. Ich meine immer noch, daß die neugegründete Bundesrepublik Deutschland eine große Stunde der Menschlichkeit versäumt hat. Man beließ es bei kleiner Parteipolitik in der Tradition der außerhalb deutscher Grenzen so wohlbekannten »querelles allemandes«.

Man hat sie nicht zurückgeholt, kam gar nicht auf den Gedanken. An Beispielen der Unterlassung ist kein Mangel. Man sollte die Lebensläufe der großen Musiker *Erich Kleiber* und *Otto Klemperer* in jener Nachkriegszeit betrachten. Zwei General-

musikdirektoren der Preußischen Staatsoper zu Berlin. Beide wollten wieder zurückgeholt werden: ich weiß es. Klemperer landete zuerst in Budapest, kam dann zu Felsenstein nach Ostberlin. Westdeutschland gedachte nichts anzubieten. London holte sich den Meister, gründete ihm ein Orchester.
Erich Kleiber wurde durch die Regierung der DDR zurückgeholt an die Staatsoper, die vorerst am Schiffbauerdamm in Berlin spielen mußte. Man verpflichtet sich, auf Kleibers Wunsch hin, die Oper Knobelsdorffs Unter den Linden rasch wieder aufzubauen, was auch geschah. Dann setzte im Westen die Pressekampagne ein gegen einen Musiker, der in Ostberlin mit »seinem« alten Orchester und auch noch einigen seiner einstigen Sänger den »Don Giovanni« aufführte oder den »Rosenkavalier«, und der in Dresden den »Freischütz« einstudierte. Kleiber hielt nicht durch, brach die Abmachung in Ostberlin, war aber längst ausgeladen im Westen. Seine herrlichen Schallplatten entstanden in Wien. Am 27. Januar 1956 feierte die Musikwelt den 200. Geburtstag Mozarts. Den großen Mozartdirigenten Erich Kleiber hatte niemand haben wollen. Er saß einsam in Zürich und lauschte den Rundfunkübertragungen. Dann brach er zusammen. Der Vater von Carlos Kleiber starb noch am selben Tag: an Mozarts Geburtstag. Auch dies ist, wie die letzte Lebensgeschichte Karl Valentins, eine verwirrende Story aus Feigheit und Trägheit des Herzens. »Aber der große Moment findet ein kleines Geschlecht«, hieß es schon bei Friedrich Schiller.
Wie viele Namen wären zu nennen: auch hier in Hamburg, um zu dokumentieren, was damals unterblieb: an der Universität, im Kunstleben, in der Presse und der Literatur.
Das Schicksal Erich Kleibers bestätigt zudem, wie mir scheint, den Hinweis auf ein *drittes* Gebrechen der deutschen Nachkriegspolitik: das Berührungsverbot mit den in Sonntagsreden so gönnerhaft apostrophierten Brüdern und Schwestern. Westliche Brahmanen und östliche Parias. Die sogenannte Hallstein-Doktrin suchte daraus ein Weltprinzip zu machen. Sie wollte verhindern, daß in einem fremden Staat gleichzeitig zwei diplomatische Vertretungen zugelassen werden dürfen: als Vertretung der Bundesrepublik und der DDR. Sie hielt nicht lange stand vor der Wirklichkeit, die Hallstein-Doktrin.

Im innerdeutschen Verhalten aber war man wachsam, wenn es sich um Kontakte von Westdeutschen mit dem »Osten« oder gar um Leute von »drüben« handelte, die »hüben« angetroffen wurden. Wenn ich als Leipziger Professor einen Kollegen der Sorbonne zu einem Vortrag einlud, wurde ihm am Quai d'Orsay bedeutet, er möge absagen: man wolle keinen Ärger haben mit dem deutschen Alliierten. Ich weiß, wovon ich rede.

Eine Bayreuther Zusammenkunft zwischen Gelehrten und Künstlern aus der DDR mit Kollegen aus der Bundesrepublik, deren Sprecher ein angesehener Ordinarius der Münchener Universität war, der Anthropologe Karl Saller, alles andere als ein Kommunist, wurde vom Bayerischen Innenministerium, damals übrigens *keiner* Domäne der Christlich-Sozialen Union, kurzerhand verboten. Die Teilnehmer aus der DDR, soweit sie sich nicht schleunigst davongemacht hatten, landeten im Bayreuther Gefängnis und wurden dann abgeschoben.

Was damals versäumt (oder getan!) wurde, als der Krieg zu Ende war, ist deutsche Wirklichkeit geblieben. Alle Verhältnisse zwischen Menschen, das lehrt die Weltgeschichte, sind austauschbar. Brahmanen wurden zu Parias und umgekehrt. Jeder kann der Jude eines anderen werden. Es ist gut, daß wir beginnen, unsere deutsche Zeitgenossenschaft zu reflektieren. Freilich: die Entpolitisierung und die Abneigung gegen alles Staatliche sind heute weit verbreitet. Die Stunde der Heimrufung der Vertriebenen wurde versäumt. Man gedachte das mit Geld zu regeln. Die Folgen des einstigen Berührungsverbotes kann man täglich in den Zeitungen lesen. Ich bin fest davon überzeugt, daß es so weit mit der Entfremdung zwischen den Deutschen nicht hätte kommen müssen.

Nichts von alledem ist abgetan, kann von uns als ein überholtes und überlebtes Damals gedeutet werden. Im Erleben der geschundenen Menschen und Völker gelten keine Verjährungsfristen. Was den Armeniern angetan wurde von den Türken vor mehr als sechzig Jahren, müssen wir heute erinnern beim Aufschlagen der Zeitung.

Ganz Frankreich, das weiß man bereits und kann es voraussagen, rüstet sich im nächsten Frühsommer zum Prozeß gegen Klaus Barbie, den man den »Schlächter von Lyon« genannt hat.

Dann wird das Vergangene abermals zur Gegenwart. Auch ein Vergangenes, das jenen Barbie nützlich werden ließ für seine Sieger: als der Krieg zu Ende war. In den Vereinigten Staaten, wir lesen es heute, wird gleichfalls der Staub abgewischt von gewissen Akten: Jener Filmtitel von damals, »Die Mörder sind unter uns«, wird von neuem dokumentiert. Eberhard Fechners Film, der sich nicht das kaum darstellbare Geschehen im Vernichtungslager Majdanek als Thema wählte, sondern den Majdanek-Prozeß mit seinen tief verstörenden Tricks und Ausflüchten, war eine gute Sache. Er beweist, zusammen mit vielen und für viele unbequemen Fragen der jungen Generation, daß der fröhliche Verkaufs-Optimismus der Leute von der Werbe-Branche nicht gleichzusetzen ist dem Gewissen von Deutschen, die nach wie vor ernst nehmen, was sie an geistiger Überlieferung von ihren Vätern erbten. Für sie gilt nicht die zynische Redensart der ewigen Karrieristen, jenes entsetzliche: »Heut ist heut!«
Auch Max Frisch, um zurückzukehren zum Ausgangspunkt, hat damals im verwüsteten Deutschland nicht bloß Verwirrung der Geister gesehen, Gewalttat und Sturheit. Es gibt ein schönes Bild, das er festhielt, und das weit mehr besagt, als der Moment zuzulassen schien: »Unterwegs, Mai 1946. Schönes deutsches Land! Nichts als ein Wogen von fruchtbarer Weite, Hügel und weiße Wolken darüber, Kirchen, Bäume, Dörfer, die Umrisse nahender Gebirge; dann und wann ein Flugplatz, ein Glitzern von silbernen Bombern, die in langen Reihen stehen, einmal ein zerschossener Tank, der schräg im Graben liegt und mit seiner Kanone in den Himmel zeigt, einmal ein verbogener Propeller in der Wiese.«
Der Schrott wurde längst beseitigt, doch die Erinnerungen halten ihn fest, geben die Kunde weiter an die Jungen der neuen Generation. Es hat damals in Deutschland, ich war dabei seit dem Oktober 1945, nicht bloß den Haß gegeben und eine Wehleidigkeit, die bloß das eigene Leid gelten läßt, sondern Ernst, Solidarität, Redlichkeit. Brennend ernst war das Fragen. So ist niemals wieder seitdem in Deutschland gelesen und studiert worden, nicht allein an den Hochschulen, wie damals, als man wissen wollte, wie dies alles möglich sein konnte. Es gab

sie nicht, die Schmach, die nicht wissen wollte, was gewesen war. Nichts hielt man für »überlebt«.

Ich glaube nicht, daß jenes ernste Deutschland eines Nachkriegs spurlos verschwand, als die Entpolitisierung einsetzte durch Reklame und Werbesprüche. Freilich gab es auch damals schon das Aufrechnungsdenken der schlechten Advokaten: Meine Leiden und Deine Leiden! Doch alles Wichtige im Leben großer wie kleiner Völker entzieht sich dem Denken in Schecks und in Geldpapier.

Als der Krieg zu Ende war, mußten viele Menschen, die im Wortsinne elend waren, weil sie die Heimat verloren hatten, irgendwo unterkommen und wieder Wurzel schlagen. Das ist geschehen, und es war eine große, auch moralische Leistung. Die Sowjetische Besatzungszone, dann die DDR, hat damals alle Reparationen geleistet, für alle Deutschen, an die überfallene und verwüstete Sowjetunion: als »demontiert« wurde allenthalben in Sachsen, Thüringen und der Mark Brandenburg: angefangen bei den Eisenbahnschienen. Auch dies konnte bewältigt werden.

Nachdenken über eine Erbschaft. Wer ein Erbe antritt, übernimmt die vorhandenen Werte zusammen mit den Schulden und Schuldigkeiten. Keiner dieser beiden deutschen Staaten, die damals entstanden, hätte die Erbschaft ausschlagen können. Den Staat Preußen hat man damals von der Landkarte gestrichen, und ich meine auch heute noch, daß man es sich, aus welchen Gründen immer, mit der scheinbar historischen Begründung für diese Liquidierung etwas leicht machte. Allein auch die preußische Erbschaft mußte angetreten werden. Die Dichter bewahren sie auf, wer denn sonst? Von Theodor Fontane bis zu den »Habichten« von Siegfried Lenz und den »Jahrestagen« von Uwe Johnson.

Wenn ich mich heute frage, als ein Deutscher, dem man die Heimat aberkannte, mit welchem Deutschland und welchen Deutschen ich am tiefsten verbunden war und blieb, so ist die Antwort für mich klar. Mit jenen Deutschen, die ich antraf bei meiner Rückkehr aus dem Exil: bei meiner Heimkehr in die Fremde. Als der Krieg zu Ende war.

ANHANG

HINWEISE

I. *Brecht mit achtzig Jahren.* Rede zur Eröffnung des Bertolt-Brecht-Kolloquiums. – Gehalten am 30. September 1978 im Schauspielhaus Frankfurt.

II. *Die verbrannte Synagoge.* Rede zur Erinnerung an die »Kristallnacht« 1938. – Gehalten am 8. November 1978 in der Universität Bonn; am 9. November 1978 im Kaisersaal des Rathauses zu Aachen.

III. *Walter Benjamin und Franz Kafka. Bericht über eine Konstellation.* Vortrag im Rahmen eines Franz-Kafka-Kolloquiums der Österreichischen Gesellschaft für Literatur. – Gehalten am 20. Juni 1979 in Klosterneuburg bei Wien.

IV. *Das Kulturelle Erbe. Vom Sinn und Unsinn eines Klischees.* – Vortrag, gehalten am 4. November 1979 beim »Nürnberger Gespräch«.

V. *Der Marquis von Keith und der Hochstapler Felix Krull.* – Vortrag, gehalten am 29. Oktober 1980 in München.

VI. *Widersprüche Robert Musils.* – Vortrag, gehalten am 6. November 1980 im Weißen Saal des Neuen Schlosses in Stuttgart zum hundertsten Geburtstag Robert Musils.

VII. *Dankrede in Köln.* – Rede, gehalten am 16. Dezember 1980 im Historischen Rathaus bei Entgegennahme des Literaturpreises der Stadt Köln.

VIII. *Friedrich Dürrenmatt mit sechzig Jahren.* – Rundfunkvortrag (Norddeutscher Rundfunk) zum sechzigsten Geburtstag von Friedrich Dürrenmatt 1981.

IX. *Lessing, Heine und die Folgen.* – Vortrag, gehalten am 15. Februar 1981 im Thalia-Theater zu Hamburg und am 30. August 1981 in der Akademie der Künste Berlin.

X. *Max Frisch in zeitlicher Folge.* – Vortrag, gehalten am 14. Mai 1981 in der Aula der Eidgenössischen Technischen Hochschule Zürich am Vorabend des siebzigsten Geburtstags von Max Frisch.

XI. *Rede auf Peter Weiss.* – Gehalten am 22. Oktober 1981 im Historischen Rathaus der Stadt Köln zur Verleihung des Kölner Literaturpreises an Peter Weiss.

XII. *Die Literatur und der Scheiterhaufen. Bücherverbrennung nach fünfzig Jahren.* – Vortrag, gehalten am 8. Mai 1983 im Schauspielhaus Zürich.

XIII. *Widersprüche einer europäischen Literatur.* – Eröffnungsvortrag zur Frankfurter Buchmesse, gehalten am 11. Oktober 1983.

XIV. *Das Gedächtnis und die Geschichte. Gedanken beim Aufschreiben von Erinnerungen.* – Eröffnungsvortrag zu einem israelisch-deutschen Kolloquium über deutsch-jüdische Kulturbeziehungen, gehalten am 23. Oktober 1983 in Jerusalem.

XV. *Schopenhauer als Erzieher.* – Vortrag, gehalten am 4. November 1983 in Frankfurt zur Eröffnung einer Jahrestagung der Schopenhauer-Gesellschaft.

XVI. *Gedenkrede auf Anna Seghers.* – Gehalten am 19. November 1983 im Rathaus zu Mainz aus Anlaß einer Gedenkfeier der Stadt Mainz und der Johannes-Gutenberg-Universität.

XVII. *Erinnerung an Peter Huchel.* – Gedenkrede, gehalten in Staufen im Breisgau am 3. April 1984, also an Huchels Geburtstag, aus Anlaß der ersten Verleihung des Peter-Huchel-Preises für Lyrik durch den Südwestdeutschen Rundfunk.

XVIII. *Auftritt Oskar Matzerath. Die »Blechtrommel« nach fünfundzwanzig Jahren.* – Vortrag, gehalten in Darmstadt am 28. September 1984.

XIX. *Zeitgenosse Hans Henny Jahnn.* – Vortrag, gehalten am 8. November 1984 in der Universität Hamburg aus Anlaß einer Hans-Henny-Jahnn-Woche.

XX. *Als der Krieg zu Ende war. Nachdenken über eine Erbschaft.* – Rede, gehalten am 13. Dezember 1984 im Festsaal des Hamburger Rathauses auf Einladung der Freien und Hansestadt Hamburg.

PERSONENREGISTER

Von Hans Mayer erschienen im Suhrkamp Verlag

Außenseiter. 1975
auch: *suhrkamp taschenbuch* 736
Nach Jahr und Tag. Reden. 1945–1977. 1978
Thomas Mann. 1980
auch: *suhrkamp taschenbuch* 1047
Ein Deutscher auf Widerruf. Erinnerungen I. 1982
Ein Deutscher auf Widerruf. Erinnerungen II. 1984
Aufklärung heute. Reden und Vorträge 1978–1984. 1985

Brecht in der Geschichte. Drei Versuche. 1971
Bibliothek Suhrkamp 284
Goethe. Ein Versuch über den Erfolg. 1973
Bibliothek Suhrkamp 367
Doktor Faust und Don Juan. 1979
Bibliothek Suhrkamp 599
Ein Denkmal für Johannes Brahms
Versuche über Musik und Literatur. 1983
Bibliothek Suhrkamp 812

Anmerkungen zu Brecht. 1965
edition suhrkamp 143
Anmerkungen zu Richard Wagner. 1966
edition suhrkamp 189
Das Geschehen und das Schweigen. Aspekte der Literatur. 1969
edition suhrkamp 342
Der Repräsentant und der Märtyrer. 1971
edition suhrkamp 463
Versuche über die Oper. 1981
edition suhrkamp 1050

Georg Büchner und seine Zeit. 1972
suhrkamp taschenbuch 58
Richard Wagner in Bayreuth. 1876–1978. 1978
suhrkamp taschenbuch 480

Über Hans Mayer. Herausgegeben von Inge Jens. 1977
edition suhrkamp 887

Materialien zu Hans Mayer »Außenseiter«. Herausgegeben von Gert Ueding. 1978
suhrkamp taschenbuch 448

Hans Mayer zu ehren. 1978

29.7.1999